中國古文字（中冊）

目錄

第五章　中國封建社會的全盛時期

（隋、唐、五代）

西元五八一年，楊堅奪取了周的統治，是爲隋王朝（五八一～六一八年）。經過隋末農民大起義，李淵奪取了農民的勝利果實，建立了唐的統治（西元六一八～九〇七年）。唐末黃巢大起義後，到九〇七年，朱全忠奪取了唐政權而分裂爲五代十國。五代是梁、唐、晉、漢、周五個連續的朝代（九〇七～九六〇年），統治範圍約在今黃河中下游一帶。十國是吳、南唐、前蜀、後蜀、南平、吳越、閩、楚、南漢、北漢等先後並列的十個封建割據國家（八九一～九七九年）。

這個時期是中國歷史上十分重要的一個時期。隋朝是中國歷史上一個殘暴的、荒淫的、短命的王朝。繼之而起的李唐王朝接受了前朝覆亡的教訓，對統治者和人民的關係有比較清醒的理解。唐太宗李世民曾經告誡過他的兒子說：「舟所以比人君，水所以比黎庶；水能載舟，亦能覆舟。」（《貞觀政要》卷四）爲了鞏固其統治地位，唐朝自開國以來，就採取了一些比較開明的措施，減清了農民的負擔，緩和了階級矛盾。例如實行了均田制和租庸調法，使部分農民獲得一定的土地，相對地減輕了對他們的剝削，並興修水利，擴大農田，從而提高了農民的生產積極性，發展了農業生產。隨著農業的發達，手工業和交通運輸業也日益發展，並興起許多繁華的商業都市。由於社會生產力的發展，就出現了自唐太宗貞觀以來一百多年封建經濟的繁榮時期，而在唐玄宗開元年間達到了頂點。

經濟的繁榮是唐代國力强大的基礎，也是一切文化，包括性文化在內的發展基礎。唐代的統治者在對農民作了讓步的同時，在文化和教育上也採取了一些開明的措施。他們並不像漢代那樣把儒家定爲一尊，而在學術、宗教和文化的其他方面兼收並蓄，出現了一個文化藝術上百花齊放、多姿多彩的燦爛時期。

由於當時社會繁榮發展，統治階級地位比較鞏固，對自己的統治力量具有一定的信心，他們還沒有感到有進一步禁錮人們身心的必要，所以對社會的控制相對地比較寬鬆。例如在文禁方面較爲鬆弛，不像以後的宋、元、明、清的統治者那樣在文禁上一代比一代更加嚴密而殘酷。在唐代，封建禮教還遠沒有發展到後來那麼嚴酷的地步，婚姻制度相對地比較寬鬆，女子所受的壓迫也相對地輕一些，人們的性生活也增加了自由度。這些狀況又一次地證明了一個規律：社會的繁榮昌盛程度、統治者的信心與力量、文化的發展程度、對社會控制的寬鬆程度都是成正比的。

當時，隨著社會的發展，中外文化交流也空前發達，唐代先後派遣名僧玄奘和義淨等赴印度取經，把佛經大量翻譯過來；「絲綢之路」使許多國家和中國發展貿易和外交往來，中國的文學藝術因吸收西域、中亞特別是印度的外來影響而有了空前的發展，這也從另一個方面促進了中國性文化的發展。

總之，三百年的大唐帝國正值輝煌的封建盛世，它的疆土開拓、經濟和文化的發展都達到了一個高峯。它在各方面都實行著比較開明、開放的政策，唐代社會是以它特有的開放風氣著稱於中國古代。在這種情況下，性文化也有很大發展，並具有十分鮮明的特色。

可是，這一切並未能改變統治階級的剝削和壓迫的本質。在開元天寶時代，唐朝一方面是國勢的强大和經濟的繁榮都達到了頂點，另一方面是在這强盛繁華的背後潛伏著重重危機。在政治上從開元的比較開明時期逐漸轉入黑暗腐敗；上層統治階級日益驕橫和荒淫無恥，並加强對人民的剝削以滿足其窮奢極慾的享受；對外又好大喜功，窮兵黷武，消耗國力，貽害人民，於是，社會各種矛盾加深了、爆發了，其突出表現就是安史之亂。動亂嚴重地破壞了社會生產力的發展，動亂以後雖然還有一個相對穩定和發展的時期，但已不如過去。到了唐朝末年，形勢比中葉更爲惡化：藩鎮割據、宦官擅權和鬥爭劇烈的程度都有加無已；因之政治更加黑暗，國力愈益衰弱，而民生也日益塗炭；繼不斷的農民起義以後，又爆發了黃巢和王仙芝領導的十年農民革命戰爭，導致李唐王朝的滅亡，而進入五代十國的軍閥割據和混戰的局面，中國的封建社會就由盛轉衰了。

第一節 帝王的縱情聲色

我們闡述性文化首先從宮廷生活開始，這是因爲，性文化是由統治階級所倡導的；荒淫無恥的宮闈生活能在相當大的程度上反映剝削階級的本質，並從一個側面影響社會的興衰。

隋煬帝的窮奢極慾

在這個時期，荒淫無恥的皇帝首先當推隋煬帝楊廣。他在文帝病時，逼辱文帝的寵姬陳夫人，使文帝大爲震怒，煬帝一看形勢不好，就把老子害了。他繼帝位後，就照《禮記·昏義》所說的，置三夫人、九嬪、二十七世婦、八十一御妻，共一百二十人。其實，《禮記·昏義》的說法，只是古人設想的一種制度，並未真正實行過，而煬帝所做，實前帝王所未有。此外，還有大量宮女充斥後宮，唐太宗即位之初，出宮女三千人，後又出三千人，足見隋代後宮之盛。

爲了滿足其淫奢的需要，煬帝又用一個叫項升的人，役夫數萬，大興土木，帑庫爲之一空。所造的宮院豪華奇巧，有誤入者，終日不得出，煬帝大喜，說：「使其仙遊其中，亦當自迷也，可目之爲『迷樓』。」（明詹詹外史評輯《情史．情豪類》）於是，選良家女數千居樓中，每一幸，或經月不出。後來韓偓作《迷樓記》，專述煬帝後宮及遊幸之事。

當然，光是亭台樓閣並不能滿足他的淫樂需要，他的那些佞臣投其所好，挖空心思地出謀獻計，幫他玩弄婦女，滿足淫慾。例如：

大夫何稠進御童女車，車之制度絕小，只容一人，有機處其中，以機礙女之手足，纖毫不能動。帝以試處女，極喜。乃以千金贈稠，旌其巧也。稠又進轉關車，車周挽之，可以升樓閣，如行平地，車中御女，則自搖動。帝尤喜悅，問此何名，稠曰：「臣任意造成，未有名也。」帝乃賜名「任意車」。車幰垂鮫綃網，雜綴片玉鳴鈴，行搖玲瓏，以混車中笑語，冀左右不聞也。帝令畫工繪士女會合之圖數十幅，懸於閣中。其年，上官時自江外得替回，鑄烏銅屏數十面，其高五尺，而闊三尺，磨以成鑑爲屏，可環於寢所，詣闕投進。帝納之迷樓，而御女其中，纖毫皆入鑑中。帝笑曰：「繪得其象，此乃肖真矣！」又以千金賜上官時。（明詹詹外史評輯《情史．情豪類》）

從以上記載看來，皇帝縱情淫樂，臣下一味逢迎，真是「上有好者，下必有甚者矣。」宮廷中有這樣的君臣，衰敗、滅亡似是必然的結果。從以上敍述還可以看到，何

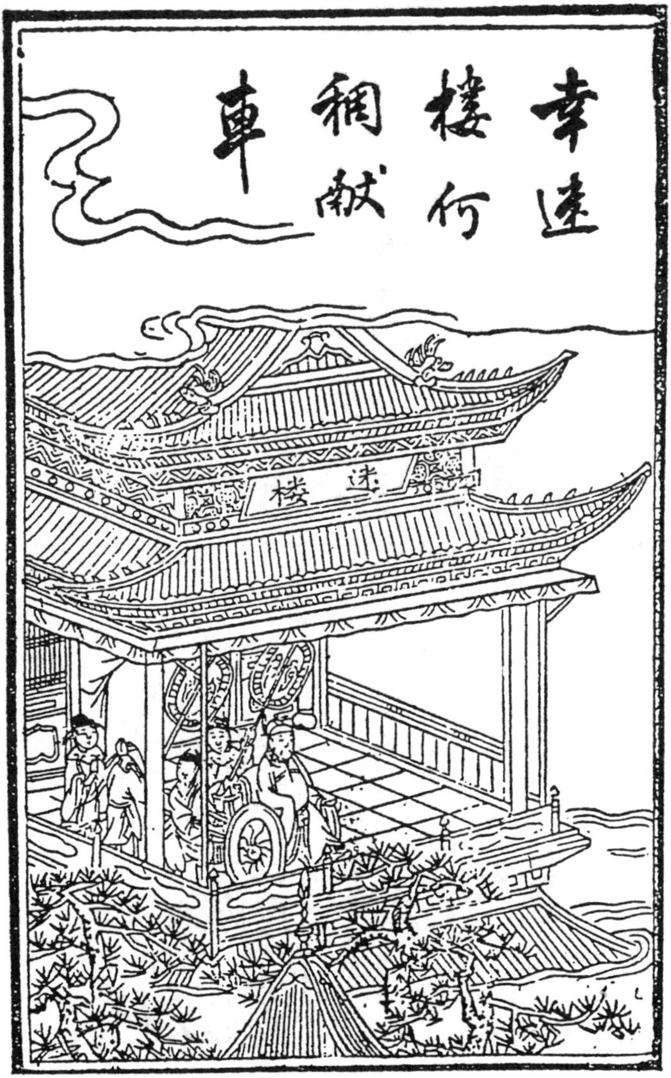

插圖 5-1 隋煬帝與「迷樓」

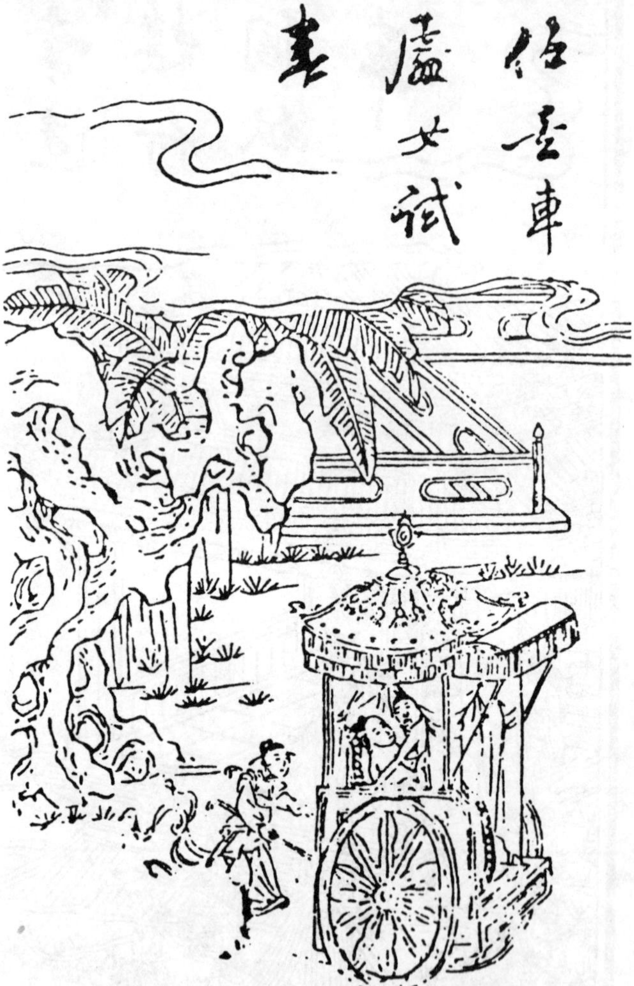

插圖 5-2　隋煬帝在「任意車」中淫樂

稠所進的那些御女車、「任意車」以及上官時所鑄的烏銅屏等都反映出當時的科技水平，這當然也是一種文化現象，只可惜是爲統治者淫辱婦女服務了。煬帝還屢遊江都，從長安至江都，設離宮四十餘所，並開運河，以便來往。當他遊幸江都時，船盡掛彩，龐大的船隊望不到盡頭，由千百名盛裝的宮女在岸上拉縴，貪官污吏們則沿途敲詐勒索，弄得民怨沸騰，紛紛起來抗爭，於是隋王朝只不過經歷了三十七年就滅亡了。

武則天的廣置「面首」

唐朝初年，唐太宗統治時期政治比較清明，社會秩序比較安定，社會經濟出現了繁榮景象，這就是「貞觀之治」。唐太宗死後，繼位的唐高宗體弱多病，讓皇后武則天處理政事，她逐漸掌握了大權。高宗病死，武則天於六九〇年正式稱帝，改唐爲周。她是我國歷史上著名的女皇帝。她大量破格提拔士人和低級官吏中有才能的人；她很重視農業生產，在即帝位之前，就建議高宗施行勸農桑、薄賦徭、節省力役等措施。

總的看來，武則天是個有才能、有作爲的皇帝，但是，爲了打擊政亂，她濫用酷吏，獎勵告密，　屈了不少好人。此外，不少書籍記載她私生活很淫蕩，有些事還見諸正史，例如多少年來設置了一連串的「面首」。對這後一點要加以分析，有些事可能是誇大事實，這是因爲她是個女皇帝，「牝雞司晨，唯家之索」，在男權社會中，女人當皇帝是大逆不道的，所以在歷史上有許多人長期地攻擊她，而要中傷一個女人，從性的方面入手是最有效的了。再退一步說，即使武則天確有其事，又怎麼樣呢？人人都有性的需要，男皇帝能利用所掌握的大權設置三宮六院，女皇帝爲什麼不能利用所掌握的大權設置幾個「面首」呢？如果要批判，批判皇帝做爲封建社會的最高統治者淫樂腐化是可以的，而只批判女皇帝淫樂則是不公平的。

有一些古書對武則天的記載與敍述，僅有參考意義。據明詹詹外史所評輯的《情史．情穢類》記載，「武氏得幸於太宗爲才人，賜號武媚。高宗爲太子時，入侍太宗疾，見武氏，悅之，遂即東廂烝焉。太宗崩，武氏爲尼。忌日，上詣寺行香，武氏見上而泣，時王后疾蕭淑妃之寵，陰令武氏長髮，納之後宮，欲以間淑妃。」武氏就是這樣又進了宮。她「巧裝多權術」，耍弄手腕，一步步爬上了皇后的寶座。

後來，高宗得病，她代行朝政，居然「處事皆稱旨」，從此「政無大小，皆與聞之」，漸漸地竟是「天下大權，悉歸中宮，黜陟殺生，決於其口」，天子只落得「拱手而已」（《資治通鑑》卷二〇一高宗麟德元年）唐高宗死後，她先後立過兩個兒子做皇帝，旋又廢掉他們；最後終於邁出超越前古的一步，革唐爲周，當上了女皇帝，創造了中國政治史上的奇蹟。

在武則天臨朝前後，據史家記載在宮廷中淫行昭著的女子主要有四人，除武氏外，

插圖 5-3　武則天

還有太平公主、韋后和上官婉兒；次要的還有韋后的四個女兒、上官母鄭氏、尚宮柴氏、賀婁氏、女巫趙氏等。

太平公主是武則天的獨生女，也是高宗最小的女兒。「父爲帝，母爲后，夫爲親王，子爲郡王」，當然貴盛無比。可是就是這麼一個貴公主，卻屢屢給母親介紹情人（「面首」），如薛懷義、張易之、張昌宗、柳良賓、侯祥、沈南璆、僧惠範等，都是以「陽道壯偉」著於史頁的「面首」。而且，這些「面首」的性能力大都由太平公主先嘗試過，才介紹給武則天享用的，但是有些「面首」最後又被太平公主誅殺了。

在這衆多的「面首」中，首推薛懷義。《舊唐書·外戚列傳》云：

> 薛懷義者，京兆戶縣人，本姓馮，名小寶。以鬻台貨爲業。偉形神，有膂力，爲市於洛陽，得幸於千金公主（高宗女）侍兒。公主知之，入宮言曰：「小寶有非常材（指陽具壯偉），可以近侍」。因得召見，恩遇日深。則天欲隱其跡，便於出入禁中，乃度爲僧。又以懷義非士族，乃改姓薛。令與太平公主婿薛紹合族，令紹以季父事之。自是與洛陽大德僧法明……等在內道場念誦。懷義出入乘廄馬，中官侍從，諸武朝貴，匍匐禮謁，人間呼爲薛師……。
>
> 垂拱初（六八五年），説則天於故洛陽西修故白馬寺，懷義自護作，寺成，自爲寺主。……四年，拆乾元殿，於其地造明堂（作無遮大會）。懷義充使督作，凡

役數萬人。……以功拜左感衛大將軍，封梁國公。

懷義後厭入宮中，多居白馬寺……後有御醫沈南璆得幸，薛師恩漸衰，恨怒頗甚。證聖中，乃焚明堂、天堂，並爲灰燼，則天愧而隱之，又令懷義充使督作。……其後益驕倨，則天惡之。令太平公主擇膂力婦人數十，密防慮之。人有發其謀者，太平公主乳母張夫人令壯士縛而縊殺之。

以後，就是張易之、張昌宗兄弟了。《舊唐書·外戚列傳》又云：

（張）行成族孫易之、昌宗。……易之初以門蔭，累遷爲尚乘奉御。年二十餘，白晰美姿容，善音律歌詞。則天臨朝，通天二年（六九六年），太平公主荐易之弟昌宗入侍禁中，既而昌宗啟天后曰：「臣兄易之器用過臣，兼工合煉」。即令召見，甚悅。由是兄弟俱侍宮中，皆傅粉施朱，衣錦繡服，俱承辟陽之寵。

前文又云：

聖曆二年（六九九年），置控鶴府官員，以易之爲控鶴監內供奉，餘官如故。久視元年（七〇〇年），改控鶴府爲奉宸府，又以易之爲奉宸令。……
則令嘲戲公卿以爲笑樂。若內殿曲宴，則二張諸武侍坐，樗蒲笑謔，
諛佞者奏云，昌宗是王子晉後身。乃令被羽衣、吹蕭、乘木鶴、奏樂
乘坐。辭人皆賦詩以美之，崔融爲其絕唱。其句有：「昔遇浮丘伯，

中郎才貌是，藏史姓名非」。

這就是駱賓王文中所謂「洎乎晚節，穢亂春宮」的史實。這些事實令人一般難以理解之處，一是母子共通一男；二是武則天在年齡很大時還有較旺盛的性慾。她寵幸薛懷義時在垂拱初，距十四歲入宮作才人起，至此已是六十左右的高齡了。而張易之、張昌宗兄弟入爲武則天的「面首」，是在通天二年（六九七），當時武則天已七十多歲了。當然，這些行爲，不可能不受到一些大臣的抵制與反對，如內史狄仁傑曾當衆羞辱張昌宗，右補闕朱敬則曾向武則天做過以下的勸諫：

臣聞志不可滿，樂不可極。嗜欲之情，愚智皆同，賢者能節之，不使過度，則前賢格言也。陛下內寵，已有薛懷義、張易之、昌宗，固應足矣。近聞尚舍奉御柳模自言子良賓潔白美鬚眉，左監門衛長史侯祥雲陽道壯偉，過於薛懷義，專欲自進奉宸內供奉。無禮無儀，溢於朝聽。臣愚職在諫諍，不敢不奏。」則天勞之曰：「非卿直言，朕不知此。」賜彩百段。

這段敍述說明許多問題：第一，大臣敢於對當時的女皇帝勸諫這種事，並顯露了當時的宮廷淫風。第二，朱敬則講得合情合理，如「嗜欲之情，愚智皆同，賢者能節之，不使過度，則前賢格言也」，頗能對人的性要求加以諒解，武則天多少能聽得進；這也表明當時的性觀念還不像後來的宋、元、明、清那麼封閉、僵死。第三，武則天聽了不僅不動氣，還加以賞賜，並以「非卿直言，朕不知此」的話輕描淡寫地推脫了，這也說明了武則天的氣度、手腕以及不欲把醜事鬧大以致造成更壞影響的心理活動。

神龍元年（七〇五年）正月，武則天病篤，宦官崔玄暐、張柬之等率羽林軍迎太子哲爲帝，是爲中宗。中宗即位後，誅殺了張易之、張昌宗兄弟，遷武后於上陽宮，才恢復了李唐的命脈。由於中宗長期被廢於房州，韋后和他共過患難，中宗在房州時曾對她說：「一朝見天日，誓不相禁忌」，所以中宗復位後對韋后很放縱，而韋后可能受武后的影響，也實行性開放主義。《唐書》五十一「后妃上」云：

> 及得志，受上官昭容（婉兒）邪說，引武三思（武后甥）入宮中，升御床，與（韋）后雙陸，帝爲點籌，以爲歡笑，醜聲聞於內外，乃大出宮女，雖左右內職，亦許時出禁中。上官氏及宮人貴幸者，皆立外宅，出入不節，朝官佞邪者候之，姿爲狎遊，祈其賞秩，以至要官。

當時，和韋后相配合的還有一個上官婉兒。上官婉兒是個才女，祖儀、父庭芝被誅，婉兒隨母沒入宮廷作奴婢。及長，有文辭，明習吏事。則天時，忤旨當誅，則天惜才不殺，但黥其面而已。聖歷以後，百官表奏，多所參決。中宗即位後，拜婕妤專掌制命，用事宮中，以黨於武氏，所以和武三思私通，以後，又把武三思荐給韋后共享，當然這是爲了政治上拉攏的目的。果然自此武氏之勢復振，後來計殺五王，權傾人主。同時，上官婉兒又私通崔湜，引爲知政事，湜曾充使開商山新路，功未半而中宗暴卒，婉兒草遺制，曲敍其功而加褒賞。

中宗暴卒是韋后和其女安樂公主的陰謀。當時韋后又私通馬秦客、楊均，擔心事洩而招大禍；而安樂公主野心勃勃，希望韋后臨朝後自己能作皇太女，所以母女聯合起來，於肉餡餅中放毒，把中宗毒殺於神龍殿。同時，秘不發喪，自總庶政，再由太平公主與上官婉兒草詔遺制，立十六歲的溫王重茂爲殤帝。

太平公主本來是和韋后同流合污的。可是，當韋后立殤帝，作逆稱制的陰謀暴露，臨淄王李隆基入京將靖內難，太平公主又倒向李隆基，共殺韋后，婉兒也被斬於旗下。這時，相王睿宗即位。太平公主由於有此功勛，更加不可一世。七一二年，她企圖發動政變進而登基，但被皇太子李隆基偵知，先發制人，平定了這一內亂。太平公主逃入山中，卒賜死於家，其黨羽被誅的有幾十人。八月，睿宗傳位李隆基，這就是有名的開元神武皇帝、玄宗唐明皇。

從這一段歷史看來，一些女人呼風喚雨，操縱政局，穢亂宮廷，反反覆覆，這在中國古代是少有的。

如前所述，這一時期的宮廷穢亂，似乎達到了頂點。武則天不僅自己置「面首」，而且給男寵張昜之、張昌宗的母親阿臧找情人，配「私夫」。韋后、上官婉兒共同私通

上官昭容
紛紛紙落滿天街識得詩惟沈宋佳
若箇量才俱有秤權衡不爽如金釵
丙寅清和月馬駘畫於滬上
美人百態畫譜　上集
十七

插圖 5–4　上官昭容（婉兒）

武三思；韋后又有馬秦客、楊均等男寵，穢聲傳出宮外。公主們的性放縱更劇，高陽、襄陽、太平、安樂、郜國、永嘉公主等都有情人，而且常常是一羣男寵，襄陽公主甚至跑到情人家中對其母行拜見婆家的禮儀。①虢國夫人與族兄楊國忠關係曖昧，路人皆知；而楊國忠出使多時，其妻在家竟身懷六甲，楊還自我解嘲地說這是夫妻情深所致，對此時人無不譏笑。（《開元天寶遺事》上）在宮廷之外，一些高官及家屬的性關係也很混亂，如張亮、裴談、裴光廷之妻都有私通行爲，許敬宗的繼室竟和許前妻之子有染。這類事情在唐代是如此衆多，以致後世的道學家譏之爲「唐烏龜」（蔡東藩：《唐史演義》第一回），同時又有「髒唐爛漢」之說。

對以上這種情況，要加以分析。這固然說明了唐代統治階級的縱慾與生活的糜爛，同時和當時的社會風氣之開放也大有關係。所謂「髒唐爛漢」，所謂「唐烏龜」，這是以後人的眼光來看那個時代，而在那個時代理學還未盛行，封建禮教還未完全建立，兩性關係決不像後世那麼禁錮與封閉。有些事，時人不以爲恥，或不以爲大恥；而統治者憑藉所掌握的權力，更是肆無忌憚，爲所欲爲。如果這樣看唐朝，也許對許多事包括朱敬則爲什麼敢諫武則天的性生活，而武則天對此又能坦然處之，就不奇怪了。

武則天所處的時代是唐朝的上升時期，她又有治國才能，所以雖然由於寵幸「面首」及其他一些原因造成了宮廷中的某些動亂，包括韋后和太平公主之亂，但對整個社會影響不大。而到了唐玄宗時期，唐朝就開始由盛極走下坡路了。

唐玄宗與楊貴妃

唐玄宗在前期還是有所作爲的。他勵精圖治，先後任用姚崇、宋璟爲相，整頓弊政，使社會的經濟、文化得到較大的發展，史稱「開元之治」。但是，唐玄宗又是一個嗜愛聲色歌舞的風流皇帝，很貪女色。唐玄宗後期開始宦官專權，中央統治集團內部的矛盾和鬥爭十分激烈，使唐朝逐漸衰落。這當然不能完全歸咎於帝王的縱慾，但是兩者是有相當密切的聯繫的。

在唐玄宗時期，後宮之盛也幾乎達到了頂點。杜甫詩云：「先帝侍女八千人。」（杜甫：《觀公孫大娘弟子舞劍器行並序》）白居易則說「後宮佳麗三千人。」（白居易：《長恨歌》）實際上，這兩種說法都嫌保守，據《新唐書》記載，開元天寶中的宮女多達四萬人。而且，唐玄宗不滿足於教坊提供的聲色之樂，還在宮中專門爲自己設下了一個名叫作「梨園」的樂舞機構，規模之大、人數之多都是空前的。

唐玄宗和楊玉環的事是中國歷史上有名的宮廷豔聞。據史籍記載，楊玉環是楊玄琰之女，幼孤，養於叔父玄璬家，爲唐玄宗李隆基的第十八個兒子壽王瑁之妃（正妻），

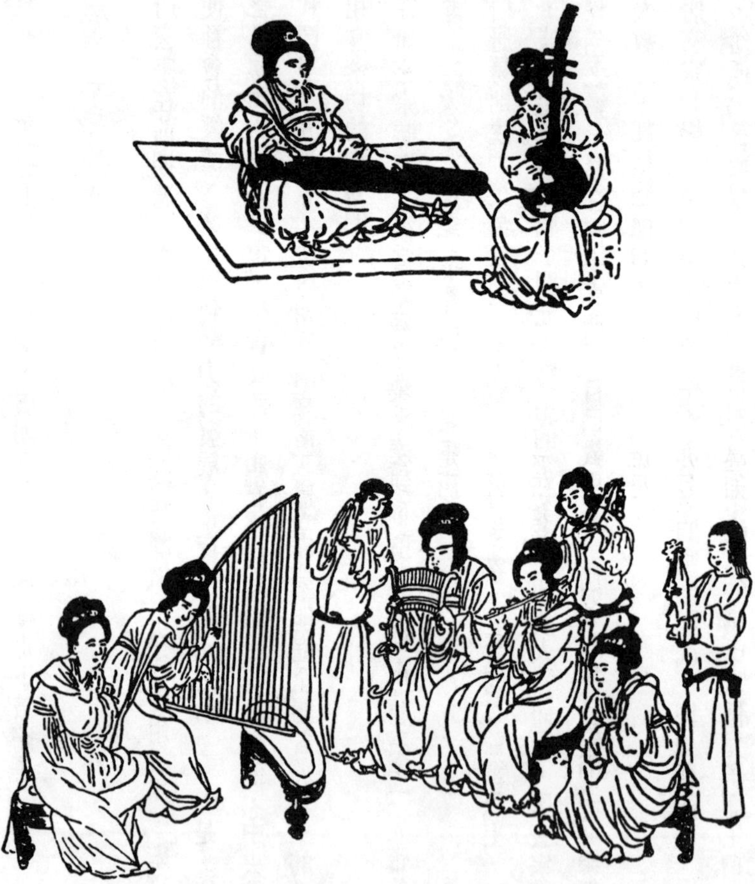

插圖 5–5　唐宮女樂

也就是玄宗的兒媳婦。開元二十五年（七三七年）十二月，玄宗最寵幸的武惠妃病死，他很悲傷，竟覺得「後庭數千無可意者」。這時有人啟奏說楊玄琰之女玉環「姿色冠世」，足可慰情，因而即召取進見。果然，楊玉環名不虛傳，不僅美麗出衆，而且善解人意，使唐玄宗大爲傾倒。但是，礙於兒媳婦這個名義，不能立即占有；在這種情形下，就策劃以楊玉環自己要求出家爲藉口，使她先成爲一個女道士，法號「太真」，然後再接回宮中，讓她還俗。這樣做的理由是：「出家」表示她以前的生活已經結束，「還俗」則是生活的重新開始，玄宗似乎就不存在侵占兒媳的問題了，只不過是愛上了一個女道士而已。

這一偷樑換柱的不光彩伎倆並不是玄宗創造的，只不過是他的祖父唐高宗李治娶武則天的翻版。前面已經說過，武則天原是唐太宗李世民的才人，才人不同於一般宮女，而是屬於妃嬪，而且她曾「更衣入侍」，就是說和太宗發生過性關係，所以她實際上是太宗的小老婆，也就是高宗的庶母。高宗在太宗生病時就「烝」了這個庶母，太宗病故後，高宗限於名分不能直娶，於是就叫武則天出家爲尼，然後再還俗入宮，並且讓她做了皇后。李治這種做法表示他愛的不是庶母，而是一個尼姑。所以後人有評曰：「太宗納巢刺王（元吉）妃，而生子明。明皇亦奪壽王妃，而冊爲貴妃。武曌由尼而入宮，玉環亦由女道士而入宮。祖父子孫三代衣缽如出一轍，貽謀可不慎與！」（明詹詹外史評輯《情史·情穢類》）當然，封建皇帝有賢明與昏庸之分，但在淫樂方面，不過是五十步笑百步而已。

唐玄宗採取度道入宮的做法，說明李唐雖然發跡於關隴，賦有鮮卑血統，對兒女關防不如中原那麼嚴格，但它畢竟是肇基達百餘年的中原王朝，封建倫理的影響是不容忽視的。唐代皇族中，度道入宮者屢見不鮮，女道士是帶髮出家的，比起落髮的尼姑容易嫁人。那時，尚未出嫁的公主照例住在宮內，自然不能隨便行動，爲了能在性生活方面自由一些，當然也有一些宗教信仰上的原因，唐公主主動要求入道的很多。如睿宗的八女金仙公主、九女玉真公主求度後，搬至宮外，住進豪華壯麗的金仙觀和玉真觀。兩個公主時常召集文人宴飲作樂，不少墨客拜倒在公主的石榴裙下，不乏發生曖昧關係者。

唐代公主渴望宮外的自由生活，以致度道成風。睿宗以降，玄宗、代宗、德宗、順宗、憲宗、穆宗時都有公主入道，一朝少至一人，多至四人，多數則爲兩人。清初的胡震亨說：「築觀在外，史即不言他醜」，即皇家女道士如不嫁人，可以享受更多的性自由。流風所及，當時達官貴人家裡的女子入道的也不少。高宗時駱賓王的《代女道士王靈妃贈道士李榮》，是一篇抒發豔情的長詩。玄宗時李白賦詩李騰空，她是李林甫的女兒。中唐詩人韋渠牟《步虛詞》十九首、張繼《上清詞》一首，都是暗喻女道士的風流生活。

插圖 5–6　楊貴妃

由此可見，唐玄宗安排楊玉環入道，這並不是一個特殊事例，而是當時統治階級想在性方面自由、放縱，又要掩人耳目的一種社會生活現象。

關於唐玄宗和楊貴妃的淫樂生活，白居易在著名詩篇《長恨歌》中作了一些描寫：

……

春寒賜浴華清池，溫泉水滑洗凝脂。
侍兒扶起嬌無力，始是新承恩澤時。
雲鬢花顏金步搖，芙蓉帳暖度春宵。
春宵苦短日高起，從此君王不早朝。
承歡侍宴無閑暇，春從春遊夜專夜。
後宮佳麗三千人，三千寵愛在一身。
金屋妝成嬌侍夜，玉樓宴罷醉和春。
姊妹弟兄皆列土，可憐光彩生門戶。
遂令天下父母心，不重生男重生女。
驪宮高處入青雲，仙樂風飄處處聞。
緩歌慢舞凝絲竹，盡日君王看不足。
……

白居易的《長恨歌》是美化唐玄宗和楊貴妃的，描繪了他們之間的「愛情」，什麼「七月七日長生殿，夜半無人私語時」，既然是「夜半無人私語時」，白居易又是怎麼知道的呢？顯然這只是藝術創造。前面所引述的唐玄宗怎樣縱情歡樂的詩句，主題是描寫迷戀楊貴妃，實際上也從一個方面暴露出帝王的淫樂生活。

「後宮佳麗三千人，三千寵愛在一身。」玄宗得到楊玉環後，沉湎於她的美色，寵愛異常，以致「從此君王不早朝」，朝政日非，在當時的宮中，都稱楊玉環爲「娘娘」，禮儀與皇后相等。天寶四年（七四五年）八月，楊玉環被正式册封爲貴妃，那時她不過二十七歲，而玄宗已是六十一歲的老人。年齡上的不相稱，雖有尊貴的身份地位，豪奢的物質享受，然而在性生活方面是難以使楊貴妃滿足的，她和安祿山的曖昧事，即明載於史册。至於玄宗，也並不因爲有了楊玉環而滿足和專一，最明顯的是他和被封爲秦國夫人、韓國夫人、虢國夫人的三個楊氏姐妹之間所發生的淫亂事情。所以，玄宗和楊貴妃之事與其説是純真的愛情，毋寧説是一場貪色慕貴的遊戲性的悲劇。

在一些古人筆記中，對這些宮廷醜聞是描寫得比較直率的，例如《情史·情穢類》記載：

安祿山爲范陽節度使，恩遇甚深，上呼之爲兒。常於便殿與貴妃同宴樂，祿山就座，不拜上而拜貴妃。上問之，曰：「胡人不知其父，只知其母。」上笑而宥

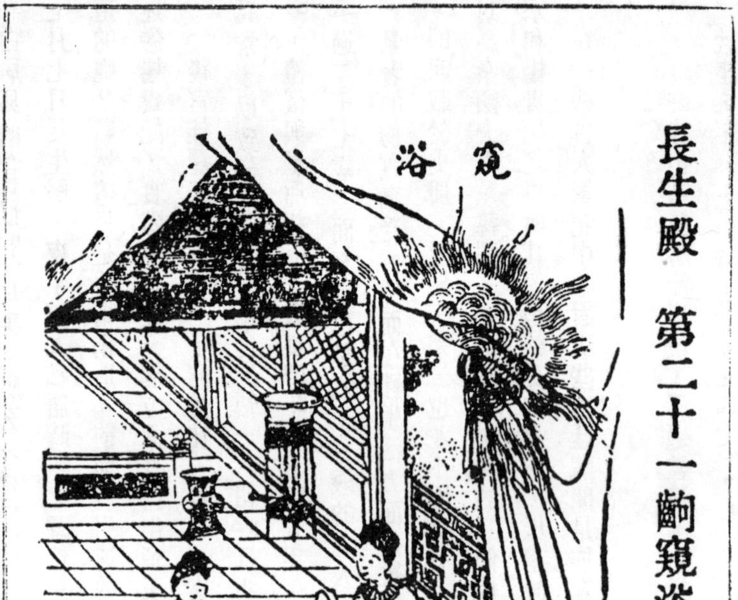

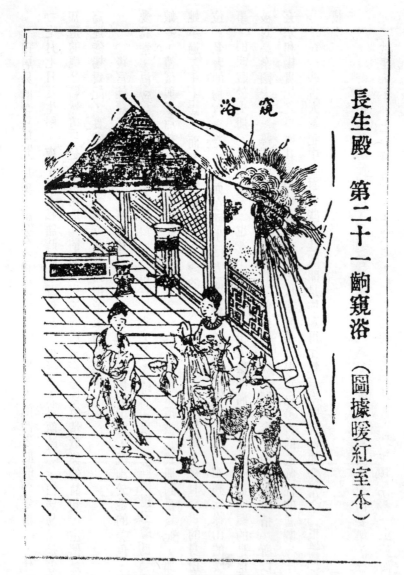

插圖 5-7　唐玄宗與楊貴妃

之。貴妃常中酒，衣褪微露乳，帝捫之曰：「軟溫新剝雞頭肉。」祿山在傍對曰：「滑膩初凝塞上酥。」上笑曰：「信是胡人，只識酥。」祿山生日，上及貴妃賜衣服、寶器、酒饌甚厚。後三日，召祿山入禁中，貴妃以錦繡爲大襁褓裹祿山，使宮人以彩輿舁之。上聞後宮喧笑，問何故，左右以貴妃之日洗祿山兒對。上自往觀之，大喜，賜貴妃以洗兒金銀錢，復厚賜祿山，盡歡笑而罷。自是祿山出入宮禁，或與貴妃同食，或通宵不出，頗有醜聲傳於外，上不覺也。

唐玄宗和楊貴妃爲了尋歡作樂，還讓幾百個宮女、宦官列成「風流陣」，用錦被當旗幟，互相鬥鬧取樂。玄宗對於被「進御」的宮人，都要在她們的臂膀上印上「風月常新」四字，然後漬以桂紅膏，水洗也不褪色。以後的唐穆宗也學老祖宗的樣，而且變本加厲，在黑綃上寫白字，白紗上寫黑字，用它做衣服賜給「承幸」的宮人，上面寫的都是不堪入目的淫鄙之詞，人稱「諢衣」。（《雲仙雜記》卷五、七）

帝王們的淫樂生活總是和窮奢極侈密切聯繫在一起的。唐玄宗、楊貴妃自不必說，由於貴妃得寵，其三姊妹同時誥封國夫人，唐玄宗特令每月各給十萬錢，專作脂粉之費，平日賞賜更是不計其數。虢國夫人的照夜璣、秦國夫人的七葉冠都是稀世之珍；韓國夫人節日時在山上豎起百枝燈樹，高八十尺，光芒蓋過月色，百里之內都能望見。她們各造府第，富麗堂皇，接近皇宮，每造一堂，所費超過千萬，如果見到規模超過自己的，就毁了重建。出門遊玩時，各家成一隊，穿一色衣服，車馬僕從堵塞道路，車上裝飾的珠寶價值不下數十萬貫，車過之後，首飾珠翠灑落得滿地都是。中唐的畫家張萱曾繪過一幅《虢國夫人遊春圖》，就在一定程度上反映出當時的這種狀況。②杜甫也曾寫下一首著名的詩篇《麗人行》，描繪了三夫人的驕奢富貴：

三月三日天氣新，長安水邊多麗人。

……

繡羅衣裳照暮春，蹙金孔雀銀麒麟。

頭上何所有？翠爲㔩葉垂鬢唇。

背後何所見？珠壓腰衱穩稱身。

就中云幕椒房親，賜名大國虢與秦。

紫駝之峯出翠釜，水精之盤行素鱗。

犀箸厭飫久未下，鸞刀縷切空紛綸。

黃門飛鞚不動塵，御廚絡繹送八珍。

……

有一次，三夫人在宮中陪唐玄宗玩樂，唐玄宗擊鼓後，開玩笑地向秦國夫人討賞，秦國夫人說：我是大唐天子的阿姨，豈能無錢？一下子就拿出三百萬來湊趣。③她們不

美人百態畫譜 下集
十五
虢國夫人
不作濃粧分外妍阿姨素面去
朝天景陽樓上鐘初罷一騎嘶過
鳳闕前
丙寅五月既望合周馬記

插圖 5-8 虢國夫人

僅富貴榮華至極，而且「炙手可熱勢絕倫」，連公主們都不得不退讓三分。各級官員出入她們的門下，逢迎賄賂，以求進達。她們出面請託之事，官府視如詔敕，爲之奔走，唯恐不及。對她們的所作所爲官員們無人敢惹，例如有一次虢國夫人看中了韋嗣立的宅地基址，帶人進去不分青紅皂白就拆房子，只給韋家十幾畝地作補償。

這三個國夫人以後都在安祿山叛亂時的逃難過程中被殺死了。「安史之亂」是一場大災難，後人都認爲由於唐玄宗的荒淫無道，導致了「安史之亂」，這不是沒有根據的。白居易的《長恨歌》中所寫的「六軍不發無奈何，宛轉蛾眉馬前死。花鈿委地無人收，翠翹金雀玉搔頭。君王掩面救不得，回看血淚相和流」，雖然還是美化了唐玄宗，認爲楊貴妃是在皇帝無法保護她的情況下被亂軍所殺（實際上是爲了統治者的根本利益，丟棄一個心愛的玩物），可是，「六軍不發無奈何」，連御林軍都要爆發兵變了，可見當時天怒人怨已經到了什麼程度。看來，一個朝代的衰微和帝王的昏庸無能、溺於淫樂有很大關係，這是因爲，統治者的腐化和整個統治階級的腐化緊密地聯繫在一起，而這必然會引起階級矛盾和社會矛盾的激化。

第二節 女子地位的張和弛

唐代是個封建社會，從總的看來，女子仍然處於受壓迫的地位，許多社會規範束縛女子；但是，唐代又比較繁榮、開明，與其他封建王朝相比，對女子的壓制與束縛相對地不那麼嚴酷，這就構成了一種有些方面緊，有些方面鬆的複雜狀態。

婦女比較自由的社交活動

在唐代，男女之間的接觸、交往比較自由、公開，不拘禮法，比較符合人性的自然發展，無論是宮廷、官宦、民間都是如此。

在唐代的宮廷中，后妃、宮女都不迴避外臣，甚至可以親近接交，不拘禮節。例如，韋皇后與武三思同坐御床玩雙陸，唐中宗在旁爲之點籌。唐玄宗的寵臣姜皎常與后妃連榻宴飲。安祿山在後宮與楊貴妃同食、戲鬧，甚至通宵不出。宮官們更時常「出入內外，往來宮掖」，結交朝臣外官。（袁楚客：《規魏元忠書》）以上這些，其中雖有淫亂的成分，但當時風氣也的確開放，人們對男女交往不以爲怪，否則，有些人是不敢如此公開地膽大妄爲的。在雲陽公主成婚時，吳人陸暢做儐相，嬪娥們笑話他的口音，以詩嘲弄，陸暢也以詩酬和，戲謔說：「不奈烏鳶噪鵲橋」，可知當時宮女們一定是在他周圍嘰嘰喳喳，笑作一團。（《雲溪友議》卷四）當時的朝廷禮儀也不大注意男女之別，高宗、武后和肅宗時，曾命令命婦與百官在一起朝賀宴集，有些大臣曾提出反對意見，認爲有失禮教。

朝廷如此，官宦之家也是如此。變文《醜女緣起》描寫一位駙馬要宴請朝士時對妻子說：「每日將身赴會筵，家家妻女作周旋……我到他家中，盡見妻妾，數巡勸酒，對坐周女。若諸朝官赴我筵會，小娘子事須出來相見……」（《敦煌變文集》）這件事很清楚地說明了當時的社會風氣。史書中也有類似的記載，如朝廷重臣郭子儀病重時，朝臣前來探望，姬妾都不迴避；唯獨盧杞來時，郭屏去姬妾，因爲盧貌奇醜，郭防止姬妾竊笑，以免種下禍患。（《舊唐書．盧杞傳》）唐玄宗開元時的詔書中也提到僧尼、道士出入百姓之家，家中妻子無所避忌的現象。

這方面還有很多軼事：例如著名文人溫庭筠少年時喜歡尋花問柳，被官員姚勖鞭打、驅逐，從此壞了名聲，屢試不第。溫的姊姊對姚十分惱恨，有一天姚勖有事到溫氏家中，溫氏死死地抓住姚的袖子不放，大哭不已，把姚狠狠地責罵夠了，才放他走。姚因爲受了驚嚇，後來竟得病死了。（《玉泉子》）從此事可以看出，有些唐代女性是多麼不拘禮節與大膽、潑辣。

那時還有這樣一件趣事：山南有位伍姓的縣令夫人會見諸官之婦，相見後，伍夫人問：「贊府夫人何姓？」答：「姓陸。」又問：「主簿夫人何姓？」答：「姓漆。」縣令夫人勃然入內。諸夫人都莫名其妙，不知所措。縣令得知，急忙入內詢問，夫人說：「贊府婦云姓陸，主簿婦云姓漆，以吾姓伍，故相弄耳。餘賴吾不問，必曰姓八、姓九。」縣令大笑曰：「人各有姓，何如此！」趕忙勸夫人重新出來見客。（《封氏聞見錄》卷十）

類似的事情還有不少，如節度使章仇兼瓊曾令夫人在成都開宴招待女賓；廣州都督夫人設宴招待下屬官員夫人，別駕、長史夫人都到席做客，（《太平廣記》卷三一、三八六）等等，這種官員夫人之間的交際活動和現代很相似，起著協助丈夫處理好公務和密切上下級與同僚關係的作用，也說明了唐代婦女的社交風氣。

唐代民間婦女的社會交往較之於上層婦女就更廣泛了。民間婦女有時單獨和異性結識交往，不避嫌疑。「君家何處住，妾住在橫塘，停船暫借問，或恐是同鄉。」（《崔顥：《長干曲》》）這首詩寫了一位船家女和一位陌生人大大方方地打招呼、攀談。《太平廣記》卷二四二中記載了這麼一件事：天寶初年，蕭穎士夜歸某縣，半路遇到一位二十四、五歲的女子，請求同行。蕭誤以爲是狐狸精，其實是位店家女，鬧了一場誤會。這也是一位年輕女子在外主動與男子交往的事例。白居易的著名詩篇《琵琶行》寫了一位商婦在丈夫外出時半夜接待一羣陌生男客上船，與他們同席交談並彈奏琵琶的事。洪邁在《容齋三筆》中對此議論說：「瓜田李下之疑，唐人不譏也。」此外，唐人傳奇中寫陌生男女在外自由地攀談、結識，甚至同席共飲之事不勝枚舉。

有些唐代婦女還有「胡服騎射」的愛好和風氣。喜歡穿上胡服戎裝或女扮男裝，矯健英武地躍馬揚鞭，「露髻馳騁」，（《新唐書．車服志》）還可以參加打球、射獵等活動，例如現代的女子足球，唐代已有之。杜甫在《哀江頭》中所描寫的「輦前才人帶弓箭，白馬嚼嚙黃金勒，翻身向天仰射雲，一箭正墜雙飛翼」，說明這些騎射女子是多麼英姿勃勃。

民間婦女自身的交際活動也很多，而且有組成社團活動的情況。敦煌文書中有兩件「女人社」社約文書，其中一件爲顯德六年（九五九年）所寫，雖然已到五代，但其內容約略可以反映唐時情況，內容是：

顯德六年己未歲正月三日，女人社因茲新歲初來，各發好意，再立條件。蓋聞至誠立社，有條有格，夫邑儀者，父母生其身，朋友長其值，遇危則相扶，難則相救，與朋友交，言如信，結交朋友，世語相續，大者若姊，小者若妹，讓語先登，立條件與後，山河爲誓，中不相違。一、社內榮凶逐吉，親痛之名，便於社格，人各油壹合、白麵壹斤、粟壹斗、便須駈駈，濟造食飯及酒者。若本身死亡者，仰衆社蓋白耽拽便送，贈例同前一般，其主人看待，不諫厚薄輕重，亦無罰責。二、社內正月建福一日，人各稅粟壹斗、燈油壹盞，脫塔印砂，一則報君王恩泰，二乃以父母作福，或有社內不諫大小，無格在席上宣拳，不聽上人言教者，便仰衆社，就門罰醴膩一筵，衆社破用。若要出社之者，各人決杖參棒，後罰醴局席一筵，的無免者。

以下有社官、長社、錄事、社老以及諸社人署名，共十五人。另一件內容與之略同，只是注明是某坊巷的女人社。從錄文看，這種女人社是下層民間婦女的自願結社，這些婦女大約都是親鄰關係，她們各自提供結社經費，社裡有紀律規定和處罰條例，其作用在於女性之間的「危則相扶，難則相救」。這種女人社比之上述的「夫人外交」具有完全不隸屬於男子的獨立性，表明了唐代下層婦女比上層婦女在家庭和社會中有更獨立的地位和更廣泛的社交活動。④

女子重服飾打扮

唐代女子十分重視妝飾打扮，爲封建社會歷代之盛，這具有多種原因：經濟的繁榮、社會的文明發展，必然使人們更多地追求生活的美；但是另一方面，這又和性的開放，女子以妝飾打扮媚惑男性有關。

關於唐代女子的風姿與妝飾打扮，現代人只能從唐代的一些大畫家留傳至今的作品中看到。周昉是當時人物畫的大家，《宣和畫譜》云：「世謂昉畫婦女，多爲豐厚態度者。」元代湯垕云：「周昉善畫貴遊人物，又善寫真，作仕女多穠麗豐肌，有富貴氣」。（湯垕：《畫鑑》）這就是說，周昉所畫，多爲上層婦女。他是貴公子出身，又經常出入卿相間，所接觸的都是上層人物，由於他們本身的優越生活、經常的遊宴活動，就造成了他們的豐肌肥頰體態。同時，以豐腴爲美，這也是當時的一種社會風尚。董廣川跋周昉的《按箏圖》說：「嘗持以問人曰，人物豐穠，肌勝於骨。蓋畫者自所好者？余曰，此固唐世所好。嘗見諸說，太真妃豐肌秀骨、今見於畫亦肌勝於骨。昔韓公言，曲眉豐頰，便知唐人所尚，以豐肌爲美，昉於此，知時所好而圖之矣。」（董逌：《廣川畫跋》）這是因爲，在唐代楊貴妃曾紅極一時，對社會有一定影響，「不重生男重生女」（白居易《長恨歌》）是一個方面，而且「太真姿態豐豔」也被時代崇之爲中唐婦女的標準美。同時，這種典型美的形成和當時長期的安定繁榮分不開，於是反映在藝術上就成了一種健壯豐肥的時代風格。

至於唐代婦女的服飾，從周昉的《簪花仕女圖》看來，幾個貴族婦女雲髻高聳，博鬢蓬鬆，頭戴各種不同的折枝花朵，簪步搖釵，作濃暈蛾翅眉。衣著薄質，鮫綃，「或輕容花紗外衣，披帛也用輕容紗加泥金繪，內衣有的作大撮暈纈團花。」（沈從文：《中國古代服飾研究》）以上是盛唐時宮中十分流行的服飾。

據陳東原的《中國婦女生活史》歸納，唐代女子髮髻的樣式，連過去所流行而取其佳者，名曰十髻，即：

鳳髻（周文王時） 還香髻（秦始皇時） 飛仙髻（漢武帝時） 同心髻（漢元帝時） 墮馬髻（梁冀妻） 靈蛇髻（魏甄后） 芙蓉髻（晉惠帝時） 坐愁髻（隋煬帝時） 反綰樂遊髻（唐高祖時） 鬧掃妝髻（唐貞元時）

畫眉的樣式，到五代時，也歸納爲十種，名曰十眉，即：

開元御愛眉 小山眉 五岳眉 三峯眉 垂珠眉 月稜眉 分梢眉 涵煙眉 拂雲眉 倒暈眉

因此，後來宋朝的蘇東坡詩有「成都畫眉開十眉，橫煙、卻月奇新奇」之句。「橫煙」即拂雲眉，「卻月」即月稜眉。

唐末點唇名式也很多，如：

胭脂暈品 石榴嬌 大紅春 小紅春 嫩吳香 豐邊嬌 萬金紅 聖檀心 露珠兒 內家圓 天官巧 恪兒殷 淡紅心 猩猩暈 小朱龍 格雙唐 眉花奴

這些講究的妝飾，自然與性有密切關係，其主要功能是爲了取悅於男性，自不待言。隋朝丁六娘的《十索曲》，對這種性心理有較充分的反映，下錄其五：

裙裁孔雀羅，紅綠相參對，映以蛟龍錦，分明奇可愛。——粗細君自知，從郎索衣帶。

爲性愛風光，生憎良夜促，曼眼腕中嬌，相看無厭足。——歡情不奈眠，從郎索花燭。

君言花勝人，人今去花近，寄語落花風，莫吹花落盡。——欲作勝花嬌，從郎索紅粉。

二八好容顏，非意得相關，逢桑欲採折，尋枝倒懶攀。——欲呈纖纖手，從郎索指環。

含嬌不自轉，送眼勞相望，無那關情伴，共入同心帳。——欲防人眼多，從郎索錦幛。

按理說，男女兩性在性方面是相互吸引，相互媚惑，但由於在包括封建社會在內的階級社會中男子居於統治地位，所以女子向男子邀寵、媚惑男子的心理要强烈得多。薛蘊的《贈鄭女郎》詩，也表現出這方面女子媚惑男子的心理：

豔陽灼灼河洛神，珠簾繡戶青樓春。

能彈箜　弄纖指，愁殺門前少年子。

笑開一面紅粉妝，東園幾樹桃花死。

朝理曲，暮理曲，獨坐窗前一片玉。
行也嬌，坐也嬌，見之令人魂魄銷。
堂前錦褥紅地爐，綠沉香榼傾屠蘇。
解佩時時歇歌管，芙蓉帳裡蘭麝滿。
晚起羅衣香不斷，滅燭每嫌秋夜短。

女子的妝飾是屬於性美學範圍的，而性美學問題和性心理有極大的關係，古代亦然，這是值得很好地分析研究的。

女子的戒律

當然，我們決不能由於如上所述，就認爲唐代婦女十分自由，不受壓迫和約束了。在封建社會中，女子既然處於被統治地位，那麼以男子爲統治的社會總要制定一些清規戒律以約束女子，使女子規規矩矩、服服貼貼地以適應男子的需要。而奇怪的是，這些女誡的制定，大多出於女子，這種「以女治女」的方法大概與後世的「以夷制夷」相類似。對此，唐代也不例外。

上一章曾經說過，後漢班昭寫了《女誡》，這實際上對女子的生活是一種壓迫。到了唐初，唐太宗時的長孫皇后曾作《女則》三十卷，說是採自古婦人得失，用以垂範後世的，唐太宗曾以頒行於世，但現已失傳。

其後陳邈妻鄭氏，作《女孝經》十八章：一、開宗明義；二、后妃；三、夫人；四、邦君；五、庶人；六、事舅姑；七、三才；八、孝治；九、賢明；十、紀德行；十一、五刑；十二、廣要道；十三、廣守信；十四、廣揚名；十五、諫諍；十六、胎教；十七、母儀；十八、舉惡。此書作班昭和諸女回答的口氣，押韻，易讀。據說鄭氏的姪女爲永王妃，鄭氏擔心她未嫻詩禮，所以作此以獻，教她爲婦之道。這本書流傳後世，影響很大。

然而，唐朝最重要的一本有關女教的書，是《女論語》。有個叫宋廷芬的，貝州清陽人，世以儒聞，他生了五個女兒：若莘、若昭、若倫、若憲、若荀，都警慧善屬文，秉性素潔，鄙薰澤靚妝，不願嫁人，而要學名家。若莘寫了一本《女論語》，若昭作了申釋。貞元中，盧龍節度使李抱貞表其才，德宗召入禁內，試文章，論經史，都稱旨。帝每與羣臣賡和，五女都參加，屢蒙賞賜，後來都被德宗所恩幸。只有若昭不希望得到上寵，所以不以妾侍稱呼她，而稱女學士，拜內職尚宮，使教諸皇子公主，號曰宮師，《女論語》得她的幫助很多。

《女論語》的序闡明了它的宗旨：

> 大家曰：妾乃賢人之妻，名家之女。四德粗全，亦通書史。因輟女工，閒觀文

字，九烈可嘉，三貞可慕。懼夫後人，不能追步，乃撰一書，名爲《論語》，敬戒相承，教訓女子。若依斯言，是爲賢婦。罔俾前人，獨美千古。

可見，這本書的目的和宗旨是「教訓女子」，使她們成爲「賢婦」。

《女論語》的內容，也不過是「貞節柔順」幾個字。全書十二章：一、立身；二、學作；三、學禮；四、早起；五、事父母；六、事舅姑；七、事夫；八、訓男女；九、營家；十、待客；十一、和柔；十二、守節。全書四字一句，押韻，許多地方以白話表述，易懂，所以流行很廣。

《女論語》以封建規範來要求女子，比幾百年前班昭的《女誡》又有了不少發展。例如，《女論語．立身章》說：

> 凡爲女子，先學立身，立身之法，唯務清貞，清則身潔，貞則身榮。行莫回頭，語莫掀唇，坐莫動膝，立莫搖裙，喜莫大笑，怒莫高聲。內外各處，男女異羣；莫窺外壁，莫出外庭，出必掩面，窺必藏形。男非眷屬，莫與通名；女非善淑，莫與相親。立身端正，方可爲人。

在對女子的舉止風範的要求方面，《女誡》並沒有這樣具體。班昭只是說：「若夫動靜輕脫，視聽陝輸，入則亂髮壞形，出則窈窕體態，說所不當道，觀所不當視，此謂不能專心正色矣。」（《女誡．專心章》）當然，在《女論語》中，訓練女子應有良好的儀態風度，這有合理的成分，時至今日，一些女青年「行必回頭，語必掀唇，坐必動膝，立必搖裙，喜必大笑，怒必高聲」，這還是需要改進的；但是，例如「出必掩面，窺必藏形」等，這些對女子的束縛就太不合理了。所以，還是要作具體分析。

再如，女子應如何侍候丈夫，《女論語》與《女誡》相比，提出了複雜得多、繁瑣得多的要求：

女子出嫁，夫主爲親。前生緣分，今世婚姻。將夫比天，其義匪輕。夫剛妻柔，恩愛相因。居家相待，敬重如賓；夫有言語，側耳詳聽；夫有惡事，勸諫諄諄；莫學愚婦，惹禍臨身。夫若出外，須記途程，黃昏未返，瞻望苦尋；停燈溫飯，等候敲門；莫學懶婦，先自安身。夫如有病，終日勞心，多方問藥，遍處求神；百般治療，願得長生；莫學蠢婦，全不憂心。夫若發怒，不可生嗔；退身相讓，忍氣吞聲；莫學潑婦，鬧鬧頻頻。粗絲細葛，熨貼縫紉；莫教寒冷，凍損夫身。家常茶飯，供侍殷勤，莫教饑渴，瘦瘠苦辛。同甘同苦，同富同貧，死同棺槨，生共衣衾。能依此語，和樂瑟琴；如此之女，賢德聲聞。

《女論語》中這麼多的篇幅，歸根結柢是教誡女子如何侍候好丈夫，當好男子的附屬品這個角色罷了。

再如，關於夫死妻守節，《女誡》中只提出「婦無二適之夫」，而《女論語》具體得多，它說：

　　夫婦結髮，義重千金。若有不幸，中路先傾，三年重服，守志堅心。保持家業，整頓墳塋。殷勤訓後，存歿光榮。

唐代教女的項目，李義山《雜纂》中載有十則：一、習女工；二、議論酒食；三、溫良恭儉；四、修飾容儀；五、學書學算；六、小心軟語；七、閨房貞潔；八、不唱詞曲；九、聞事不傳；十、善事尊長。《女論語》對於女教的主張，大體與此相仿。其中。《學作章》是講「習女工」的；《學禮章》是講「溫良恭儉」、「修飾容儀」的；《早起章》是講「議論酒食」的；《事父母章》、《事舅姑章》是「善事尊長」的；《立身章》、《守節章》是講「閨房貞潔」的。其餘各事，有《訓男女章》與《和柔章》差不多都曾說到。如《訓男女章》說訓女道：

　　女處閨門，少令出戶；喚來便來，喚去便去；稍有不從，當加叱怒。朝暮訓誨，各勤事務；掃地燒香，紉麻緝苧。若在人前，修她禮數；遞獻茶湯，從容退步。莫縱驕痴，恐她啼怒；莫縱跳粱，恐她輕侮；莫縱歌詞，恐她淫污；莫縱遊行，恐她惡事。

以上最後幾句話，實際上是對女子加強性控制。

的。

女性的悲哀

相對於其他封建王朝來說，唐代的婦女地位要高一些，行動的自由度要大一些，但是從本質上看，她們還是男子的奴隸，她們的生活充滿了淚水，而命運往往是很悲慘的。

先看看那些宮廷中的后妃，她們是女性中最上層的人物，富貴、榮顯、優閒、舒適——占盡了人世間的風光，可是她們的命運最不穩定，比一般民間女子更無力把握自己的命運，因爲她們太容易受到政治風雲的衝擊，也因爲她們的命運完全繫於最高權勢的愛憎與好惡上。

在兩唐書《后妃傳》中有記載的三十六個后妃中竟有十五個不得善終，其中二名死於後宮爭寵，二名因戰亂流落失蹤，一個自殺殉葬，一個做爲太后獲罪於皇帝而死；其餘九個全都死於政治權力鬥爭、宮廷政變，而這九人中有三人是因爲干預朝政而爲政敵所殺，另外六人完全是政治鬥爭無辜的犧牲品。

政治鬥爭是最殘酷的。高宗王皇后與蕭淑妃和武則天鬥爭失敗，被各打二百杖，截去手足，裝到酒甕中，而後慘死。中宗的趙后在作王妃時，因爲母親長公主與武則天有矛盾，被囚禁起來，無人照看，死後幾天才被發現，屍體已腐爛。睿宗的竇后、劉后受人誣陷，在同一天內被秘密處死，屍體下落不明。肅宗作太子時的韋妃因兄長被賜死，被迫與肅宗離婚，終身爲尼。唐末昭宗的何皇后下場也很慘，在昭宗被朱全忠殺死後，她被縊死，成爲改朝換代的犧牲品。

即使不受政治權利鬥爭的影響，她們的命運繫於皇帝一人，也時常受到失寵與皇帝死去的威脅。人老珠黃、色衰愛弛是許多后妃的共同命運。例如王皇后和玄宗是患難夫妻，曾參與玄宗發動的宮廷政變，可是當武惠妃得寵後，逐漸受到冷遇。她向皇帝哭訴，希望能念及當日患難與共之情，玄宗一時也受了感動，但最後還是被廢爲庶人。即使受寵不衰，但如果皇帝一旦死去，就失去了靠山，往往淒涼潦倒終生。唐代后妃中還有自殺殉葬的事例，那就是武宗王賢妃，她原先是才人，能歌善舞，十分得寵。武宗病危之際，問她道：「我死，汝當如何？」答曰：「願從陛下於九泉。」武宗就以巾授之，於是王才人自縊於帳下。⑤宣宗即位後，贈號「賢妃」，以嘉獎她的「節操」。其實，這位可憐的女子很可能是迫於無奈，因爲如果不回答「願從陛下於九泉」也是死，如不自縊也是死。這類事例充分地說明了封建統治者的殘忍與女子命運的悲慘。

在宮廷之中，還有大量宮女，她們在宮中地位是最低賤的，因此所受的迫害和痛苦也要嚴重得多。在唐代，宮女之衆幾乎到了封建社會的頂峯。杜甫曾有「先帝侍女八千人」之句（《觀公孫大娘弟子舞劍器行並序》），白居易又有「後宮佳麗三千人」（白居易《長恨歌》）之説，這並不是藝術誇張，唐代宮廷女性實際上遠遠超過此數。唐太宗時，李百藥上疏曾説到：「無用宮人，動有數萬」。⑥《新唐書·宦者上》則記載：「開元、天寶中，宮嬪大率至四萬。」後者大概是唐代宮廷女性的最高具體數字，那正是盛唐風流天子唐玄宗在位的時候。宋人洪邁説這是自漢朝以來帝王妃妾人數最多的時代。（《容齋五筆》卷三）唐朝的最多人口數字是天寶十三年（七五四年），共有五二八八〇四八八人，假設其中女性占一半，則有二千六百多萬人，那麼宮廷女性占當時婦女總人數的六百分之一，即平均每六〇〇名女子中，有一名宮廷婦女。直至唐末，國事凋零，江山殘破，仍然是「六宮貴賤不減萬人」。⑦這樣驚人的數字，不知造成了多少曠夫怨女，難怪唐末詩人曹鄴感嘆説：「天子好美女，夫婦不成雙」了。（《捕漁謠》）

宮女由於身份低賤，常常會被加上莫名其妙的罪名，隨便地被處死，生命如同草芥。例如，文宗因爲聽信楊賢妃的誣陷，殺了太子，事後又十分後悔，他不怪自己昏庸，卻斥責宮人張十十等：「陷吾太子，皆爾曹也。」於是這些宮女都被處死。（《舊唐書·文宗二子》）宮人杜秋在穆宗時是皇太子的保姆，因爲皇子受誣陷，她也被株連遣回鄉里，老來饑貧交迫，孤苦伶仃，杜牧等名士都爲之傷感，作了有名的《杜秋娘》詩悲嘆她的命運。宮女受皇帝寵幸也可能是一場大禍。宣宗得到進獻的一個美麗的宮女，十分寵愛，數日内賞賜無數。有一天早晨他忽然悶悶不樂，説：「明皇帝只一楊妃，天下至今未平，我豈敢忘！」於是將美人召來說：「應留汝不得。」左右奏言可以放逐，宣宗卻說：「放還我必思之，可賜鴆一杯。」這個可憐的女人就這麼被毒死了。（《唐語林》卷七）宣宗是唐朝後期一個比較有見識的皇帝，而對宮女竟如此殘忍，一時心血來潮就把人殺害了，就像隨便踩死一隻螞蟻一樣。這種事並不是個別的，懿宗的愛女同昌公主死後，懿宗不顧宰相劉瞻的勸諫，將同昌公主的乳母、保傅等一一殉葬，這真是太慘了。

對於更多的宮女來說，即使生命沒有受到殘害，一生的青春也在深宮中被埋葬，這種慢性的煎熬可能是更摧人心肝的。在中國的封建王朝中，除清朝有宮女退休制度，只要不曾被皇帝收用，年滿二十二歲就可被發放出去、准其擇配外，歷代宮女多爲終身制，所以唐代詩人元稹的《行宮》詩中說：「寥落古行宮，宮女寂寞紅；白頭宮女在，閒坐說玄宗。」白居易的《長恨歌》中也有「椒房阿監青娥老」之句。

幾千年來，封建帝王搜羅大量良家女子置於後宮，這實際上是一種性壓迫、性摧殘。這些女子在宮廷中儘管不愁衣食，但不可能與男子有性接觸，得到皇帝寵幸的可能又是微乎其微，生命被如此葬送，內心是十分痛苦的。唐代文學發展到一個高峯，宮怨是許多文人雅士吟詠的內容，同時，還流傳了許多哀事、韻事，都反映出這方面的情況。

唐代描寫宮怨的詩文，流傳下來的很多，例如杜荀鶴的《春宮怨》：

早起嬋娟誤，欲妝臨鏡慵。
承恩不在貌，教妾若爲容？
風暖鳥聲碎，日高花影重。
年年越溪女，相憶採芙蓉。

這首詩描寫了春天是幸福降臨的標誌，春天是勃勃生機的象徵。然而，對幸福感到渺茫、對生機感到去而不返的人，春天只會令她更添一層怨苦。

劉皂的《長門怨》（其一）也很有名，漫漫的長夜，冷滴的秋雨，其中含有多少失寵嬪妃的淒冷孤獨和哀怨憂憤：

雨滴長門秋夜長，愁心和雨到昭陽。
淚痕不學君恩斷，試卻千行更萬行。

還有杜審言的《賦得妾薄命》，描寫了宮女們秋扇見捐的悲哀：

草綠長門掩，苔青永巷幽。
寵移新愛奪，淚落故情留。
啼鳥驚殘夢，飛花攪獨愁。
自憐春色罷，團扇復迎秋。

白居易的《上陽白髮人》一詩，描寫唐玄宗時期宮女閉鎖深宮、青春流逝的怨恨，也是描寫宮怨最好的作品：

上陽人，紅顏暗老白髮新。
綠衣監使守宮門，一閉上陽多少春。
玄宗末歲初選入，入時十六今六十。
同時採擇百餘人，零落年深殘此身。
憶昔吞悲別親族，扶入車中不教哭；
皆云入內便承恩，臉似芙蓉胸似玉。
未容君王得見面，已被楊妃遙側目。
妒令潛配上陽宮，一生遂向空房宿。
宿空房，秋夜長，夜長無寐天不明；
耿耿殘燈背壁影，蕭蕭暗雨打窗聲。
春日遲，日遲獨坐天難暮；
宮鶯百囀愁厭聞，樑燕雙棲老休妒。
鶯歸燕去長悄然，春往秋來不記年。
唯向深宮望明月，東西四五百回圓。

今日宮中年最老，大家遙賜尚書號。
小頭鞋履窄衣裳，青黛點眉眉細長；
外人不見見應笑，天寶末年時世妝。
上陽人，苦最多。
少亦苦，老亦苦，少苦老苦兩如何？
君不見昔時呂向《美人賦》；
又不見今日上陽白髮歌！

還有一些故事從另一個側面反映出宮怨。如玄宗時，賜邊軍纊衣，製自宮中。有兵士於袍中得一詩，曰：

沙場征戰客，寒夜苦爲眠。
戰袍經手作，知落阿誰邊。
蓄意多添線，含情更著棉。
今生已過也，願結後生緣。

得詩的兵士向主帥作了報告，主帥又奏於帝。唐玄宗遍示後宮，查問是誰寫的，聲明承認的不加罪。有個宮女承認了，說自己萬死，玄宗發了憐憫之心，說：「吾與汝結今生緣。」把她嫁給了得詩者。

這件事似乎很動人，但只是個例外的例外。宮女的解放不可能寄託在帝王一時的惻隱之心上，帝王一時高興，可能成全一個宮女，但不可能成全後宮幾萬宮女，以下這個寫詩的宮女就沒有結果了：

孟棨《本事詩》載紅葉題詩的故事，說唐詩人顧況在洛陽時暇日與一二詩友遊於苑中，流水上得大梧葉，上題詩曰：

一入深宮裡，年年不見春。
聊題一片葉，寄與有情人。

顧況明日於上游也題詩葉上，泛於波中，詩曰：

愁見鶯啼柳絮飛，上陽宮裡斷腸時。
君恩不禁東流水，葉上題詩寄與誰？

後十餘日，有客來苑中尋春，又於葉上得一詩，因以示顧況，其詩曰：

一葉啼詩出禁城，誰人愁和獨含情。
自嗟不及波中葉，蕩漾乘風取次行。

從詩中看，此事不了了之。又有一說這「紅葉題詩」的宮女名韓翠蘋，詩爲一讀書人于祐所得，于題詩於葉又爲韓所得，韓二十五歲時被放出宮，又做了于妻。這麼湊巧，也許是某個文人託僞杜撰。總之，可能當時宮女們以寫詩做爲一種性心理宣洩、打

插圖 5–9 開元宮人

發光陰不是個別的。「一入深宮裡，年年不見春」，很能反映一片愁苦之情，她們的性壓抑是那麼慘重。

關於宮女的性苦悶，清人洪昇的雜劇《長生殿》中有很深刻的描繪，在其書第二十一齣「窺浴」（描寫宮女偷看唐玄宗和楊貴妃同浴）中，開場「字字雙」借宮女之口說：「自小生來貌天然，花面；宮娥隊裡我爲先，歸殿；每逢小監在階前，相纏；伸手摸他褲兒邊，不見。」這性苦悶的宮女竟在太監的身上發洩了。「窺浴」中還有一段宮女和太監的對話，說兩名宮女偷看唐玄宗和楊貴妃共浴，看得正興起時，一名太監上前調笑道：「兩位姊姊看得高興呵！也等我們看看。」宮女說：「我們侍候娘娘洗浴，有甚高興？」太監笑說：「只怕不是侍候娘娘，還在那裡偷看萬歲爺哩！」這一語道破了宮女們的性苦悶和性饑渴。在歷代，太監們當是宮女發洩性苦悶和性饑渴的對象。

當然，在某些特定的情況下，宮女們也會以某種形式反抗。古人筆記曾記載有一年正月望日，唐中宗和皇后微服出宮，在市上徜徉遊覽，而且也讓一批宮女出遊，「皆淫奔不還」。這是抓住機會解放自己了。

當然，這種機會是不多的，有些宮人也不敢這麼做，那麼還有一種反抗的做法就是以自盡了此餘生。韓偓在《迷樓記》中寫了隋煬帝時有一個叫侯夫人的妃嬪上吊死了，人們從她屍體上所懸的一個錦囊發現了幾首詩，以獻煬帝，其中有《自感》三首、《看梅》二

插圖5–10　唐玄宗時紅葉題詩的宮女韓翠蘋

首、《妝成》一首，還有一首《自傷》，是她的絕命詞：

初入承明日，深深報未央；
長門七八載，無復見君王。
春寒侵入骨，獨坐愁空房；
颯履步庭下，幽懷空感傷。
平日深愛惜，自待聊非常；
色美反成棄，命薄何可量！
君恩實疏遠，妾意徒彷徨；
家豈無骨肉，遍親老北堂。
此方無羽翼，何計出高牆；
性命誠所重，棄割良可傷。
懸帛朱棟上，肝傷如沸湯；
引頸又自惜，有若絲牽腸。
毅然就死地，從此歸冥鄉！

這首詩第一段寫初入承恩一次後，七、八年不見君王的苦處，第二段寫她自己的感傷怨慕，第三段寫想家，第四段寫幾次想死的情況，詩情十分哀婉動人。據說隋煬帝見其詩，反覆傷感，說：「此已死，顏色猶美如桃花。」於是厲責一個名叫許廷輔的宮使，問他這麼美貌的女人，爲什麼不荐送迷樓來供帝挑選、接觸，並賜這個宮使自盡。此事與王昭君出塞而殺毛延壽相似。隋煬帝後來還將侯夫人詩令樂府歌之，所以這幾首詩很出名。如此看來，煬帝似乎還真動了感情，其實，他只不過是痛惜失去一個死後「顏色猶美如桃花」的玩物而已，他怎能反躬自問這根本上是誰造成的，又應怎樣對待這千萬宮女，使悲劇不再重演呢？

第三節 婚姻的締結與維繫

這一時期的婚姻制度與婚姻狀況，也和上一章所述的女子的地位那樣，充滿著一些複雜的情形。一方面，唐代主要是個開明盛世，對婚姻與性問題不像後世那樣控制得十分嚴酷；另一方面，這一時期做爲封建社會的進一步發展，不能不受前朝的影響，同時對社會生活各方面的控制更加制度化，從而對婚姻與性的控制也有某種意義上的加强。

一夫一妻多姬妾制

由於物質生活比較富足，社會風氣崇尚風流，盛行於封建社會的一夫多妻制（準確地說是一夫一妻多姬妾制）在唐代特別發達。法律雖然嚴禁重婚，但允許納妾，而且不限人數。納妾不僅是豪門權貴的事，在社會上也比較普遍，有些小家小戶也有一妻一妾。此外，還有蓄養外室（稱爲「外婦」、「別宅婦」）的風氣，也就是不居於主家的妾，唐玄宗時曾多次下詔禁止置「別宅婦」，並將官員們的「別宅婦」没入宮中做爲懲戒，可見風氣之盛。此外，唐朝又盛行妓樂，貴族富戶家中大多蓄養歌舞家妓，也稱作「女樂」、「歌舞人」、「音聲人」等，供主人娛樂玩賞。白居易「莫養瘦馬駒，莫教小妓女」（白居易：《有感三首》）的詩句，其實說的正是這種家妓。王公貴族之家姬妾、家妓常有數百人之多。對此，在本章「從敦煌資料看唐人的性愛風俗」一節將詳細闡述。

在姬妾中，身份最高的是媵。按古義說，媵是從嫁之意，後代常將媵、妾合稱，並無十分嚴格的界限。在唐代，從法律、制度上說，媵、妾是有一定區別的。媵是正妻之外名分較高的側室，但這種名分只限於王公貴族中。唐制規定：親王等可以有媵十人，二品官媵八人，三品及國公媵六人，四品媵四人，五品媵三人。這些媵各有品級、名位，此外就都算作妾了。媵與妾在法律上量刑也有等級分別。一般人家没有媵的名位，正妻之外就是妾。妾在唐朝也稱作「下妻」、「小妻」、「側室」等。

媵、妾與主人都有配偶名分，但不是正式婚配，「妾通買賣」，與娶妻「等數相懸」，（《唐律疏議》卷十三）不可同論。唐人多稱買妾而不稱娶妾，家中有妾而無妻則仍稱未婚，從這些習慣中可以看出妾和主人並沒有正式的婚姻關係。唐律嚴格規定不准以妾爲妻，在實際生活中，以妾爲妻也是要受譴責的。杜佑家是名門大族，他一生名聲都不錯，唯獨晚年以妾爲妻，受到士林指責。法律也嚴禁以婢爲妾，因爲「婢乃賤流」（《唐律疏議》卷十三），妾原則上須以良人爲之。

至於常和妾合稱爲「姬妾」、「妓妾」中的姬侍、家妓等，她們沒有配偶的名分，比妾的地位還要低，與婢同類，只是她們一般不從事家務勞動，而是做主人的內寵和歌舞人而已，同時，當然有義務供主人發洩性慾。

有名分的妾和無名分的姬侍、家妓在日常生活中的禮節、待遇也是不同的。例如，柳公綽曾納一女子，同僚們和他開玩笑，要這個女子出來讓大家看看，柳說：「士有一妻一妾，以主中饋，備灑掃。公綽買妾，非妓也。」（《因活錄》卷三）這說明，妾是主人的配偶，不能隨意讓人觀賞；而家妓之輩不僅是主人的玩物，也可供客人娛樂，如侍酒，甚至在主人支使下供客人作枕席之歡，這種事在唐人記載中很多。如白居易在裴侍中府中夜宴，就有「九燭台前十二姝，主人留醉任歡娛」之句。（《夜宴醉後留獻裴侍中》）

這些姬妾，大多出身卑微，由買賣、贈送、轉讓而來，有的甚至是被強奪來的。例如，寧王李憲家有寵妓數十人，又看中鄰近賣餅人的妻子，硬給賣餅人塞了點錢，把他的妻子强奪進府。一年以後，寧王問她：還記得餅師否？她默然不語，寧王召見餅師，讓他們夫妻相見，當時座上客人無不爲之淒然，寧王命文士們賦詩吟詠此事，隨後就讓她與丈夫回家了。（《本事詩》）這件事還被後人傳爲佳話，其實，可能寧王把餅師之妻玩厭了，在這種情況下發了點「善心」而已。有些事就更慘了，例如廬江王李瑗看中了商人之妻亭亭，竟然殺害其夫，把她納爲姬妾。（《古今圖書集成·閨媛典豔部》）

這些女人進入豪門後，生活一般是比較優裕甚至奢侈的，但是，她們永遠是賤民，即使生了兒子，也不被當作家庭正式成員看待，正如元稹爲妾所寫的墓誌銘中所云：她們在家中「閨衽不得專妒於其夫，使令不得專命於其下」，又「不得以尊卑長幼之序加於人」。（元稹：《葬安氏志》）她們還常被主人的正妻妒忌，安危不保。例如李訓有一妾，娶妻以後已把她轉賣出去，換了好幾個主人，但李妻得病後，無端地懷疑是妾厭禱所致，把她抓回來毒打，這個妾實在不堪忍受，最後投井而死。（《朝野僉載》卷二）還有，嚴挺之寵愛一個叫玄英的妾，正室裴氏及兒子嚴武很妒忌，嚴武趁玄英熟睡時，用鐵錘擊碎其頭，嚴挺之還對兒子的「勇氣」讚嘆不已。（《新唐書·嚴武傳》）這一類姬妾被主人任意殘害的事並不少見。唐代還有主人死前硬要愛妾殉葬的事。（《白居易集》卷六十七）

她們是主人的財物，當然會被任意買賣、轉讓或被更有權勢者奪走，完全不能掌握自己的命運。唐詩中有不少專詠「愛妾換馬」的詩，還認爲這是豪俠之舉。傳奇《韋鮑二生傳》中說的就是唐文宗開成年間，鮑生在途中用歌姬換得一匹好馬的故事，在時人眼中，女人與畜生相等，愛妾與良馬同價。貫休的《輕薄篇》詩還說到少年賭徒「一擲賭卻如花妾」，姬妾又成了賭注。

至於主人將姬妾贈送友人的事更是史不絕書了。有些人的姬妾往往被有權勢者所奪，如韓翊的愛妾柳氏本來是好友李生的愛姬，才豔俱絕，慕翊之才，李生知其意，將柳氏贈韓，兩人情愛甚篤。安祿山叛亂後，在兵荒馬亂中柳氏爲藩將所奪，後韓翊遣人尋訪柳氏，並寫了一首《章台柳》帶去：

章台柳，章台柳，昔日青青今在否？
縱使長條似舊垂，也應攀折他人手。

柳氏見詞，不勝嗚咽，復詞《楊柳枝》云：

楊柳枝，芳菲節，所恨年年贈離別。
一葉隨風忽報秋，縱使君來豈堪折。

這件事遂以《章台柳》的名詩而爲後人傳頌不已。（許堯佐：《柳氏傳》）還有，趙嘏的愛妾被浙帥奪去，趙生登第後，浙帥又把愛妾送還給他，不料二人在路上相遇時，這位多情女子竟抱住趙生慟哭著而死。（《唐摭言》卷十五）喬知之寵姬碧玉，被當時的權貴武三思强奪去，喬思念不已，暗中寄詩給她，她讀詩後傷感哀怨，竟投井而死。（《朝野僉載》卷二）另外，唐代還有主人死後，子孫爭賣其姬妾以換錢財的風氣，李諤的《論妓妾改嫁書》就專門抨擊這種作法。

至於比妾社會地位更低的婢，命運就更凄慘一些。婢女在當時也稱做「侍婢」、「侍兒」、「使女」、「女奴」、「青衣」、「雙鬟」、「小鬟」等。人們常將奴與婢連在一起，可見婢即奴，是處於最下賤的地位、供主人任意支配的物品。

唐代私家使用婢女極爲普遍，即使有些小戶人家也常有一兩個婢女；至於高門大戶，婢女常達幾百人之多。如長安富商鄒鳳熾嫁女，陪嫁婢女有數百人，太平公主府中光是穿綺羅的高級侍女就有幾百個。除私家以外，寺院中也廣泛使用婢女，很多尼姑、女冠都有婢女驅使，也有些婢女從事寺院的生產勞動。武宗毀佛時，查出奴婢十五萬，其中有幾萬婢女。

這些婢女的來源，一是官婢被賞給私家，或陪嫁，或私人贈送、轉讓；二是被强掠爲婢，或是被俘獲的戰俘；三是被出賣或典貼，這是婢女最大的來源；四是奴婢所生的女兒，被稱爲「家生婢」，她們一生下來就是奴婢，奴婢的子女生生世世爲奴婢。

婢女侍候主人，絕對没有人身自由，她們的命運完全操縱在主人手中，生殺予奪都

插圖5–11　「章台柳」

聽憑主人。遭遇好一些的可以被主人放免爲良，自己成家立業，從此擺脫賤民地位。或是主人念其辛勞，或是出於寵愛、不忍，或是想做善事以「積德」，都可能將婢女放爲良民。這種做法是當時的法律所允許的，法律規定放免必須由家長立手書，長子以下署名，再經申報官府，方可生效。有一件當時放免婢女的文書：

> 蓋婢以人生於世，果報不同，貴賤高卑，業緣歸異。上以使下，是先世所配，放伊從良，爲後來之善，其婢厶乙多生同處，勸力今時，效納年幽，放他出離，如魚得水，任意沉浮，如鳥透籠，翱翔弄翼。……擇選高門，聘爲貴室。後有兒侄，不許干論。一任從良，榮於世業。山河爲誓，日月證盟。[8]

從以上這一文書看，所放的是一名較年輕的婢女，不管主人出自什麼動機，但給她以自由，去做良民的妻室，還是比較人道的。還有《太平廣記》卷一一七講到劉弘敬、范明府在買婢時發現有舊日衣冠子女被人掠賣者，便焚券放免，並爲之選人，嫁爲妻室。

但是，被放從良的婢女只是少數幸運兒，多數則是終身過著痛苦的奴隸歲月。她們除承擔繁重的家務勞動或生產勞動外，還是主人性發洩的工具。婢和主人的關係，唐朝和歷代大體都一樣，無論是法律還是社會觀念，都承認主人對婢女以及客女、[9]部曲妻的絕對優先占有權。《唐律疏義》卷二十六明確地說：姦淫自己家部曲妻、客女是無罪的，婢女自然更不用說了。元稹的「越婢脂肉滑」（《元稹：《估客樂》）和無名氏《誚失婢榜》中的「內家方妒殺」等很多唐人詩詞、著述，都說明在當時人們心目中婢女不僅是勞動力，而且是主人的玩物。主人占有婢女，還被認爲是風流事，如許敬宗寵幸母親的侍婢，武翊皇寵幸婢女薛荔等等。

對於主人的需要，婢女是沒有任何拒絕權利的，但是由於身份微賤，她們又很難得到正式名分，即使爲主人生了子女，也常常得不到承認。如《霍小玉傳》中的霍母是霍王寵婢，與霍王生了小玉，霍王死後，兄弟們根本不承認她們，把她們趕出府去，小玉只得做了妓女。《全唐文》卷九八二中有一件案子的判文：女子阿劉之母是蔣恭綽的婢女，她和主人懷了阿劉後被嫁出去，蔣死後，其嫂不承認阿劉是蔣家後裔，讓她當婢女，阿劉不服，上訴官府，結果敗訴，還的做婢女。有的婢女已經嫁人，但還繼續被主人所占有，如沈詢鎮潞州時，寵愛一婢女，夫人妒忌，把她許配給家人歸秦，但沈詢還繼續占有她，歸秦漸恨，竟伺機殺了沈詢。（《北夢瑣言》）婢女們常常被幾個男主人同時占有，如許敬宗寵愛一個婢女，其子許昂也與之通姦；女奴卻要受到主人寵愛，主人的四個兒子也都要染指。（《三水小牘·卻要》）婢女在這種性關係的紊亂交織中，往往無所適從，甚至招來殺身之禍，成爲性角逐的犧牲品。

主人對婢女的寵愛或一時的玩弄，常使她們成爲主婦妒忌和迫害的對象。所以她們往往在被迫做了主人發洩性慾的工具後，又成了主婦案砧上的魚肉。例如梁仁裕曾幸一婢，婢女被梁妻李氏捆綁毒打，婢女號呼慘叫：「在下卑賤，勢不自由，娘子鎖項，苦毒何甚！」最後竟被折磨致死。范略幸一婢，妻任氏以刀截其耳鼻。李元澄妻子病死，其母疑心是李先前所幸婢女厭咒所害，婢早已轉賣他人，其母竟使人捕而捶之致死。⑩

虐殺婢女的事在包括唐代在內的封建社會實在太多了。雖然法律規定殺奴婢是犯法的，但與殺良民量刑卻不一樣，只是「杖一百」或「徒一年」，不需抵命。至於一些權貴豪門，法約束不了他們，就更視婢女的生命如草芥。例如驍衛將軍張直方生性暴戾，對奴婢稍有過失就殺。房孺復妻崔氏一夕就杖殺侍女兩人，埋於雪中。韋皋做了高官後，將岳丈家當年對自己無禮的婢僕全部杖殺，投入蜀江。

這就是封建社會的本質，這就是階級壓迫和階級矛盾。唐朝社會風氣比較開明，比較寬鬆，但是它沒有也不可能改變這一階級本質。

等級觀念和婚嫁要求

整個封建社會，就是一個建立在嚴格的等級制度上的社會，統治者通過上貴下賤的重重等級來維持其統治，人與人之間講等級，締結婚姻講究門閥，在魏晉南北朝時達到一個高峯。這種狀況，到了唐代仍有很大影響。

區分等級，首先是區分統治者和被統治者，所謂「良賤不婚」是一條十分重要的原則。關於這一原則，在漢時還不是十分嚴格，后妃們出身「卑賤」的是不少的。到了魏晉南北朝，在這方面逐漸嚴格了起來，凡皇族貴戚及士民之家而與百工伎巧卑姓爲婚者加罪，魏昭成帝有個後裔，因爲曾爲家僮取民女爲婦，又以良人爲妾，而坐免官爵，可見掌握相當嚴格。⑪到了唐代，在這方面雖然略有開明，以太常樂人婚姻絕於士籍而認爲非宜，使其婚同百姓；然而對於雜戶等則限制其當色爲婚，規定凡官戶奴婢，男女成人，先以本色配偶。如果違反了這個原則，就要予以嚴懲。《唐律》規定：「諸與奴娶良人爲妻者，徒一年半，女家減一等離之，其奴自取者亦如之。……則妾以奴婢爲良人，而與良人爲夫妻者，徒二年，各還正之。諸雜戶不得與良人爲婚，違者杖一百，官戶娶良人女者亦如之，良人娶官戶女者，加二等。即奴婢私嫁與良人爲妻妾者，準盜論；知情娶者與同律，各還正之。」

在唐代，如上一節所述，妻、媵、妾、婢在法律上都有嚴格的等級區別，這是因爲，她們的來源不同，所代表的階級、階層不同，而這些等級是不可逾越的。從唐律上看，妾的身份等同於半賤民，因爲從「以妾及客女爲妻……徒一年半」（《唐律疏議》卷十三）的律文，以妾與客女同論，而客女只是高於婢的半賤民，所以妾的身份也大致如此。

即使在封建統治階級內部，也要講究門第的高下。當時有所謂「五大姓」，稱海內第一高門，這就是崔（清河、博陵）、盧（范陽）、李（趙郡、隴西）、鄭（滎陽）、王（太原）。這五大姓互通婚姻，外人難以高攀，因此，當時的人以娶五姓女爲最大的榮耀，因爲藉婚姻關係可以得到政治上或經濟上的許多利益。當時由於社會經濟的發展，也出現一些富戶，錢雖多但門第不高，政治地位不高，於是千方百計地以錢鋪路，厚置嫁妝，企圖與高門望族聯姻。至於一些權貴之家，爲了進一步提高自己的社會地位，也爭求士族婚姻。受這種觀念的影響，有些女子本身也十分看重門第，士族女子以下嫁庶族爲恥。例如權臣吉懋以勢逼娶士族崔敬之女，崔女躺在床上不肯上車，最後崔敬的小女兒抱著捨身救父的念頭替姊嫁到了吉家。（《朝野僉載》卷三）

這樣，當然引起不少社會矛盾。以後，甚至在同一姓的高門望族內部，又分某房某眷，高下懸隔，這更加劇了封建統治階級內部的矛盾。對於統治者來說，統治與被統治的界限不可逾越，但統治階級內部的矛盾必須緩解，否則，會危及這個階級的統治地位。因此，唐太宗時曾有詔謂：「新官之輩，豐富之家，競慕世族，結爲婚姻，多納財賄，有如販鬻。或貶其家門，辱於姻婭；或矜其舊族，行無禮於舅姑。自今以往，宜悉禁之。」（《舊唐書．太宗本紀》）唐太宗是一個比較英明的封建皇帝，他是看到一些問題的，他命修氏族志，例降一等，王妃主婿，皆取勛臣家，不議山東之舊族。但是，這些措施的貫徹執行遇到很大困難，當朝的大臣如魏徵、房玄齡、李勣等還是樂意和一些山東的舊族議婚，所以舊望不能滅。到了高宗時，又詔一些高門望族，不得自爲婚姻；又規定了天下嫁女受財之數，不得受陪門財。但是，這股風氣還是很難扭轉過來。一些高門望族雖然不敢公開地自爲婚媾，但仍悄悄地進行，把女兒暗送夫家；有些高門望族之女寧可老不嫁，也不願和異姓爲婚。有些破落世族，利用這種風氣自稱禁婚家，益增厚價。

由於存在這種風氣，貧家女門第既低，又乏資財，往往難嫁了。白居易寫到一首《貧家女》的詩，描寫當時的婚姻心理，相當透闢，詩云：

天下無正聲，悅耳即爲娛；
人間無正色，悅目即爲姝。
顏色非相遠，貧富則有殊；
貧爲時所棄，富爲時所趨。
紅樓富家女，金縷繡羅襦；
見人不斂手，嬌痴二八初；
母兄未開口，言嫁不須臾。
綠窗貧家女，寂寞二十餘，
荊釵不值錢，衣上無真珠；

幾回人欲聘，臨日又踟躕。
主人會良媒，置酒滿玉壺，
四座且勿飲，聽我歌兩途。
富家女易嫁，嫁早輕其夫；
貧家女難嫁，嫁晚孝其姑。
聞君欲娶婦，娶婦意如何？

秦韜玉的《貧女》云：「蓬門未識綺羅香，擬託良媒益自傷。……苦恨年年壓金線，爲他人作嫁衣裳。」也是詠嘆貧女難嫁的詩句。李商隱則把貧女嫁人比作如孕婦走路、新婦見客那樣困難。（李商隱：《義山雜纂》）

由於父母爲女擇婿往往考慮門第和錢財，也造成了不少老夫少妻現象。例如進士宇文翃攀附權勢竟將國色之女許配給年過六十的竇璠。崔元綜五十八歲，娶妻十九歲。陳嶠年近八十，還强娶儒家少女。[12]對這種婚姻，女子當然不願意，婚後生活也不可能幸福。有位崔氏女年輕又有才學，嫁給了一個老年校書郎盧某，婚後鬱鬱不樂。丈夫叫她寫詩，她便詠道：「不怨盧郎年紀大，不怨盧郎官職卑。自恨妾身生較晚，不見盧郎少年時。」（《南部新書》）哀怨不滿又無可奈何、委婉曲折，加上自我解嘲之情溢於字裡行間。

當然，傳統的「郎才女貌」的婚嫁要求在唐代社會也還有相當影響。唐代崇尚文學，科舉制又發達，文士不僅名聲好聽，而且以文取仕比較容易，所以也有些人家擇婿頗中文才。例如揚州軍將雍某家資豐厚，卻欽慕士流，將女兒嫁給有才而無財的崔涯，並時常接濟他們。（《雲溪友議》卷五）至於挑選女子的要求，原則上說，娶婦重德不重色，但唐代世風不尚禮法而尚風流，所以男子普遍看重美色，名士才子尤其如此。如詩人崔顥前後四五娶，只求美色。才子張又新聲稱：「唯得美妻，平生足矣。」（《唐才子傳》卷六）

婚律

法律是在階級社會中產生並用來調整人和人之間關係的一種強制力量。我國幾千年來，有關婚姻、家庭的法律經歷了一個很長的發展過程。在秦朝，秦律已經有了對婚姻、家庭問題的簡單規定。到了唐朝，封建社會進入了全盛時期，法律也趨於完善，唐高宗永徽二年（六五一年）頒布的《永徽律疏》（簡稱唐律），是我國封建時代制定並保存下來的一部最完備的封建法典，其中第四篇是〈戶婚〉，共有四十六條，主要是關於戶籍、土地、賦稅和婚姻、家庭等方面的規定。唐律對後世影響極大，一直到清律，到民國時代國民政府頒布的法律，還可以從中看出唐律的影響。

在唐律有關婚姻的內容中，維護一夫一妻制是一個很重要的方面。如果娶二妻或嫁二夫，就要判重婚罪。關於男子的重婚罪，唐律〈戶婚〉規定：「諸有妻更娶妻者，徒一年，女家減一等；若欺妄而娶者，徒一年半，女家不坐，各離之。」至於女子的重婚罪，唐律〈戶婚〉又規定：「諸和娶人妻，及嫁之者，各徒二年，妾減二等，各離之」；「妻妾擅去者徒二年，因而改嫁者加二等」。加二等就是徒三年了，因認爲含有背夫之責，故其刑比有妻更娶僅徒一年爲重。

五代時沿用唐律，但周世宗時對重婚罪更加重了處罰，妻擅去者徒三年，因而改嫁者流三千里；父母主婚者獨坐父母；娶者如知情，則與同罪；娶而後知，減一等，並離之。

當然，如前所述，在封建社會中本質上還是實行一夫多妻，只是除一個「正室」外，其他以妾、婢、奴的名義出現罷了。

關於婚姻形式，唐代是提倡聘娶婚的，這與它的前世和後世都是相似的。觀於唐、宋、明、清各律對於婚姻的請求，以曾否設定婚書或授受聘財是斷，而所謂聘財並不拘多少，即使聘財只是絹帛一尺也算數，可見這和買賣婚並不相同；當然，如果貪索巨額聘財，那麼婚姻的性質就變了。所謂聘娶婚，一般總是和「父母之命，媒妁之言」聯結在一起的，往往並不徵求當事人同意。如唐朝的李林甫設寶窗於廳壁，遇有貴族子弟入謁，使六女於窗中自選其可意者，這只是以貌選其婿，實在是一個例外。但即使自己選中了，還是要通過父母出面而聘娶的形式來最後解決問題。

正因爲提倡聘娶婚，所以法律上明禁其他一些婚姻形式，例如唐律〈賊盜篇〉云：「略人爲妻妾者，徒三年」。而《疏義》說，「略人者，謂設方略而取之」，有巧取豪奪的意思。至於買賣婚，歷代法律對此都是嚴禁的，例如北魏律云：「賣周親及妾與子婦者流」。唐律云：「略賣人……爲妻妾者，徒三年」。對於婚姻過程中的許多問題，唐律也規定得比較明確具體，例如主婚人與婚姻責任問題，唐律規定：「諸嫁娶違律，祖父母、父母主婚者獨坐主婚；若期親尊長主婚者，主婚爲首，男女爲從；餘親主婚者，事由主婚，主婚爲首，男女爲從；事由男女，男女爲首，主婚爲從；其男女被逼，若年十八以下及在室之女，亦主婚獨坐。」這就把婚姻責任區分得很清楚了，如果婚姻違律，誰是主要決定者，誰就是主要責任者。

唐律中對婚姻禁忌也有許多規定，這都源於原始社會以來的性禁忌，而到唐代以比較完整的法律條文使它更明確、更嚴格了。除本章已經敍述的「良賤不婚」外，還有以下禁忌：

同姓不婚。唐律：「諸同姓爲婚者各徒二年，緦麻以上，以姦論」，妾亦然。不過，這裡的同姓實指同宗，所以同姓不婚也就是同宗不婚。

宗妻不婚。唐律：「諸嘗爲袒免親之妻而嫁娶者，各杖一百；緦麻及舅甥妻，徒一年；小功以上，以姦論；妾各減二等；並離之。」

尊卑不婚。在唐代以前，這方面比較亂，上一章也闡述了這方面的情況，而到了唐代，才對此列爲禁條，唐律云：「外姻有服屬而尊卑共爲婚姻，及娶同母異父姊妹，若妻前夫之女者，亦各以姦論。」

他種不婚。異父同母兄弟姊妹，唐、明、清各律皆禁相婚。

姦逃不婚。唐律云：「諸娶逃亡婦女爲妻妾，知情者與同罪，至死者減一等，離之；即無夫，會恩免罪者不離。」

此外，對違時嫁娶也有處罰。一是居尊親喪不得嫁娶，唐以前就有此規定，而唐律更詳之曰：「諸居父母喪……而嫁娶徒三年，妾減三等，各離之；知而共爲婚姻者，各減五等，不知者不坐。若居期親之喪而嫁娶者，杖一百，卑幼減二等，妾不坐。」二是居配偶喪不得嫁娶，唐及以後各律居夫喪而嫁者與居父母喪而嫁之裁制同，且列爲「十惡」中「不義」之一，視爲不可赦宥者。至於夫居妻喪而娶，應該怎樣處罰，在法律中卻查不到，而且，唐朝貞觀元年二月四日詔中，謂「妻喪達制之後，孀居服紀已除，並須申以婚媾，令其爲合」。三是値帝王喪不得嫁娶，漢文帝以前，帝王死後每禁嫁娶，所以漢文帝遺詔曰：「其令天下吏民，令到出臨三日，皆釋服，無禁娶婦嫁女祀祠飲酒食肉。」這是比較開明的規定，即禁嫁娶以三天爲限，後世（包括唐代）多以此爲則。四是父母囚禁不得嫁娶，唐律云：「諸祖父母、父母被囚禁而嫁娶者，死罪徒一年半，流罪減一等，徒罪杖一百」，處罰是很重的。

從這些有關婚姻、家庭與性的法律中，反映出當時統治者的利益和意志，反映出當時人和人的關係，包括男子和女子的關係，也反映出許多婚姻、家庭與性觀念。在法律條文的許多方面都反映出男女不平等，如在夫喪期間妻再嫁，那就不得了；而在妻喪期間夫再娶，法律上的處罰規定就找不到。再如唐律規定，夫毆傷妻者，要比照凡人減等處刑；妻毆傷夫者，要比照凡人加等處刑——法律上就已肯定了這種不平等，而在實際生活中更不平等，達官貴人如果殺害妻妾婢奴，只不過是如同打死了一條狗，是無人過問的。在階級社會中法律實在是最能體現出社會的階級性質的。

「天作之合」

包括唐代在內的歷代法律，通過形形色色的內容和規定，都力圖維持婚姻與家庭的穩定，很明顯，如果婚姻與家庭不穩定，社會就不能穩定，統治階級也就統治不下去了。除了這方面的法律以外，還有一些以神話、傳說、習俗主要表現形式的觀念，也含有這一目的，這就是認爲夫妻緣分是前世已定，所以不可改變。

這方面說法很多，例如「天作之合」、「佳偶天成」、「緣由前定」等等，《女論語·事夫章》中也說：「前生緣分，今世婚姻」，至於什麼「千里姻緣一線牽」，「有緣千里來相會，無緣對面不相識」等，這都是後世的話了。這方面的說法，唐代時最爲多，而且也可以說，唐代以後也不再有新的說法。以下一些故事說明了許多問題。

一個是李復言《續玄怪錄》所載的〈盧生〉：

弘農令之女既笄，適盧生。卜吉之日，女巫有來者。李氏之母問曰：「小女今夕適人。盧郎常來，巫當屢見，其人官祿厚薄？」巫者曰：「所言盧郎，非長髯者乎？」曰：「然。」「然則非夫人之子婿也！夫人之婿，中形而白，且無鬚也！」夫人驚曰：「吾之女今夕適人得乎？」巫曰：「得。」夫人曰：「既得適人，又何以云非盧郎乎？」曰：「不知其由，盧則終非夫人子婿也。」俄而盧納彩，夫人怒巫而示之，巫曰：「事在今夕，安敢妄言。」其家大怒，共唾而逐之。

及盧乘軒車來，展親迎之禮。賓主禮具，解佩約花，盧生忽驚而奔出，乘馬而遁，衆賓追之不返。主人素負氣，不勝其憤，且恃其女之容，邀客皆入，呼女出拜，其貌之麗，天下罕致。指之曰：「此女豈驚人者耶？今而不出，人其以爲獸形也。」衆人莫不憤嘆。

主人曰：「此女已奉見，賓客中有能聘者，願赴今夕。」時鄭某官乘，爲盧之儐，在坐起拜曰：「願事門館。」於是奉書擇相，登車成禮。巫言之貌宛然，乃知巫之有知也。

後數年，鄭仕於京，逢盧，問其事，盧曰：「兩眼赤，且大如朱盞，牙長數寸，出口之兩角，得無驚奔乎？」鄭素與盧相善，驟出妻以示之，盧大慚而退——乃知結縭之親，命固前定，不可苟而求之也。

還有一條〈定婚店〉說：

杜陵韋固，少孤，思早娶婦，多岐，求婚不成。貞觀二年，將遊清河，旅次宋城南店，客有以前清河司馬潘昉女爲議者。來旦，期於店西龍興寺門，固以求之意切，且往焉。斜月尚明，有老人倚巾囊，坐於階上，向月檢書，覰之，不識其字。固問曰：「老父所尋者何書？固少小苦學，字書無不識者，西國梵文，亦能讀之，唯此書目所未覿，如何？」老人笑曰：「此非世間書，君何得見？」固曰：「然則何書也？」曰：「幽冥之書。」固曰：「幽冥之人，何以到此？」曰：「君行自早，非某不當來也。凡幽吏皆主生人之事，可不行其中乎？今道途之行，人鬼各半，自不辨耳。」固曰：「然則君何主？」曰：「天下之婚牘耳。」固喜曰：「固少孤，嘗願早娶，以廣後嗣，爾來十年，多方求之，竟不遂意。今者人有期此與議潘司馬女，可以成乎？」曰：「未也。君之婦適三歲矣，年十七，當入君門。」因問囊中何物，曰：「赤繩子耳，以繫夫婦之足。及其坐，則潛用相繫，雖仇敵之家，貴賤懸隔，天涯從官，吳楚異鄉，此繩一繫，終不可逭。君之脚已繫於彼矣，他求何益？」曰：「固妻安在？其家何爲？」曰：「此店北賣菜家嫗女耳。」固曰：「可見乎？」曰：「嫗嘗抱之來，賣菜於是，能隨我行，當示君。」及明，所期不至，老人捲書揭囊而行，固逐之，入米市。有嫗抱三歲女來，敝陋亦甚，老人指曰：「此君之妻也。」固怒曰：「殺之可乎？」老人曰：「此人命當食大祿，因子而食邑，庸可殺乎？」老人遂隱。

固磨一小刀，付其奴曰：「汝素幹事，能爲我殺彼女，賜汝萬錢。」奴曰：「諾。」明日，袖刀入菜肆中，於衆中刺之而走，一市紛擾，奔走獲急免。問奴曰：「所刺中否？」曰：「初刺其心，不幸才中眉間。」

爾後求婚，終不遂。又十四年，以父蔭參相州軍。刺史王泰，俾攝司戶掾，專鞫獄，以爲能，因妻以女，年可十六七，容色華麗，固稱愜之極。然其眉間常貼一花鈿，雖沐浴閉處，未嘗暫去，歲餘，固逼問之，妻潸然曰：「妾郡守之猶子也，非其女也。疇昔父曾宰宋城，終其官時，妾在襁褓。母兄次歿，唯一莊在宋城南，與乳母陳氏居。去店近，鬻蔬以給朝夕。陳氏憐小，不忍暫棄。三歲時，抱行市中，爲狂賊所刺，刀痕尚在，故以花子覆之。七八年間，叔從事盧龍，遂得在左右，以爲女嫁君耳。」固曰：「陳氏眇乎？」曰：「然。何以知之？」固曰：「所刺者，固也。」乃曰：「奇也！」因盡言之，相敬愈極，後生男鯤，爲雁門太守，封太原郡太夫人——知陰隲之定，不可變也。宋城宰聞之，題其店曰「定婚店」。

以上這個故事流傳很廣，後世稱媒人爲「月老」、「月下老人」，稱定婚男女爲「赤繩所繫」，都淵源於這個故事。傳至五代，又演變爲范資《玉堂閒話》中的「灌叟嬰女」，可見這則故事影響之大。

皇甫氏《原化記》中又有一則〈中朝子〉云：

有一中朝子弟，性頗落拓，少孤，依於外家。外家居在亳州永城界，有莊。舅氏一女，甚有才色，此子求娶焉。舅曰：「汝且勵志求名，名成，吾不違汝。」此子遂發憤篤學，榮名京邑，白於舅曰：「請三年以女見待，如違此期，任別適人。」舅許之。

此子入京，四年未歸，乃別求女婿。行有日矣，而生亦成名歸。去舅莊六七十里，夜宿，時暑熱，此子從舟中起，登岸而望。去舟半里餘，有一空屋，遂領一奴，持刀棒居宿焉。此乃一廢佛屋，土榻尚存，此子遂寢焉。奴人於地，持刀棒衛之，忽覺榻下有物動聲，謂是蟲鼠，亦無所疑。夜至三更，月漸明，忽一虎背負一物，擲於門外草內，將欲入屋，此人遂持刀棒叫呼，便驚走。呼舟人持火來照，草間所墮，乃一女，妝梳至美，但所著故衣耳，亦無所損傷。熟視之，乃其舅妹也，許嫁之者。爲虎驚，語猶未得，遂扶入屋。又照其榻後，有虎子數頭，皆殺之。扶女歸舟中。

明日至舅莊，遙聞哭聲，此子遂維舟莊外百餘步。入莊，先慰問凶故，舅曰：「吾以汝來過期，許嫁此女於人，吉期本在昨夜。一更後，因如廁，爲虎所搏，求屍不得。」生乃白其事，舅聞悲喜驚嘆，遂以女嫁此生也。

這些流傳已久的故事說明了以下一些問題：

講的都是聘娶婚，都是「父母之命」，例如「盧生」中，盧生驚逸後，主人立即把女兒許配給鄭某，並不徵求女兒意見。其他幾則，也都是如此。

這種聘娶婚，當然是不尊重當事人的意志的，也是不合理的。而「天作之合」的思想就在於維護這種婚姻的合法性，既然姻緣皆由前定，一切都在「月下老人」和「幽冥之書」上注定了，所以，無論男、女（尤其是女子）就不必反抗了，而只能俯首貼耳地聽命。同時，既然是「前生緣分，今世婚姻」，那麼，夫妻的離異就成爲不好的事情。這一切，都是爲鞏固封建的婚姻制度服務的，也是爲鞏固封建統治服務的。

第四節 性自由度

唐代性自由度較大的原因

性自由和貞操觀是性問題上方向相反的兩個極端。貞操觀應該說是階級社會對女子的壓迫，因爲女子是男子的私有財產，不能讓別人染指；同時爲了確保財產能傳至出自自己血統的子女手中，所以嚴格要求妻子的貞潔。而對男子來説，是從來不講什麼貞操的。

唐代女子的貞操觀念完全不像宋代以後要求那麼嚴酷，社會上對這方面的要求相當寬鬆，從宮廷到民間，人們性生活的自由度相當大，其主要原因是：

第一，正處於封建社會鼎盛時代的唐朝，封建禮教遠沒有發展到後來那麼嚴酷的地步。做爲統治者禁錮人和人性的工具的封建禮教，本來是隨著統治階級的需要一步步發展起來的。統治者總是越到末世，才越感到有把人們的頭腦、身體、七情六慾都管起來的必要，於是禮教也就愈加嚴格、周密而强化。從先秦到唐代，雖然在各代都不斷有人出來倡揚女教，但統治階級對這方面的束縛需要還不那麼迫切。尤其是唐代，由於高度繁榮昌盛，統治者有充分的信心和力量，所以在性以及其他方面的控制更爲寬鬆。

第二，唐代有一段相當長的太平盛世，生產力發展較快，人口增加較多，整個社會比較富裕。在人們衣食足、生活穩定的情況下，必然會較多地追求生活中的享受與快樂，包括性的歡樂。這是人們固有的需要層次的遞升與變化。古人說：「飽暖思淫慾。」如果我們把「淫慾」理解爲愛情與性（禁慾主義總是把人們正常的愛情與性的需要斥之爲「淫慾」），那麼，這句話是個真理。飽暖是人的第一需要、基本需要，一般說來，當這第一需要、基本需要不能得到滿足時，人們較少地去追求愛情、性、自尊、自我實現等高層次的需要；生活富裕了才會更强烈地去追求其他。

第三，唐代是一個漢族「胡化」、民族融合的時代。李唐皇族本身就有北方的少數民族的血統，他們曾長期與北方少數民族混居生活，又發跡於鮮卑族建立的北魏，爾後直接傳承鮮卑族爲主的北朝政權，所以在文化習慣上沿襲了北朝傳統，「胡化」很深，唐統一天下後，就將這些北方少數民族的習慣帶到中原。宋朝的朱熹曾攻擊唐朝「閨門不肅」，「禮教不興」，說：「唐源流出於夷狄，故閨門失禮之事不以爲異。」（《朱子語類》卷一一六）這也是實際情況。同時，唐代各民族之間的交往及國際交流空前頻繁，氣魄宏大的唐朝對所謂「蠻夷之邦」的文物風習是來者不拒，兼收並蓄。許多少數民族的婚姻關係還比較原始，女性地位較高，性生活比較自由，這些文化習俗對唐代社會的影響十分强烈，滲透到了社會生活的各個領域，有力地衝擊了中原漢族的禮教觀念。

唐代性自由度較大的表現

唐代社會的性自由度較大，主要表現在婚前性行爲較多，婚外性行爲較多，離婚和再嫁比較普遍這三個方面：

1.未婚者私結情好

從總的看來，唐代的婚姻締結主要還是媒妁婚，要遵從父母之命。但是，未婚男女私結情好的事較多，這表現出唐代人對愛情和性追求的勇氣和大膽，對封建禮教的反抗，對人性自由發展的嚮往。

從史書和當時的許多文學作品中都可以見到，唐代民間婦女自由戀愛、自由結合的事是比較常見的。「妾家越水邊，搖艇入江煙，既覓同心侶，復採同心蓮。」（徐彦伯《採蓮曲》）「楊柳青青江水平，聞郎江上唱歌聲，東邊日頭西邊雨，道是無情卻有情。」（劉禹錫《竹枝詞》）這些詩歌都寫出了勞動婦女自由的愛情生活。她們長年在外勞動，與男性交往較多，禮教觀念淡薄，感情自然純樸奔放，所以自由戀愛的事較多。

至於一些中上層的女子，這類事也不少，而且社會並不過分譴責，例如，大歷中才女晁采與鄰生文茂時常以詩通情，並乘機歡合，晁母得知，嘆曰：「才子佳人，自應有此。」於是爲他們完婚。（《古今圖書集成·閨媛典閨藻部》）女子與情人私奔之事也時有發生，如台州女子蕭唯香與進士王玄宴相戀，私奔琅琊，住在旅舍中。（《北夢瑣言》卷六）唐代的許多傳奇小說都描寫了這一類男女追求愛情、自由結合的故事。後世廣爲流傳的《西廂記》出自唐代的《鶯鶯傳》，鶯鶯與張生私通，實際上這個故事的結局也並不像後世所改成的有情人終成眷屬，而是鶯鶯另嫁，張生另娶，後來兩人還有詩賦往來。從《鶯鶯傳》中還可以看出，當時人們對此並不以爲怪，只是說張生太忍情了些，而且做爲佳話韻事傳頌不已。由此可見，唐人對女子婚前貞操並不十分計較，失身而又另嫁也視爲常事。遍覽唐人傳奇、筆記，閨閣少女或女仙、女鬼「自荐枕蓆」的事俯拾皆是，這正是社會現實的真實反映。

當然，也決不能認爲唐人都提倡婚前性行爲，只是對此看法不苛而已。有些文人、學者對婚前「失貞」還是有所譴責、有所勸誡的。例如詩人李商隱曾批評當時的世風說：「女笄上車，夫人不保其貞污」，（《別令狐拾遺書》）意思是新娘子不一定是處女。白居易還有《井底引銀瓶》的長詩專寫小家女「淫奔」的事：

妾弄青梅憑短牆，君騎白馬傍垂楊，
牆頭馬上遙相顧，一見知君即斷腸。

插圖 5－12　張生和崔鶯鶯私合

……暗合雙鬟逐君去。

到君家舍五六年，君家大人頻有言，

聘則爲妻奔是妾，不堪主祀奉蘋繁。

終知君家不可住，其奈出門無去處，

豈無父母在高堂，亦有親情滿故鄉，

潛來更不通消息，今日悲羞歸不得。

爲君一日恩，誤妾百年身。

寄言痴小人家女，愼勿將身輕許人。

李商隱的詩是對世風不滿，白居易的詩是爲了警誡世人，但從另一方面也可看到，當時私合、私奔的事是不少的。

至於當時男女愛情的基礎，當然不可能像現代那樣要求志同道合，而還是脫離不了「郎才女貌」的模式。女子愛慕的對象往往是風流才子，男子愛慕的對象往往是絕代佳人。「我悅子容豔，子傾我文章」，（李白《代別情人》）「小娘子愛才，鄙夫重色」。（《霍小玉傳》）這就是典型的唐代男女的戀愛觀。

2.已婚者另有情人

在唐代，不僅婚前性行爲發生較多，而且婚外性行爲也發生較多，不僅如「帝王的縱情聲色」一節所述的宮廷生活如此，而且民間也是如此。

例如，貞元中，文士李章武寄宿於華州一市民家，與房主的兒媳相愛交歡並且生死不渝。貴族姬妾達奚盈盈私藏少年男子於房中，官府尋人，她便教給情人告訴官府此處人物、食品等情況如何，使唐玄宗誤以爲是藏在虢國夫人之家。後來，玄宗戲問此事，虢國夫人並不否認，只是大笑而已。維揚大商人之妻孟氏在家中吟詩，一少年入門而言：浮生如寄，年少幾何，豈如偷頃刻之歡。於是孟氏就和他私合。長山趙玉之女一日獨遊林藪，見一錦衣軍官十分英武，便說：我若得此夫，死亦無恨。軍官說：暫爲夫可乎？趙氏說：暫爲夫亦懷君恩。於是二人在林中歡合而別。⑬

以上都是唐人筆記中的故事，反映了大量的現實生活。在唐人筆下，不僅前代后妃、美人、西子、王嬙等紛紛化鬼作仙與今人同衾共枕，就連織女也丟下牛郎，夜夜到人間與情人私會。情人問她怎麼敢丟下牛郎獨自下凡，織女卻說：關他何事？況且河漢隔絕，他也不會知道，就是知道了，也不用擔憂。（《太平廣記》卷六八）這些事雖屬子虛，但都反映出唐人的一種性開放觀念，唐人對婚外性行爲並不認爲是奇恥大辱，反而當作風流韻事。

當時的社會風氣，對妻子的貞節要求不那麼嚴格，對婢妾就更無所謂了。當然，如果婢妾與人私通，主人發現後也會大發雷霆，嚴格懲罰，但這可能主要是由於自己的尊嚴被侵犯了，而婢妾的貞操還是次要了。如《隋唐佳話》中載一隋時的故事說：

李德林爲內史令，與楊素共執隋政。素功臣豪侈，後房婦女，錦衣玉食千人。德林子百藥夜入其室，則其寵妾所召也。素俱執於庭，將斬之。百藥年未二十，儀神儁秀，素意惜之。曰：「聞汝善爲文，可作詩自敍，稱吾意當免汝死。」後解縛授以紙筆，立就，素覽之欣然，以妾與之，並資從數十萬。

這似乎是一段憐才惜才的佳話，不過，如果誘其寵妾者不是與楊素共執隋政的李德林之子，也許早就人頭落地了。誘其寵妾觸犯了楊素的尊嚴，不得不斬，但又以令百藥「作詩自敍」的辦法「下台階」，並獲美名，這還是聰明之舉。婢妾自然也要爲主人守貞，這只不過是對私有財物獨享使用權、保護權的意思，而做爲「物」，終究是可以給人的。可見，對婢妾們的貞操也並不那麼重視。

3.離婚與再嫁不難

封建禮教對於女子離婚與再嫁是作了許多嚴酷限制的，社會對離婚與再嫁的態度也反映出社會的開明程度、婚姻自由度和性自由度。唐朝仍是封建社會、男權社會，在婚姻問題（結婚與離婚問題）上仍舊以男子爲中心。唐律中也有「七出」和「三不去」的規定（見本書第三章「一夫一妻制的出現」），儘管有一定限制，但男子出妻還是很容易的，出妻的事很多。例如，嚴灌夫妻愼氏因十餘年無子被休棄。（《雲溪友議》卷一）李回秀的母親出身微賤，其妻喝斥奴婢，母親聽了不高興，李就休棄了妻子。（《舊唐書．李大亮傳》）白居易的判文中也記載了不少出妻之案：有因爲父母不愛而出妻的，有因三年無子而出妻的，有因妻子在婆婆面前喝斥狗而出妻的，也有因爲妻子織布不合樣式而出妻的。（見《全唐文》）當然，最常見的還是男子喜新厭舊、富貴而易妻這種封建王朝普遍具有的現象。例如許敬宗在擁立武則天爲后時就説過：「田舍兒剩種得十斛麥，尚欲換舊婦」這樣的話。（《大唐新語》卷十二）

以上都是男權社會的普遍現象。可是唐代的特點是在社會生活中大量存在休妻現象的同時，女子主動提出離異或棄夫而去的事也時有發生。例如唐太宗時劉寂妻夏侯氏因父親失明，便自請離婚，奉養老父。（《舊唐書．列女傳》）秀才楊志堅嗜學而家貧，妻子不耐貧苦，去官府要求離婚改嫁。楊志堅以詩送之曰：「平生志業在琴詩，頭上如今有二絲。漁父尚知溪谷暗，山妻不信出身遲。荊釵任意撩新鬢，鸞鏡從此畫別眉。今日便同行路客，相逢即是下山時。」當時州官顏真卿處理此案，把這個女人批判了一通，云：

> 楊志堅素爲儒學，遍覽「九經」，篇詠之間，風騷可摭。愚妻睹其未遇，遂有離心。王歡之廩既虛，豈遵黃卷；朱叟之妻必去，寧見錦衣。污辱鄉閭，敗壞風俗，苦無褒貶，僥倖甚多。

最後，雖然判決離婚，任其改嫁，但責杖刑二十；同時對楊志堅「贈布絹二十匹，米二十石，便署隨軍」。據說，由於顏真卿這一判，風俗大正，此地再無棄夫之人。（《雲溪友議》卷一）可見，當時棄夫之事原本不少。

唐末還有一位李將軍之女，由於戰亂離散，不得不嫁給一名小將爲妻。後來她找到了親屬，便對丈夫說：「喪亂之中，女弱不能自濟，幸蒙提挈，以至如此。失身之事，非不幸也。人各有偶，難爲偕老，請自此辭。」全不把「貞節」、失身當一回事。

女子離婚或喪夫後再嫁，也是唐代的普遍風氣，不受社會輿論譴責。據《新唐書·公主傳》載，整個唐代，公主再嫁的達二十多人：計有高祖女四，太宗女六，中宗女二，睿宗女二，元宗女八，肅宗女一。其中三次嫁人的有三人。這說明當時的朝廷對此是不以爲怪的。

此風不僅存在於朝廷帝王之家，而且存在於官僚、貴族以至於平民之家。即使是門第顯赫的仕宦之家也不忌諱娶再醮之女。宰相宋璟之子娶了寡婦薛氏。嚴挺之的妻子離婚後嫁給刺吏王琰，後來王犯罪，嚴還救了他。韋濟之妻李氏夫死以後，主動投奔王縉，王納爲妻室。⑭就是一代大儒韓愈，女兒先嫁其門人李漢，離婚後又嫁樊仲懿，可見讀書人家也不禁止女兒再嫁。

歷史上這方面的記載頗多，例如《酉陽雜俎》云：

……忽聞船上哭泣聲，皓潛窺之，見一少婦，縞素甚美，與簡老相慰，其夕簡老忽至皓處，問君婚未，某有表妹嫁於某甲，甲卒無子，今無所歸，可事君子，皓拜謝之，即夕其表妹歸皓。

這樣以極簡單的手續，使曠夫怨女兩得其所，這實在是一件好事、美事。

在那個時代，有些夫妻矛盾解決的方法似乎也比較文明。唐代有個叫南楚材的文人，旅遊外地，準備另覓新歡，找了個藉口說不能再回家了。妻子薛媛善於詩畫，她了解丈夫的感情變化與企圖，就對鏡繪下自己的容貌，又寫了一首委婉纏綿的詩寄給南楚材。詩云：

欲下丹青筆，先拈寶鏡寒。

已經顏索寞，漸覺鬢凋殘。
淚眼描將易，愁腸寫出難。
恐君渾忘卻，時展畫圖看。

南楚材看後，非常慚愧，就返回家中，矢志和薛白頭偕老。薛媛對丈夫的變心，沒有一味指責與詈罵，而是用夫妻之情來感化他，教育啟發他，這是比較理智、策略與文明的。

女子並非無愁苦

當然，決不能認爲唐代婦女在婚姻問題上已很自由、幸福了。唐代社會在這方面存在兩重性，一是性自由度比較大，二是畢竟還存在男權社會對女子的壓迫。唐詩中曾出現大量寫棄婦的篇章，爲棄婦灑一掬同情之淚。例如李白《去婦詞》：「古來有棄婦，棄婦有歸處。今日妾辭君，辭君遣何去，本家零落盡，慟哭來時路。」杜甫《佳人》云：「夫婿輕薄兒，新人美如玉……但見新人笑，那聞舊人哭。」白居易《母別子》云：「關西驃騎大將軍，去年破虜新策勛，敕賜金錢二百萬，洛陽迎得如花人，新人迎來舊人棄，掌上蓮花眼中刺，迎新棄舊未足悲，悲在君家留兩兒。」

此外，夫死妻守節的事也有不少。這說明唐人也並非無禮數、貞節觀念，只是不如後世那麼嚴酷罷了。對此，白居易寫過一首《婦人苦》的長詩：

蟬鬢加意梳，蛾眉用心掃；
幾度曉妝成，君看不言好。
妾身重同穴，君意輕偕老；
惆悵去年來，心知未能道。
今朝一開口，語少意何深；
願引他時事，移君此日心。
人言夫婦親，義合如一身，
及至生死際，何曾苦樂均。
婦人一喪夫，終身守孤孑；
有如林中竹，忽被風吹折，
一折不重生，枯身猶抱節。
男兒若傷婦，能不暫傷情；
應似門前柳，逢春易發榮，
風吹一枝折，還有一枝生。
爲君委曲言，願君再三聽，

須知婦人苦，從此莫相輕。

白居易這首詩是爲女子鳴不平的，認爲夫妻雖輕，在生死的問題上並不平等，女子喪夫，「有如林中竹，忽被風吹折，一折不重生，枯身猶抱節」；而男子喪妻，雖然暫時傷情，但「應似門前柳，逢春易發榮，風吹一枝折，還有一枝生」，所以，他認爲婦人很苦。這說明，我們也不能把唐代的性文明估計過高，它畢竟是封建社會，從秦、漢時已經强調的女子貞節問題畢竟還有不小的影響，夫死妻守節之事仍多，並不是個個夫死都要改嫁，只不過社會上不禁止改嫁，不逼令守節罷了。

在封建社會中，女子有一定的離婚自由、再嫁自由，但從根本上說並不能給婦女帶來幸福。關於這個問題，可以用敦煌莫高窟第二九六窟的壁畫《微妙比丘尼》來說明。這是一幅内容豐富、很長的壁畫，不僅有很高的藝術價值，而且有深刻的社會涵義。它是由許多畫面組成的，像一套連環畫，各個畫面的意思是：

一、微妙「前世」是某富戶的大老婆，因自己無子而生忌恨，害死了小老婆所生之子，兩個婦人因此發生爭吵。大老婆不承認自己害死了這孩子，並舉右手指天，對天發誓說，如果是她害死了這個孩子，來世就要受報應。

二、微妙在今世結婚，生了個兒子。在懷第二胎時，預感到將有不幸，想回娘家看看，並把這一想法告訴了丈夫。

三、夫婦二人帶了大兒子上路。

四、半路上，微妙臨盆，露宿野外。血腥氣引來了毒蛇，將她的丈夫咬死。

五、微妙呼天號地地告別死去的丈夫。

六、一條大河擋住去路，微妙讓大兒子在河邊等著，先抱小兒過河。微妙回頭來接大兒，大兒失足落水而死。這時，對岸的小兒也被狼吃掉了。

七、微妙路遇娘家鄰居婆羅門。婆羅門告訴她，她的父母都已被火燒死。

八、婆羅門收留微妙。

九、微妙再次結婚。

十、丈夫酗酒歸來，半夜敲門。

十一、微妙臨盆。丈夫破門而入，又打又罵，並把初生嬰兒用油熬煎後强迫微妙吃掉。

十二、微妙出走。

十三、微妙來到一個墓園，聽到有人在哭，原來是一位年輕公子在哀悼因暴病而死的新婚愛妻。微妙上前勸慰，互訴哀愁。

十四、微妙與公子結婚，十分幸福美滿，舉左手對天發誓，願白頭偕老。

十五、公子七天後暴病身死。按照這個國家的風習，微妙被殉葬。盜墓賊來挖墳，微妙重返人間。

十六、盜墓賊頭子强行和微妙結婚。不久，盜墓案被破獲，賊首被殺，微妙第二次被殉葬。狼來刨墳吃人肉，微妙又得生還。她因屢遭苦難，十分迷惘，想找佛問個究竟：我爲什麼這麼命苦？

十七、佛告訴她，由於她前世害死小老婆之子，今世應自食一切惡果。於是微妙看破紅塵，出家成爲比丘尼（尼姑）。

古代這一類的畫被稱爲「本生畫」，即通過藝術形式來闡明前世與今生的因果關係，帶有較强的宗教、迷信色彩。但是，這些故事都反映了社會生活狀況，從「微妙比丘尼」看來，這個婦女曾四次結婚，除第四次爲被迫外，其他三次都是自願的，這在當時是允許的，並且不以再婚爲恥、爲罪。在這三次婚姻中，有夫妻相互愛慕的，如和那位公子結婚；有所嫁非人，如被第二個丈夫殘酷地虐待，同時還受一些傳統的野蠻風俗的迫害——夫死，妻要殉葬。總的看來，微妙的一生十分痛苦而不幸。爲什麼會這樣？壁畫故事用前世與今生的因果來解釋，認爲這是命中注定的，婚姻、貧富、幸福等等，一切是上天安排的，所以没有必要反抗。這也反映出在封建社會中壓迫窮人、壓迫婦女，同時又把這一切歸於命運，歸於上天，從而麻醉人們的鬥爭意志。其實，這一切苦難都是人爲的，都是社會矛盾的折射。

同時，即使在這比較開明、性自由度較大的時期，女子受「貞節」荼毒的事例仍有不少。例如，隋朝有個崔姓婦女，十三歲嫁給鄭家，丈夫亡時，崔氏年方二十。守寡的日子實在痛苦，其父不忍心，讓她再嫁。可是，在貞節觀的毒害下，崔氏爲了堅定地表明不嫁之志，剪了頭髮，割了耳朵，通過毀容讓自己也讓男人斷了欲念。（《隋書·列女·鄭善果母傳》）

再如，唐朝著名的宰相房玄齡年輕時，有一次大病將死，他對妻子盧氏說：「你年少，不必守寡。」盧氏卻哭著到帷帳之中，挖出了自己的一隻眼睛給房玄齡，表白決不再嫁。（《太平廣記》卷二七〇）

封建社會畢竟還是封建社會。

第五節　從敦煌資料看唐人的性愛風俗⑮

研究我國的古代文化，尤其是唐代文化，敦煌實在是一個歷史寶庫。本世紀初發現了敦煌石室遺書，數萬卷的敦煌寫本是我國古老文化的極其珍貴的歷史文獻，它們是七世紀到十世紀唐和五代人親手抄錄的，這些未經文人修飾的文字紀錄十分真實地反映了當時的社會生活和文化狀況，當然，也包括了當時的婚俗、性觀念、性生活狀況等性文化的內容。

由於唐代經濟發達，商業高度繁榮，絲綢之路的來往貫通，所以文化交流的範圍很廣，速度很快。唐代高度發達的文化遠播海外，當然對敦煌也有很大影響。敦煌文化雖有它的地方性，但很大部分是對唐代中原文化的反映，其有關男女性愛的資料對我們研究唐和五代的性文化具有很高的價值。

婚齡

在敦煌發現的資料中，對唐人結婚的最佳年齡的說法很多，對於男子，有說十五，有說二十；對於女子，有說十五，有說十六，還有說十七、十八、十九的。這主要是因爲唐代在各個時期對婚齡的規定不一致，所以影響到民間婚俗的變化。

例如，唐太宗時規定男年二十、女年十五以上「申以婚媾，令其好合。」（《唐會要》卷八三）所以《降魔變文》說：「吾今家無所乏，國內稱尊，小子未婚冠，理須及時就禮。」古代男子二十歲行冠禮，女子十五而笄，這是符合唐太宗時的婚齡規定的。又如《秋胡》中說：「郎君，兒生非是家人，死非家鬼。雖門望之主，不是耶（爺）娘檢校之人，寄養十五年，終有離心之意。女生外向，千里隨夫，今日屬配郎君，好惡聽從處分。」秋胡妻十五歲嫁給秋胡，也合乎唐太宗規定的年齡。

唐玄宗則在開元二十一年（七三四年）下詔：「男年十五、女年十三以上聽婚嫁。」所以《董永變文》云：「當感先賢說董永，年登十五二親亡……直至三日覆墓了，拜辭父母幾田常。父母見兒拜辭次，願兒身健早歸鄉。又辭東鄰及西舍，便進前程數里强。路逢女人來委問，此個郎君住何方？……不棄人微同千載，便與相遂事阿郎。」這裡描寫的是十五歲的董永娶了天帝之女，正符合唐玄宗規定的年齡。

到了唐代宗時期，情況又有所不同。國家經安史之亂後，風雨飄搖，社會動盪，婚期多有推遲，戰亂造成婚齡的增大。所以白居易的《贈女詩》云：「三十男有室，二十女有歸。」《韓朋賦》云：「憶母獨住，胡娶賢妻，成功素女，始年十七，名曰貞夫。」還有比婚齡十七歲更大的姑娘，如《搜神記》云：「只道娶妻，本不知迎處，……霍遂入房中，見一女子，年可十八九矣。」

媒妁婚

在封建社會中盛行的婚姻締結方式是包辦婚姻，由父母之命、媒妁之言而決定，對於唐人來說，也並不例外，這種方式在敦煌寫本中是有所反映的。如《雲謠集雜曲子·傾杯樂》寫道：

憶昔笄年，未省離合，生長深閨院。閒憑著繡床，時拈金針，擬貌舞鳳飛鸞，對妝台重整嬉恣面。自身兒算料，豈教人見。又被良媒，苦出言詞相炫。每道說水際鴛鴦，唯指樑間雙燕。被父母將兒匹配，便認多生宿姻眷。

這裡說的是姑娘笄年剛至，媒人就來花言巧語地挑逗、誘惑了。這種情形，在中原也是如此。例如詩云：「蓬門未識綺羅香，擬託良媒益自傷。……苦恨年年壓金線，爲他人作嫁衣裳。」姑娘自悲自怨出身低微，想出嫁，還是要「託良媒」。

唐代媒妁婚的繼續存在，其原因也和封建社會的各朝各代相仿。一是封建的家長制條件下家長權威的表現。二是階級區分使婚配要求門當戶對，如《不知名變文》云：「娘子空來我空手，奈何爲媒人所秤量。娘娘既言百匹錦，娘娘呼我作上馬郎。彼此赤身相奉侍，門當戶對恰相當。」可見，只要門當戶對，不管男女雙方是否情投意合，父母硬性作主匹配。三是以聯姻做爲向上爬的一種手段，即「競覓榮華」，如《敦煌雜錄．悉縣頌》中所唱的：「幽閨內閣深藏舉，競覓榮華選婚主，相見晤言及美語，有人借問伴不許。」四是借包辦婚姻索取大量財禮，如《齖齗書》所說的：「當初緣甚不嫌，便即下財下禮？」

可是，在唐代風氣比較開放，人民的性生活在封建社會中相對地比較自由的情況下，在民間已逐漸明顯地表現出對父母包辦婚姻的不滿，這種情緒在前面引用的《雲謠集雜曲子．傾杯樂》中已可以看出來。那時產生的董永娶天帝之女的故事，說：「帝釋宴中親處分，便遣汝等共田常。」天帝之女可以嫁給董永這個莊稼漢，也寄託了勞動人民反對門當戶對、嚮往健康、自由的夫妻之愛的理想。

聘禮

在敦煌的不少寫本中都反映出當時「祝聘」、「納采禮」是定親活動中的一個重要程序，即指男方要給女方送一大筆錢財。例如伯二三四四《祇園因由記》云：「其友保曰：舍衛長者大臣聞君有女，故來求婚。長者護勒彌答曰：此則門當戶對，要馬百匹，黃金千兩，青衣百口，䞋物百車。」如果說，這是大官宦人家所爲，平民白姓難以效法的話，那麼道光《敦煌縣志》所說的當時「送庚帖後，行納采禮，厚則送梭布二十四對，次則送十二對、八對不等」，數量也很不少了。

古敦煌民間聘禮，不僅數量大，而且種類多，計有馬、黃金、玉璧、床褥，氈被、彩綢、布匹、束帛、豬、羊、果子、油、鹽、醬、醋、椒、薑、葱、蒜、野味（獵物）等二十物。這些東西都比較實用，這是敦煌唐人收取聘禮的一個很大的特點。如上一章所述，漢代所收的聘禮大都有象徵性，討個吉利；到了唐代，此風猶存，如《酉陽雜俎》卷一云：「婚禮納采有：合歡、嘉禾、阿膠、九子蒲、米葦、雙石、綿絮、長命縷、乾漆。」這些東西都有取義性，敦煌唐人雖然多少也受這方面的一些影響，如聘禮中有羊，「羊者，祥也，羣而不黨」，（杜佑：《通典》）可是總的看來，那些華而不實的東西減少得多了。

聘禮要厚，主要反映了當時統治階級炫耀財富的意識，如清代《敦煌縣志》說：「富者妝奩鋪陳」；同時也反映某些小市民想藉嫁女而「撈一把」的想法。但是，平民百姓卻未必都重財禮，伯三二六六王梵志詩云：「有女欲嫁娶，不用絕高門。但得身超後，錢財總莫論。」莫論錢財，這體現了敦煌民間健康的婚俗觀。

擇偶條件

媒妁婚是在中國封建社會中占主導地位的一種婚姻形式，但在唐代這一較爲開明的封建社會中，男女打破了媒妁婚的束縛、能按自己的意願擇偶的事發生得多一些，在敦煌這一特殊地區發生得更多。當時，敦煌的少女地位相當尊貴，她要親自選夫、問夫，這種情況反映在敦煌寫本的敦煌民間故事賦——《下女夫詞》裡，它滲透著敦煌的特點，也是唐代高度的封建文明在婚俗上的反映。

《下女夫詞》所體現的婚俗表明，新娘要在隆重的結婚儀式上親自詢問新郎，直到她得到滿意的回答後，才最後正式地表示願意嫁給他。這種詢問的意義除了表示女子有按自己的意願擇偶外，還有以下重大意義：

一是擁護大唐政權，反對民族侵略。

敦煌自漢唐以來都是漢族集居地，但由於地處邊陲，經常受到異族的侵略。例如《通鑑紀事本末》卷三十二載：「貞元二年秋八月丙戌，吐蕃尚結贊大舉寇涇、隴、邠、寧，掠人畜，芟禾稼，西鄙騷然。」「吐蕃常以秋冬入寇……得唐人，質其妻子……俘掠人畜萬計而去。」這種侵略給唐代西北地區的人民帶來無窮無盡的災難，一旦敦煌淪爲異族野蠻的奴隸制的桎梏中，歷史大倒退給敦煌人民帶來的便是城鎮淪爲廢墟，田地夷爲荒丘，戈壁變成墳場，人民陷於家敗人亡或永世做奴隸的水深火熱之中。所以，民族的生死存亡問題改變了敦煌人民的心理和婚俗，在結婚時男女雙方問答的儀式中，他們圍繞著一個絕大的矛盾提出問題，這就是民族矛盾。這正如《下女夫詞》中所說的：「只要綾羅千萬匹，不要胡觴數百杯。」「胡」在這裡泛指異族，綾羅千萬匹在這裡象徵漢族高度發達的經濟和文化，詞的意思是寧願嫁給漢族，決不與胡人婚配。

例如以下一段問答：

女問：本是何方君子，何處英才？精神磊朗，因何來到？

兒答：本是長安君子，進士出身。選得刺史，故至高門。

女問：既是高門君子，貴勝英流，不審來意，有何所求？

兒答：聞君高語，故來相投，窈窕淑女，君子好逑。

女問：金鞍駿馬，繡褥交橫，本是何方君子，至此門庭？
兒答：本是長安君子，赤縣名家，故來參謁，聊作榮華。
女問：使君貴客，遠涉沙磧，將郎通向，體內如何？
兒答：刺史無才，得至高門，皆蒙所問，不勝戰陳。

從以上這段問答的內容看來，不能從表面上理解無非是誇飾門第與才貌，而是十分强調自己是「長安君子，赤縣名家」，它意味著擁護大唐政權，和奴隸制的野蠻侵略相比，這是有歷史的進步性的。

二是體現了女子較高的社會地位。

從以上所引的《下女夫詞》中也可以看到，詞中男子對那位少女的詢問都是彬彬有禮地答語，用了極爲尊敬的詞句：「皆蒙所問，不勝戰陳」，真有些誠恐誠惶了。那個男子對女子還用了「參謁」這個詞，「參謁」又曰晉謁，是下見上的意思，如「參謁」皇帝、上級、長輩等。現在卻用在敦煌民間普通的「下女」身上，唐時敦煌少女地位的尊貴，受到男子的高度尊敬，於此可見一斑。從莫高窟晚唐十二窟《婚禮圖》可見，在拜堂成親時男拜女不拜，也可見女子地位之高。

三是堅持大唐文化。

敦煌的文明婚俗是建立在中華古國高度文化水準之上的。例如下面的一段《下女夫詞》：

女問：何方所營？誰人伴喚？次第申陳，不須潦亂。
兒答：敦煌縣攝，公子伴涉，三史明閒，九經爲業。
女問：夜夜更闌，星斗西流，馬上刺史，是何之州？
兒答：金雪抗麗，聊此交遊，馬上刺史，本是沙州。
女問：英髦蕩蕩，游稱陽陽，通向刺史，是何之鄉？
兒答：三川蕩蕩，九郡才郎，馬上刺史，本是敦煌。
女問：何方貴客，霻宵來至，敢問相郎，不知何里？
兒答：天下蕩蕩，萬國之里，敢奉來言，具答如此。
女問：人須知宗，水須知源，馬上刺史，望在何川？
兒答：本是三州游奕，八小英賢，馬上刺史，望在秦川。

以上這段《下女夫詞》說明許多問題：女方叫男子「次第申陳，不須潦亂」，說明了這一問答的嚴肅態度。不僅要問「馬上刺史，是何之州」，即男方的籍貫與本土，還要問他「望在何川」，即心向何方的政治傾向性問題。還以教訓的口吻對男方說「人須知宗，水須知源」，即人不能忘本。在這種情況下，這個漢族男子說明了他是地道的沙州敦煌人，是中華古國高度文明的崇拜者與追求者，主要論點有三：「三史明閒」說明他鑽研過「三史」，因爲魏晉南北朝時把《史記》、《漢書》、《東觀漢記》稱作「三史」；唐代開元後，又把《史記》、《漢書》、《後漢書》稱爲三史。「九經爲業」說明他是中華古國燦爛文化正統的繼承人，因爲在唐代以科舉取進士，把「三禮」（《周禮》、《儀禮》、《禮記》）、「三傳」（《左傳》、《公羊傳》、《穀梁傳》）、「三經」（《易經》、《書經》、《詩經》）定爲「九經」，是體現中華古國文化的必讀課本。「望在秦川」指心向中華內地，因爲「秦川」這一古地區的名稱一般泛指陝西、甘肅秦嶺以北的平原，春秋戰國時這個地區屬於秦國，而秦始皇又統一六國開一統中華之盛，所以「秦川」就有中原之意了。從以上這段《下女夫詞》看來，敦煌民間的這種婚俗，民族性、愛國性都很明顯，而且崇尚中華古國的燦爛文化，思想性確實很强。

以上所述的是女擇男，當然男擇女也有一些要求。敦煌的平民百姓擇妻，主要要求她能實際操持家務，所以有「索新婦，處作活」之說，如《不知名變文》云：「自家早是貧困，日受饑悽，更不料量，須索新婦，一處作活。」「索新婦」是敦煌民間俗語，即「娶媳婦」。伯三二一一的五言白話詩云：「用錢索新婦，當家有新故。兒替阿耶來，新婦替家母。替人既來到，條錄相分付。新婦知家事，兒郎承門戶。」這裡進一步展示了索新婦操持家務的風俗。「當家」又叫「主領」，《舜子變》云：「苦嗽喚言舜子，我舜子小失卻阿娘，家裡無人主領，阿耶娶一個繼阿娘來，我子心裡何似？」當然，娶妻也是爲了傳宗接代，如《父母恩重經講經文》所說：「乞求長大成人，且要紹繼宗祖。」

奇異的求愛法——媚術

從敦煌發現的資料看，唐人由於性愛習俗的泛濫，而產生了一系列女對男、男對女的求愛法，即所謂媚術。以今日的眼光看來，其中有些做法似有一定的科學道理，但有些做法又頗爲離奇。例如伯二六一〇《攘女子婚人述秘法》，「攘」同「禳」，祈求之意；「婚人」即已婚男子，伯二六一〇的標題的意思就是已婚男子如何去祈求女子之愛。

首先是已婚女子在得不到丈夫的愛情時怎樣去爭取獲得，從敦煌寫本看，有以下四種方法：

1.「凡令夫愛，取赤癢足，出夫臍處下著，即愛婦。」這就是說，女方赤著腳，放在丈夫肚臍處抓癢，挑逗丈夫，使丈夫開心。

2.「凡欲令夫受敬，取夫大拇指甲，燒作灰，和酒服之，驗。」這就是說，把丈夫的大拇指甲燒成灰，放在酒中喝下去，表示對丈夫的尊敬，以爭取丈夫的憐愛。

3.「凡欲令夫愛敬，婦人自取目下毛二七枚，燒作灰，和酒服之，驗。」這就是女子拔自己兩隻下眼睫毛十四根，燒成灰而放在酒中喝下去，用這種輕微的苦肉計來感動丈夫。

4.「凡欲令夫愛，取戶下泥戶上方囟五寸，即得夫畏敬。」這就是說，女子要得到丈夫的愛，要把自家門戶下五寸範圍的泥土取出，即可得到魔力，贏得丈夫的畏敬和愛情。

男子對女子的求愛法，主要指未婚男子如何追求未婚女子，也包括已婚男子怎樣尋求婚外戀，以補充自己性愛方面的不滿足，方法有以下八項：

1.「凡欲令婦人愛敬，子日取東南引桃枝，則作木人，書名，安廁上，驗。」這主要指丈夫得不到妻子的愛，認爲妻有鬼魂附體，就可在某月的第一天用東南這個吉利方向的桃枝作一個木人，把女方的名字寫上，安放在廁所中，就可得女子的愛情了。因爲鬼怕桃木，也怕廁所的污穢，如此做法，鬼就會跑掉了。

2.「凡欲令女愛，以庚子日，書女姓名，方圓□□，無主，即得。」這是指少男要求得某姑娘之愛，在庚子日這個吉日，寫上姑娘的名字，貼某處。如果姑娘無主，就可得到她了。

3.「凡男欲求女婦私通，以庚子日，書女姓名，封腹，不經旬日，必得。」這是說，男子要和女子私通，也是在庚子日，在紙上寫上女方姓名，貼在自己肚子上，用不了十天就可以到手了。

4.「凡男子欲令婦愛，取女頭髮廿莖，燒作灰，以酒和成服之，驗。」

5.「凡男子欲求女私通，以庚子日，書女姓名，燒作灰，和酒服之，立即密驗。」這一條和第一條差不多，但第一條主要適用於夫妻之間，這一條主要用於婚外戀。

6.「凡男子欲求婦人私通，以庚子日，取自身右腋下毛，和指甲，燒作灰，即驗。」這是要與女子私通而毀自己毛、甲的苦肉計。

7.「凡欲令婦人愛，取苦楊和目下毛，燒作灰，和酒自服，即得驗。」燒毀苦楊與自己眼皮下的睫毛放在酒中喝下去，和上一條差不多。

8.「凡欲令婦人自來愛，取東南引桃枝，書女姓名，安廁上，立即得驗。」這一條和第一條差不多，只不過是要達到使婦人自來愛的目的而已。⑯

當然，媚術不僅存在於唐代，在唐代以前和以後，古書上都有不少記載，例如：漢朝時，民間流行的媚術是在「子日」洗澡。古代中國以干支記日，十二天就有一天是「子日」，女子在「子日」洗澡可見憐於丈夫，如王充的《論衡》云：「沐書曰：子日沐令人愛之。」

到了魏、晉時，女人相信服食䔄草或䔄草的果實，可以得到男子的歡心。《博物志》載：「詹山帝女，化爲䔄草，其葉鬱茂，其花黃，實如豆，服者媚於人。」《山海經》中也有類似的說法：「姑之山，帝女死焉，其名曰『女尸』，化爲媚草，其葉胥成，其花黃，其實如菟丘，服之媚於人。」有意思的是這些媚術還和一些神話傳說連在一起，認爲這種藥草的功能是炎帝的女兒瑤姬的精魂所致。

當時，媚術的藥物還由草木推及禽獸蟲魚。據説如食布穀鳥的腦骨，令人宜夫婦。可能是布穀鳥的腦中存有某種性激素，食之足以激發性興奮的緣故。

中國古代的陰陽五行家將包括人在內的萬物分爲陰陽兩大類，男爲陽，女爲陰。又將一年四季七十二候、三百六十天和東南西北中與陰陽五行相配合，於是世間的一切都有了陰陽五行的動態特徵。古人認爲男女性愛是否和諧，取決於雙方是否合於陰陽配合之道。明代名醫李時珍就本於此理，從十二時辰與十二生肖的對應關係出發（鼠在十二時辰中是地支子的取象，代表了極陰的「地氣」），認爲雄鼠的生殖器最具有產生媚術的功能。但是，剖取之術是十分嚴格的，時辰必須在十一二月或五月初五日、七月初七日、正月朔旦子時，面北向子位，剖取陰乾，然後將雄鼠的生殖器裝入一青色的口袋，按男左（陽）女右（陰）的原則繫在臂上，「人見之，無不歡悅，所求如心也。」

到了清朝，媚術仍延續不絕。《古今秘苑續錄》⑰中有載「美女相思法」云：「相思蟲一對，火上炙酥，男女交襠布燒灰，三分，冰一分，共爲末，下於茶飯中食之，再書其女之年庚壓於蓆下，則自來也。」

以上這些方法，多數是古人的一種迷信，他們認爲性愛很神秘，所以要用神秘的方法來解決。他們也認爲男女之間得不到對方的愛，是一種病，這種病也要用藥物來解決，而毛髮、指甲、桃枝、苦楊、萶草等都是中藥，可以治病的。⑱這些問題涉及醫藥學、心理學與巫術，都是以性愛習俗爲基礎，而且排除了封建禮教的束縛，從這方面看，似有一定的進步意義。

但是，從上面所述可以看到，有不少媚術都帶有一定的迷信色彩，有的則完全是巫術。大致從唐朝開始，媚術的發展逐漸走向巫術。當時，人們常以巫術來保平安、求子、求愛、祛病，貼符、燒符、吞符則是另一種方法，在夫妻床笫之間也常使用，這在敦煌民間也很盛行，高國藩在《敦煌民俗學》中舉出不少例子：

以上這種現象的產生，和道家有很大關係。道家不像强調「人法於天」的陰陽五行家，他們認爲通過人的主觀的法力可以影響天道人事，所以他們主要的媚術是畫符和詛咒，如能使兩性相愛的「和合咒」、專門爲單相思女性所用的「獵哥神咒符」等。當事人只要把巫師所畫的符咒放在被愛慕者的身上，或讓他喝了，就能「如願以償」了。在《唐書．棣王傳》中就説到有兩個妃子爭風吃醋，其中一人向巫師求助，巫師給她一道符，叫她把符偷偷地放在丈夫的鞋底裡，丈夫就會愛她了。這符就叫「和合符」，在《萬法藏典》和《靈驗神符大觀》裡都有記載。

在被稱爲明代世俗生活畫卷的《金瓶梅》中，這方面的描述很多。其中提到一種「回

床符。這種符貼在床上，據說床上貼了這種符，便如詞中說的：「此符夫妻相愛，紫羅黃羅。」

床上符。這是貼在床頂上的符，據說貼上此符便會不做惡夢和令人平安。畫面也有「去鬼」字樣。

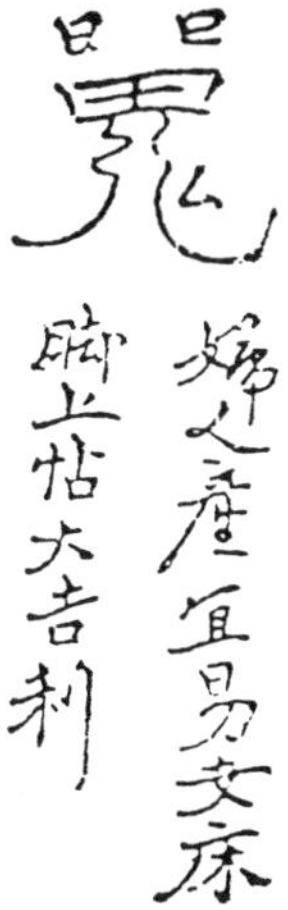

床腳符。這是另一種形式的「床符」。據說床的四腳貼上了這種符，便可以達到以下這種目的，詞曰：「婦人產易，宜安，床腳上帖，大吉利。」

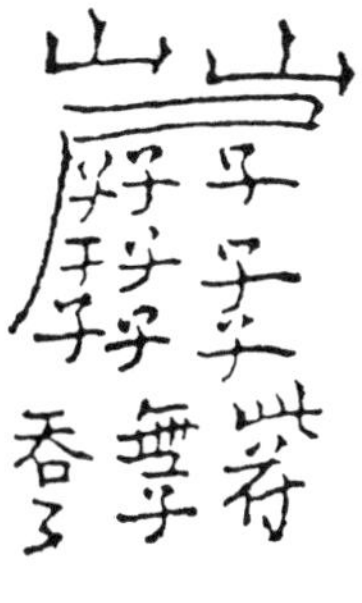

吞符。這是專備不生孩子的父母用的，把這種符和上天水吞下肚，住進新屋，便能生子安家，詞曰：「此符無子吞了。」符面寫了兩個「山」字和九個「子」字，兩「山」成雙象徵夫妻長命吉祥，「九」子象徵永久。

背」的媚術，即女人使男人回心轉意之術。失歡於西門慶的潘金蓮就曾請江湖術士劉理星替她「回背」，其方法是用柳木一塊，刻上當事男女的模樣，寫上兩人的生辰八字，用七七四十九根紅線紮在一起，上用紅紗一塊蒙在「男子」眼上，用艾草塞其心，以針釘其手，以膠粘其足，暗暗地放在變了心的男子枕中，這男子睡了幾天，自然會回心轉意。

以上闡述主要是女子對付男子的巫術，而男惑女的巫術也同時存在。晉人張輩在《感應類從志》中說：「月布在戶，婦人流連。」注云：「取婦人月水（即月經）布燒作灰，婦人來，即取少許置門閫門限，婦人即留連不能去。」在宋人洪邁的《夷堅志》中，有一則講述某茅山道士在夜半時分施行「玉女荅神術」，把黃花閨女攝入密室中加以姦淫的故事。清人紀曉嵐的《閱微草堂筆記》卷十五也提到「紅教喇嘛有攝召婦女術」。

在中國古代，毛髮往往也被附會了種種迷信色彩，認爲腳毛可以驅鬼，頭髮可以魘勝。例如《金瓶梅》中就有這麼一段情節：西門慶經不住妓女李桂姐的要求，回家騙了潘金蓮的頭髮給李桂姐，李桂姐「背地裡把婦人頭髮早絮在鞋底下，每日踐踏」。自此以後，潘金蓮就每天「頭疼惡心，飲食不進」了。

以上這些事當然是荒誕不經的，但是卻反映出古代女子依附於男子，所以要千方百計地得到男子的歡心，而有的男子又千方百計地要占有某些女子加以玩弄，這從一個側面展現出中國古代男女關係的圖畫。

試婚風俗

從敦煌遺留的文獻看來，至少是敦煌地區唐人有試婚的風俗。斯六九六五卷子，《敦煌遺書總目索引》標爲「斷片」，「斷片」原文被忽略而未錄出，其實在那斷片上通過微縮膠卷還能看見這卷殘文的標題：《優先婚前同居書》。

《優先婚前同居書》實際上是一種契約，是男女雙方在正式婚配前實行試婚而同居時的一種文字協議。試婚風俗從一首《下女夫詞》中也得到證明，一個少女在考問意中人得到滿意的答覆後，就表示：

立客難發遣，展褥鋪錦床。
請君下馬來，模模便相量。

所謂「立客難發遣」，說明女方對男方中意了。「展褥鋪錦床」是當時的一種婚俗，男女將要成婚時，女家要爲新房鋪床、設帳，以便夫妻共同生活，這裡也是指準備同居了。還要請男方下馬來「相量」，相量什麼呢？就是雙方擬定《優先婚前同居書》了。

試婚的風俗在世界上不少民族中都存在過，在目前西方社會也頗爲流行，對此，目前在理論上是有分歧的。贊成者認爲，正式結爲夫妻必須慎重，男女之間有許多情況在戀愛階段是發現不了的，必須通過試婚，即暫時同居的形式來檢驗是否可以成爲終身伴侶，否則，貿然結合是不嚴肅的、不負責任的。如果實行試婚，男女結合的順序是「戀愛—同居—結婚」。但是，反對試婚者認爲，還沒有結爲夫妻，就同居而行「周公之禮」是太不嚴肅了，男女結合的正常程序應該是「戀愛—結婚—同居」，試婚實質上是西方社會「性自由」的一種表現，今天跟這個異性試試，明天再跟那個異性試試，這簡直是朝秦暮楚，杯水主義。以上兩種觀點的分歧在於對貞操問題的重視與否，以及男女的性交是否一定只能在婚後發生。對於試婚的理論評價固然可以另作分析研究，但是應該認爲，敦煌唐人的試婚風俗與現代西方社會所奉行的「性自由」是有原則區別的，他們並不是隨便同居，隨便發生性交關係，而是要訂《優先婚前同居書》這一特殊形式的婚約，它對婚前同居的雙方最終的結合，起著制約和保障作用。這種做法，也是在敦煌這一異族奴隸主人侵頻繁的特殊地區，在正常的婚姻活動得不到保障的情況下，所形成的一種簡便結合的特殊形態。

據分析，敦煌唐人試婚的風俗同西域在中古時代流傳的試婚風俗是有聯繫的。例如《晉書．大宛傳》云：大宛「其俗娶婦先以金同心指環爲聘，又以三婢試之，不男者絕婚。」意思是說先訂下婚約，再以三個女奴來試婚，如果發現男方性功能不健全就絕婚。大宛是古西域三十六城國之一，北通康居，西南鄰大月氏，盛產名馬，而大月氏這一城國則在敦煌與祁連山之間，看來，這些地區性文化的交流是有脈絡可尋的。

夫妻性生活

敦煌唐人十分重視夫妻性生活，其看法和做法可以從伯二五三九《天地陰陽交歡大樂賦》中得到證明。《天地陰陽交歡大樂賦》爲白行簡所作，白行簡並非敦煌人，該賦流傳甚廣，反映的是一般唐人的性觀念和性生活狀況，而此賦傳入了敦煌，顯然對敦煌唐人的性風俗也產生很大影響。

從該賦看來，唐人對夫妻之間的性愛極爲重視，認爲性愛是夫妻之間感情的重要基礎，夫妻之樂是人生根本的快樂，在新婚之夜，夫妻雙方應親密配合進行性交，這些闡述將在本章「詩、歌、賦中的性愛」詳細闡述。這裡重點指出，該賦反映出當時夫妻過性生活的一些具體的風俗：

例如，「於是青春之夜，紅幃之下，冠纓之際，花須將卸，思心淨默，有殊鸚鵡之言，柔情含通，是念鳳凰之卦。」看來，男女在新婚之夜第一次性交前，有一種念鳳凰之卦的習俗，可能是祝福永遠幸福吉祥，因爲鳳凰是光明的象徵，「鳳凰于飛」象徵夫妻生活和諧美好。

再如，「所謂合乎陰陽，從茲一度，永無閇固，或高樓月夜，或閒窗早春，讀《素女》之經，看隱側之鋪，立障圓（圍）施，倚枕橫布。」這說明當時民間性知識書籍頗爲流行，夫妻過性生活前有閱讀這些書籍、參照以行事的習慣。另從「看隱側之鋪，立障圓（圍）施」來看，當時人們對床如何安放也頗爲講究，放置地點要隱蔽些，並在性交時立障子、加布圍，這是符合人類性生活的私密性與隱蔽性的要求的。

又如，夫妻過了性生活後，「侍女乃進羅帛，具香湯，洗拭陰畔，整頓裨襠，開花箱而換服，攬寶鏡而重妝。」看來，在唐代，夫妻過性生活被人們視爲自然、正常的事情，雖有一定的私密性與隱蔽性，但並不避侍女，夫妻性交後，還要侍女侍候，進行清洗與換衣，講求性衛生，這似乎比不少現代人還要文明。

還有「回精禁液，吸氣咽津，是學道之全性，圖保壽以延伸。」這說明唐人在夫妻性生活習俗中也明顯地受了道家的影響，道家房中術理論的關鍵是認爲男精女血是極爲寶貴的，過於頻繁的性生活有損身體健康，所以只有「回精禁液，吸氣咽津」才能「圖保壽以延伸」。

裸俗

敦煌唐人的性風俗還可以從一些壁畫中得到證明。西元一世紀前後，隨著佛教的傳入，犍陀羅藝術和希臘藝術也傳入了我國西北地區，伴隨著犍陀羅藝術的影響，裸體或半裸體的風俗就在整個西域，包括敦煌和吐魯番地區發展起來。這種裸體風俗自然是和性愛結合在一起的，不僅通過當時的一些文字記載反映出來，而且從一些壁畫中反映出來。

目前發現的在這方面反映較充分的是龜茲壁畫。龜茲壁畫中的新婚性愛圖至今保存在新疆拜城的克孜爾、溫巴什、台台爾、庫車的庫木吐拉、克孜爾朵哈、森姆散姆、瑪扎伯赫等地的大約五百多個洞窟中。當時的新婚性愛、舞蹈、音樂以及其他方面的生活風俗以繪畫藝術的形式表現出來，使後人對當時的文化狀況有更生動、形象的理解。[19]

這些壁畫，還可以和當時的一些文字資料相對照。如西域新婚性愛習俗中有少女向新郎奉乳之舉，這在敦煌曲子詞中有確鑿的記載，例如：

素胸未消殘雪，透輕羅。（《雲謠集・風歸雲》）

素胸蓮臉柳眉低，一笑千花羞不坼。（《雲謠集・浣溪沙》）

雪散胸前，嫩臉紅唇。（雲謠集・內家嬌》）

胸上雪，從君咬。（《雲謠集・漁歌子》）

以上所謂「素胸」，即裸乳；所謂「胸上雪，從君咬」即表明了一種奉乳房給丈夫吸吮的性生活方式，這在不少文化藝術中都表現出來了。

奉乳以及其他一些新婚性風俗如插圖5—13所示。

當然，裸體不僅表現在夫妻生活中，從插圖5—14中可以看到，裸體是當時女子的一種時髦裝束。

在日常生活中，也有許多裸體現象，如插圖5—15所示。

西域唐人中也盛行看少女跳裸體舞的風俗。半裸體裝扮是頭上梳高髻或雙環髻，露乳與臍，下部著紗裙，遮繡花，披雲紗（見插圖5—16）。

在敦煌石室中也發現一些男女性愛圖，如伯二七〇二寫卷背面就有四幅。這四幅圖畫得十分粗俗：第一幅是臥交，第二幅是坐交，第三幅是站立著性交，第四幅則是女子跪著，男子從背後性交，旁邊並有另一個男子豎起陰莖在觀看。這種圖畫和《天地陰陽交歡大樂賦》都被藏入敦煌石室之中，說明了當時人們對這個問題很有興趣，性愛是以一種風俗呈現的。至於爲什麼在莊嚴肅穆的佛教窟中發現了男女交合圖，結合伯二六一〇《攘女子婚人述秘法》及其他敦煌佛教巫術資料來看，可能和當時佛教施行的巫術有關。正是由於佛教施行巫術的需要，所以將男女性愛圖與《天地陰陽交歡大樂賦》等色情內容十分明顯的性資料都藏入寺廟之中了。

1. 奉乳

2. 親暱

3. 新婚性愛幻想圖

插圖 5−13
敦煌唐人的新
婚性風俗圖

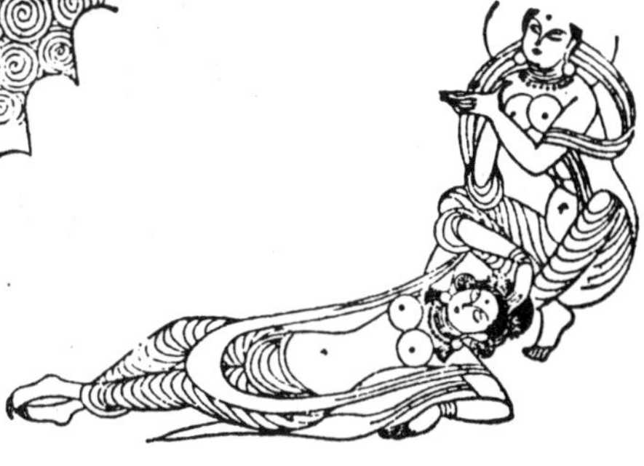

4. 喚醒的甜睡

1. 半裸體。上部乳房裸露，下陰遮以繡花飾，穿珍珠裙，戴手飾、耳飾、項鍊、臂飾。

2. 這種半裸體裝扮是梳高髻，手、耳、臂、頸、胸等飾物同樣，背上披紗，下部臀部紮彩結。

3. 這種半裸體裝扮是梳寶髻，露乳與臍，手執珠帶，是當時最時髦的裝扮。

4. 全裸體。這種裸體風俗必須在臂上、手腕上著以金銀妝飾，這是富家少女。

5. 女奴則無手飾與臂飾，在奉水與獻物時，必須下跪，全裸體，只在背上披以輕紗來裝扮。

插圖 5-14　西域唐女的半裸體與全裸體

1. 吹笛

2. 納簫

3. 獻茶

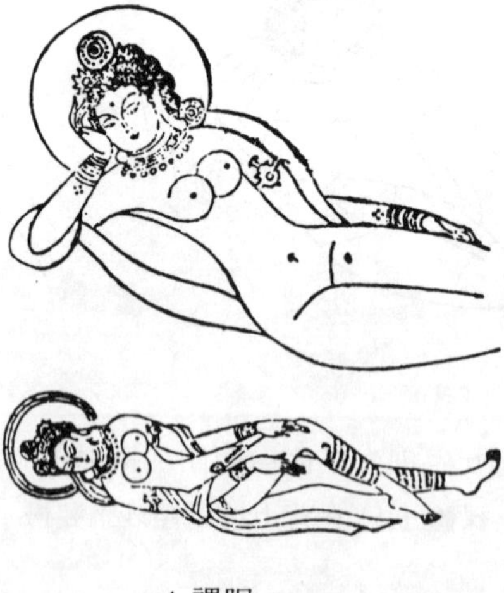

4. 裸眠

插圖 5-15　西域唐女日常生活中的裸體現象

5.供水

6.承歡

7.允諾

8.浴後獻羅帛

1. 半裸體舞

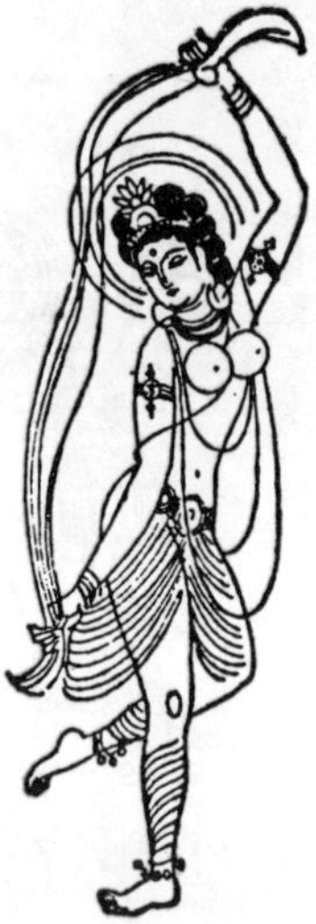
2. 半裸體舞

3. 全裸體舞

4. 半裸體舞

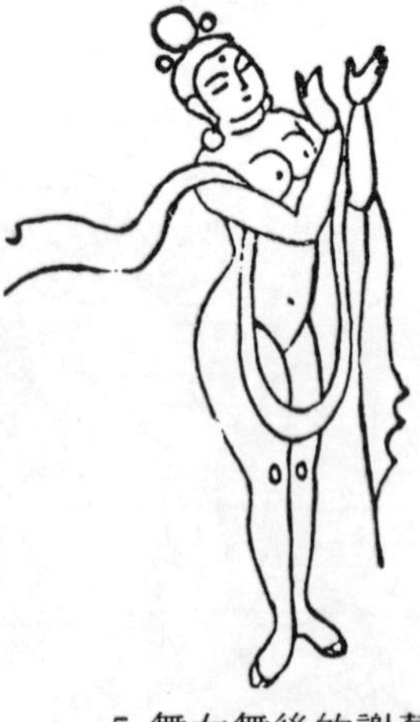
5. 舞女舞後的謝幕

6. 少女裸體分腿倒立

插圖 5-16　裸體舞蹈

一夫多妻制

在封建社會中，婚姻形態名義上實行的是一夫一妻制，實際上實行的是一夫多妻制，「多妻」只不過是有妻妾之分而已。從敦煌發現的資料看唐人的婚姻形態最主要的也是一夫一妻制，但是從敦煌的戶籍殘卷中還可以看到另一種重要的婚姻形態，那就是一夫多妻制。如《敦煌零拾·十二時》云：「縱然妻子三五房，無常到來不免死。」伯二〇五四《十二時》云：「廣置妻房多繫絆。」《目蓮變文》云：「縱令妻妾滿山川」等。許多資料說明了一夫多妻在敦煌唐人中是常見的。

從敦煌發現的資料可以看出，唐人的一夫多妻的一個特點是，雖然有時也有妻妾之分，但一般並不像中原那麼區分嚴格，常有幾個妻子並列的情況，如伯三三五四《敦煌郡敦煌縣龍勒鄉都鄉里天寶六載籍》，戶主衛士武騎尉程思楚有三個妻子：馬氏、常氏和鄭氏。程思楚的兩個弟弟程思忠和程思太也各有兩個妻子，分別爲鄭氏和鄭氏、李氏和白氏。戶主程什住也有三個妻子：茹氏、王氏和茹阿妙。衛士武騎尉是個芝麻官，享有受永業田六十畝的特權，全家有十八人，平均每人只有地三·三畝，完全不是什麼富豪之家，但卻娶幾個妻子，可見當時此風之盛。而且，從現有資料看來，這幾個妻子也未明顯地分出什麼上下大小。

唐人一夫多妻的另一個特點是，主要不是爲了享樂腐化的需要。在封建社會中，一些大戶人家妻妾成羣，主要體現了女子做爲男子的玩物而存在，玩物越多越好，而且妻妾越多，說明戶主的身份地位越高。但是從敦煌資料可以看出，唐人實行的一夫多妻制，似乎主要有其他目的：一是幾個妻子的年齡普遍比丈夫小十幾歲、二十幾歲不等，這和她們到男家以後能夠勞動有很大關係，實行一夫多妻對提高家族的農業生產力有好處。二是可以增加人口，敦煌連年遭受異族的騷擾和破壞，人口不僅增長緩慢，而且有時銳減，造成田地荒蕪，無人耕種。《漢書．地理志》說，敦煌包括敦煌、冥安、效谷、淵泉、廣至、龍勒，人口三八三三五人。《舊唐書．地理志》說，天寶元年改爲敦煌郡，乾元元年復爲沙州，人口一六二五〇人。敦煌的面積有浙江省一半大，但只有這麼一點人，真太少了，實行一夫多妻則有利於繁殖人口。三是敦煌民間女多於男，據七世紀後期至八世紀後期的資料分析，未婚婦女中有六〇．三％屬於婚配過時，由於這個原因，就不得不加速一夫多妻制婚姻形態的發展進程。

離婚

在整個封建社會中，由於女子處於被壓迫的地位，是沒有離婚自由的，男子可以任意「休妻」、「出妻」，女子卻只能忍受。同時，女子被「休」被「出」，被認爲是奇恥大辱，終生難以抬頭，改嫁更是「喪失貞節」，爲人所不齒。但是如前所述，這種狀況在唐代這個較爲開明的封建社會中並不突出，特別是在敦煌民間男女的地位基本上是平等的，表現在離婚問題上也是如此。當然，這並不包括極窮的賣身爲奴的婦女。

從敦煌資料中也可看出，唐人婦女改嫁的事是比較常見的，例如在《秋胡》話本中，秋胡幾年不歸，秋胡母就勸秋胡妻：「不可長守空房，任從改嫁他人。」婆婆竟然主動勸媳婦改嫁。在吐魯番地區也是如此，例如在《唐貞觀二十年（六四六年）趙義深自洛州致西州阿婆家書》（《吐魯番出土文書》）中也寫到：他收到了阿婆「×月廿日書，書上道𨑳連改嫁，屬張隆訓爲爲妻，居子義深具悉知也。」

那時，離婚的手續很簡單，稱爲「放妻」，也有些特殊情況稱爲「從良」者，只要男方寫一紙《放妻書》，並爲女方和見證人認可，就可解除婚約，各奔東西。由於離婚的情況不同，《放妻書》的內容和形式也不完全相同，並不是千篇一律的八股形式。從現有一些資料來看，大致有這幾種情況：

1.性格不合

例如，斯〇三四三的《放妻書》是這樣寫的：

某李甲謹立放妻書

蓋説夫婦之緣，恩深義重，論談共被之因，結誓幽遠。凡爲夫婦之因，前世三生結緣，始配今生夫婦，若結緣不合，比是怨家，故來相對。妻則一言□口，夫則反目生嫌，似貓鼠相憎，如狼羊一處。既以二心不同，難歸一意，快會及諸親各還本道。願妻娘子相離之後，重梳蟬鬢，美裙娥眉，巧逞窈窕之姿，選聘高官之主。解怨釋結，更莫相憎。一別兩寬，各生歡喜。於時年月日謹立除書。

從以上《放妻書》看來，夫妻雙方性格不合，即「結緣不合」表現在「似貓鼠相憎，如狼羊一處」，「二心不同，難歸一意」，所以，還是「各還本道」，分道揚鑣爲好。「一別兩寬，各生歡喜」，也類似我們現在常說的，各自重新建立幸福美滿的家庭，開始新的生活，由於《放妻書》是以丈夫爲主體寫的，丈夫還對妻子提出一些美好的祝願：「願妻娘子相離之後，重梳蟬鬢，美裙娥眉，巧逞窈窕之姿，選聘高官之主。」至於今後雙方的關係，則是「解怨釋結，更莫相憎。」這樣的離婚是比較文明的，要比某些現代中國人離婚後就反目成仇或是視同陌路文明得多。

斯六五三七還有一篇《放妻書》是這樣寫的：

蓋聞伉儷情深，夫婦語義重，幽懷合巹之歡，念同牢之樂。夫妻相對，恰似鴛鴦，雙飛並膝，花顏共坐，兩德之美，恩愛極重，二體一心。共同床枕於寢間，死同棺椁於墳下，三載結緣，則夫婦相和。三年有怨，則來仇隙。今已不和，想是前世怨家。反目生怨，作爲後代增嫉，緣業不遂，見此分離。聚會二親，以求一別，所有物色書之。相隔之後，更選重官雙職之夫，弄影庭前，美逞琴瑟合韻之態。械恐舍結，更莫相談，千萬永辭，布施歡喜。三年衣糧，便獻柔儀。伏願娘子千秋萬歲。時×年×月×日×鄉百姓×甲放妻書一道。

從這篇《放妻書》看來，也是首先闡述夫妻應該是多麼和諧美好；第二層說明雙方如何在性格與感情方面不合，所以要分手；第三層對分手後的妻子提出一些美好的祝願，「伏願娘子千秋萬歲」這一類的話令人感動。在這篇《放妻書》中，特別值得注意的是強調長久以來夫妻感情破裂，「三年有怨，則來仇隙」，「今已不和，想是前世怨家」，這裡就意味著，至少要有三年的夫妻關係破裂，夫妻已經「反目生怨」，才能談得上離婚，時間的條件（三年）顯然構成放妻的基本道義規定。考慮到夫妻感情破裂的程度，以做爲判定是否應該離婚的依據。「三年衣糧，便獻柔儀」，就是說離婚後男方再負擔女方三年衣糧，而且在離婚後一次付清，這種照顧也是文明的一種表現。

2.譴責妻子

前述夫妻性格不合，「前世怨家」，是雙方的問題，各打五十大板。但是還有的《放妻書》認爲責任在於女方，因爲女方沒有恪守婦道。如斯六五三七還有一篇《放妻書》說：

蓋聞夫婦之禮是前世之因，累□□共修，今得緣會，一從結契，要盡百年。如水如魚，同歡終日。生男滿十，並受公卿，生女柔容，溫和內外。六親歡美，遠近似父子之恩，九族邕怡，四時如不憎更改。奉上有謙恭之道，恤下無儻無偏。家饒不盡之財，妯娌稱長延之樂。何乃結爲夫婦，不悅鼓□。六親聚而咸怨，鄰里見而含恨。蘇乳□□，尚恐異疏，貓鼠同窠，安能得久。二人達□，大小不安，更若連流，家業破散。顛鐺□郤，至見宿活不殘，擎食集□，便招困□之苦。男饑耕種，衣結百穿。女寒織麻，□日在內。夫若舉口，女便生嗔。婦欲發言，夫則拾棒。相憎終日，其時得見。飯飽衣全，無□累年。五親何得團會，乾沙握合，永無□期。謂羊虎同心，一向陳話美詞，心不合和，當□取辦。夫覓上對千世同歡，婦聘毫釆鴛鴦爲伴。所要活業，任意分將。奴婢驅馳，幾□不勒。兩共取穩，各自分離，更無期，一言致定。會請兩家父母，六親眷屬，故勒手書，千萬永別。忽有不照檢，絢倚巷曲街，點眼弄眉，息尋舊事，便招解脫之罪。

爲留後憑，謹立。

從這篇《放妻書》看來，雙方感情破裂，主要是女方的責任。第一，在敦煌唐人看來，夫妻關係應該是男主外，女主內，其實這也是整個封建社會的家庭傳統。但是這個家庭卻是「男饑耕種」，男人餓著肚子去幹活，妻子不做飯給他吃；男子「衣結百穿」，即穿著破破爛爛的衣服，妻子不做衣服給他穿。同時又是「女寒織麻」，即這個女人不喜歡進行織布之類的勞動。還有，「蘇乳□□，尚恐異疏」，「蘇乳」後面所缺的兩個字，很可能指這女子哺乳小孩有問題，不能盡到母親的職責。本來指望「生男滿十」，「生女柔容」，現在她管不好家，照顧不好丈夫，又帶不好孩子，弄得「家業破散」、「大小不安」，於是就發展到「六親聚而咸怨，鄰里見而含恨」的地步，分手就成爲不可避免的事了。但是，即使在這種情況下的分手，對離婚後家庭財產的分配仍持公平合理的態度，例如「所要活業，任意分將」，「兩共取穩，各自分離」，雙方不斤斤計較，而是「任意分」，「共取穩」，這種民風是比較好的。

3.婦女主動提出離婚

古敦煌民間由於女子和男子在家庭中的地位比較平等，所以經常是女子主動提出離婚。例如《舜子變》云：「後阿娘又見舜子，五毒嗔心便起；自從解事遼陽，遺妾勾當家事，前家男女不孝，東院酒席常開，西院書堂常閉，夜夜伴涉惡人，不曾歸來宅里，……解事把我離書來，交我離你遠去。」這當然是後娘提出的要挾之詞，她提出離婚的目的是迫使瞽叟去殺舜。又如《齖䶗書》云：「新婦乃索離書，廢我別嫁可會？夫婿翁婆聞道索離書，忻忻喜喜，且與緣房衣物，更別造一床氈被，乞求趁卻，願更莫相值。新婦道辭便去，口裡咄咄罵詈，不圖錢財產業，且離怨家老鬼」，這自然也是齖䶗婦提出的要挾之詞，她提出離婚的目的，是想迫使那不務正業的丈夫改邪歸正，結果丈夫向她認錯，她又回到家中。上述兩例，實際上都是女方以離婚爲要挾來達到另外的目的，但也說明了女方是有主動提出離婚的權利的。

4.夫死可以任意改嫁

在敦煌民間，由於戰爭等原因造成丈夫亡故，妻子只要寫一份《放良書》祭奠亡者，即可改嫁。例如斯五七〇六《放良書》說：

素本良家，賤非舊族。或桑梓堙没，自鬻供親，或種落支離，因是唯余一身淪陷，累葉沉埋，興言及兹，實所增嘆。更念驅馳，竭力□用將作，勤勤咯恭，晨昏匪怠。

尋欲我並放，逡巡未間，復遇大戎大舉，凌暴城池，攻圍數重，戰爭非一，汝等皆亡。

軀佝節供，奉命輸誠，能繼頭須之忠，不奪斐豹之勇。想兹多善□□□，甄升，既申白刃之勞，且焚丹書之咎。放從良兼改名任□□□□。

以上第一段是說她的悲慘身世，本來出身不壞，後來家鄉被戰火吞没，她只有自己賣與別人來供養雙親，「淪陷」、「沉埋」在異族統治之下，過著艱難的歲月。第二段說明她家庭破滅的原因，主要是異族侵略，蹂躪百姓，全家人都死光了，只留著她一個女人，如何活下？第三段說明她身爲一個異族統治下的奴隸，一定要鬥爭反抗的決心。

「頭須」指丈夫，斐豹是春秋時晉國的一個勇力過人的奴隸。最後，《放良書》中說「放從良兼改名」，就是與亡夫脫離關係，改嫁從良，獲得改名的權利。這篇《放良書》能使後人了解當時的敦煌唐人在異族侵略下水深火熱的生活、同仇敵愾的鬥爭意志，也反映出女子在這種情況下在婚姻問題上一定的自由度。

當然，也不能把當時敦煌女子以及整個唐代女子在婚姻家庭中的地位看得太高、太理想化了。她們畢竟生活在封建社會女子受壓迫的情況下，在包括離婚在內的許多婚姻問題上還是有許多不合理之處。，這和整個封建社會的婦女命運是一致的。

第六節　嫖娼狎妓之盛

唐代，政治、經濟、文化都很發達，妓業也在發展，達到了一個相當鼎盛的時期。這種情況的產生具有多種複雜的原因：一是由於唐代性文化比較開明，對於官吏宿娼，不僅沒有法紀約束和輿論非議，而且會被視爲風流韻事而傳爲美談，甚至加以仿效；在民間，私通都不算什麼太嚴重的事，狎妓更算不得什麼了。二是經濟的繁榮使城市發展，流動人口增多，從而增添了臨時性的性需要；而商品經濟造成兩極分化，有些貧家女賣身，從而又能在市場上滿足這種需要。三是社會繁榮，國家富庶，使帝王、貴族縱情聲色享樂，而帝王淫樂生活又影響社會，例如開元、天寶間唐玄宗設教坊、置梨園、統四萬官妓作樂以及他和楊玉環的風流韻事傳播朝野之後，文人士子們對這種生活方式不是排斥而是羨慕，因而更加蕭灑自如地走進秦樓楚館，拜倒在石榴裙下，沉於溫柔之鄉。四是唐朝後期社會的開始衰退和五代的亂世，又使一些人產生消極心理，人生如夢，為歡幾何，於是迫不待地及時行樂，以聲色自娛，所謂「十年一覺揚州夢，贏得青樓薄倖名」，正是這種生活的寫照。

需要說明的是，「妓」在後世專指賣淫女子，而此字原是從「伎（技）」演化而來，「伎」是指專習歌舞等技藝的女藝人。在唐代，「妓」既是指賣淫女子，也是指音樂歌舞、繩竿球馬等女藝人，因此有時有「聽妓」（聽音樂）、「觀妓」（觀歌舞）的說法。所以「妓」是娼妓與女藝人二者的統稱。二者有區別，但有時也很近似，賣身者有時要賣藝，而賣藝者有時也要賣身。

狎妓成風

唐代的官吏狎娼，上自宰相、節度使，下至庶僚牧守等小官，幾乎無人不從事於此，有很多風流韻事，例如張君房的《麗情集》載：

灼灼，錦城官妓，善舞「柘枝」，能歌「水調」，御史裴質與之善。裴召還，灼灼以軟綃聚紅淚爲寄。

還有《南部新書》云：

媚川，歙州酒錄事，尚書李曜守歙頗留意，而已納營妓韶光。罷州日，與吳國交代託令存恤，臨發共飲，不勝離情。而已有詩曰：「經年理郡少歡娛，爲習干戈問酒徒。今日臨行盡交割，分明收取媚川珠。」吳答曰：「曳屐優容日日嘆，須言達德倍仇瀾。韶光今已輸先手，領得蠙珠掌內看。」

官吏離職、到職交接班，有交割檔案、物資、風土人情、下屬狀況等，而交割妓女真是聞所未聞，前任由於帶不走所寵妓女還戀戀不捨，引爲大憾；後任欣然接受，還感嘆沒有接收到更好的，這種事真是荒謬至極。

唐代的官吏嫖妓，還有些制度化。唐代進士放榜以後的活動中，有一項「探花」，即在同科進士中選擇兩個俊少者，使之騎馬遍遊曲江附近或長安各處的名園，去採摘名花，這兩人就叫兩街探花使，也叫探花郎。這就是所謂「春風得意馬蹄疾，一日看盡長安花」。探花宴上，通常總有妓女助興。唐代詩人韓握於昭宗龍紀元年（八八九年）中進士當了「探花郎」，與他相好的妓女「以繚綾手帛寄賀」。韓偓收到禮物後寫了一首七律，中有「解寄繚綾小字封，探花宴上映春叢，黛眉欲在微微綠，檀口消來薄薄紅」之句，比較庸俗無聊。

在唐代，寫嫖妓之樂的詩不勝枚舉，如李白的《對酒》：「玳瑁宴中懷裡醉，芙蓉帳裡奈君何」；李商隱的《碧城三首》之二：「紫鳳放嬌銜楚佩，赤鱗狂舞撥湘弦」等。白居易的《江南喜逢蕭九徹，因話長安舊遊，戲贈五十韻》將妓院的環境、妓女的服飾、妓女的歌舞和宴會場面、嫖客和妓女的親暱做愛等繪聲繪色描寫得淋漓盡致。

唐代官吏公然狎娼，甚至有因戀妓而至於死的，這方面事例不少。例如《詩話總龜》引《唐賢抒情集》說，唐朝有個叫薛宜僚的人，「充新羅册贈使」，即擔任了駐外使節的工作，在路上戀上一個叫段東美的妓女，雙方戀戀不捨。薛到外國不久就得了病，病中還對他人說：我怎麼在夢中總是見到東美呢？過了幾天就死了。棺材運回後，段東美「素服哀號，撫棺一慟而卒。」這位算是「多情種子」的官員，留下了這麼件風流韻事，但以戀妓而棄職殉身，總令人感到遺憾。

唐代官吏還有在外貯營妓而生子的。如《南部新書》說：「張褟尚牧晉州，外貯營妓，生子曰仁龜，乃與張處士爲假子，居江淮間，後褟尚死，仁龜方還長安，曰江淮郎君」。

唐代的官員狎妓最出名的，武將當數韋臯、路岩，文臣當數白居易、元稹。韋是因狎名妓薛濤而出名的。（何光遠：《鑑誡錄》）路岩這個武官是個「小白臉」，鎮守成都期間，溺於伎樂出了名。（孫光憲：《北夢瑣言》）白居易自中書舍人出守杭州，徙蘇州，首尾五年，自云：「兩地江山遊得遍，五年風月詠將殘。」可謂極宦遊之樂。他曾經夜泛太湖，有「十隻畫船何處宿，洞庭山腳古湖心」之句。他泛舟連五日夜，寄元稹詩云：「報君一事君應羨，五宿澄波皓月中。」宋朝龔明之寫的《中吳紀聞》說：「樂天爲郡時，嘗攜容滿、張志等十妓，夜遊西湖虎丘寺，嘗賦紀遊詩。爲見當時郡政多暇，而吏議甚寬，使在今日（指宋代），必以罪聞矣！」《南部新書》還記載白居易任杭州刺史時，蓄養婢妾、妓女很多，後攜妓還洛，又復遣回，呼來喚去，不算一回事。後世直至現代，評論白居易的詩，認爲平易近人，多反映民間疾苦；可是從他狎妓飲酒、遊山玩水來看，也表現出當時封建文人的另一面。至於元稹，也是唐代的一個大詩人，與白居易齊名，世稱「元白」，曾經做過丞相。他《與晦侄等書》說：「吾生長京城，朋從不少，然而未嘗識倡優之門，不曾於喧嘩處縱觀。」似乎具有清風亮節，操守甚嚴。但《舊唐書·元稹本傳》記載：「稹移任越州刺史、浙東觀察使，會稽山水奇秀，……而鏡湖秦望之遊，月三四焉。而諷詠詩什，動盈卷帙。」又說：「稹既放志娛遊，稍不修邊幅，以瀆貨聞於時。」他是對子侄裝出一副正人君子的樣子，而做外吏的時候是另一副面目，還是初時生活規規矩矩而後來做大官就「飽暖思淫慾」了，這就值得分析了。元、白二人交情很深，有時還交換妓女，相互狎玩，如白居易任杭州刺史時，就曾讓元稹把杭州歌妓商玲邀往越州，狎玩了一個多月才歸還。（《堯山堂外紀》）

這種狀況當然決不僅限於「元、白」，「騎馬倚斜橋，滿樓紅袖招」，幾乎成爲當時文人雅士普遍的風流行徑。詩文中也大量地反映出這方面的内容，如「溫、李」以及「香奩體」等，這在後面還要詳細敍述。

統治階級這種追求聲色歌舞等性的快樂的風氣，甚至在古幣上都反映出來。在十世紀的上半葉（約在唐末與五代之間）流行一種銅錢，正面鐫刻著「風花雪月」四字，背面則有四幅男女合歡圖，表現出四種不同的性交姿勢。這種錢被稱爲「春錢」，又稱「堂子錢」，這實在是當時社會風氣的一種反映。這種銅錢直至清代歷代都有鑄造，大小規格不一，説明歷代人們都對此有興趣（見插圖5—18）。

由此可見，「唐人尚文好狎」，（張端義：《貴耳集》）這是當時的一種風氣，尤其是官吏宿娼妓如此之盛，而朝廷毫無禁令，令後人吃驚。清人詠曰：「風流太守愛魂銷，到處春翹有舊遊，想見當時疏禁綱，尚無官吏宿娼條。」（趙甌北：《題白香山集後詩》）

唐代妓女之盛，對社會生活的許多領域都有影響。例如無論是唐代的壁畫還是版畫、雕塑，都出現了有趣的現象：在唐代畫工與雕工手下，莊嚴肅穆的菩薩、天女，一個個容貌秀麗，體態豐滿，紅唇潔齒，眉眼顧盼，甚至以半裸的姿態出現。無怪乎有個和尚看了這些畫像後慨嘆道：菩薩居然和妓女一個模樣。據《京洛寺塔記》確認，唐代寶

插圖 5–17　潯陽妓

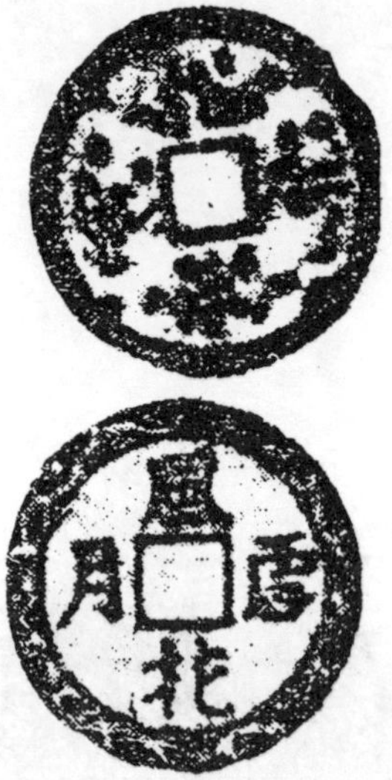

插圖5−18
「春錢」（「堂子錢」）

應寺壁畫中的釋梵天女，就是一個貴族家的妓女肖像。敦煌莫高窟中的一些舞樂菩薩，實際上都是歌舞伎的形象。

妓女的分類

歷代的妓女都可以分爲許多類，妓女越發展，分類就越細、越複雜，唐代也是如此。如以她們所從事的服務的性質來分，可以分爲藝妓和色妓，如前所述，前者主要提供藝術表演之類的服務，後者主要是出賣肉體。當然有許多妓女兩者兼做，但一般總有主次之分。如以她們的隸屬關係來看，可分爲宮妓、官妓、營妓、家妓、私妓（市妓）等，當然其中也有重疊之處，如營妓實際上也是一種官妓，不過服務對象主要是武官、軍人罷了。

總的來說，妓女在社會上都是處於卑賤地位的，然而在實際生活中，由於妓女各自的色藝才情差別和狎妓者的地位與需求不同，因而她們又有等級區分。儘管這種區分在不同的時代和不同的社區標準不一，形式也多樣，但是在同一時地的妓女中，不同等第之間的差別是明顯存在的。例如在唐代開元、天寶間教坊妓女就大致分爲三等：第一等是宜春院妓女，謂之內人（又曰前頭人）；第二等是雲韶院妓女，謂之宮人；第三等是平民女入選者，謂之搊彈家。內人帶魚，宮人則否，而且她們之間的待遇也有差別。（《教坊記》）到了中晚唐，平康妓女則按妓女的等第來劃分營業區域：第一、二等居南曲、中曲，多是妓女中的錚錚者；第三等爲卑屑妓，居北曲。南曲與中曲的條件比北曲要優越得多，「二曲中居者，皆堂宇寬靜，各有三數廳事，前後植花卉，或有怪石盆地，左右對設，小堂垂帘，茵榻帷幌之類稱是。」（《北里志》）唐代妓女的這種分布格局一直影響到後世。

1.宮妓

宮妓是居於深宮，爲帝王提供性服務的女子，包括一些沒有什麼名分的宮女，更包括大批歌舞伎。無論是前者還是後者，在隋、唐、五代都發展到一個很大的規模。

隋文帝統一全國後，北齊、北周和南朝梁、陳的樂工都爲隋所有。開皇初年，文帝將他們遺放爲百姓。隨煬帝即位後，矜奢好樂，御史大夫裴蘊「揣知帝意，奏括天下

插圖 5−19　伎樂菩薩（敦煌莫高窟中唐第 36 窟）

周、齊、梁、陳樂家子弟，皆爲樂戶。……是後，異技淫聲，咸萃樂府，皆置博士弟子，遞相教傳，增益樂人至三萬餘。」（《隋書・裴蘊傳》）這當是設教坊樂舞制度之始。所謂教坊，它的初始意義就是教習樂舞之所。

唐代初年，皇宮樂舞制度大多依照隋制，但到了唐玄宗時有很大發展。這個嗜愛聲色歌舞的風流皇帝並不滿足於教坊提供的聲色之樂，還在宮中設立了一個叫作「梨園」的樂舞機構，其樂工舞人都是從坐部伎和宮女中挑出來的優秀者。梨園規劃很大，除長安的宮中外，在禁苑、東京（洛陽）還設立一些分支機構，共有幾千人。這些梨園中的女子和教坊女藝人一樣，都可以稱爲宮妓。

安史之亂後，國力由盛而衰，只好逐漸裁減樂舞藝人的數量與規模，但有時又有增加，統治者仍不斷徵選年輕貌美的女子入宮，如據《舊唐書・李絳傳》記載，元和七年，「教坊忽稱密旨，取良家士女及衣冠別第妓人，京師囂然」。

五代十國各宮廷樂舞制度多承唐制，但由於戰爭動亂與立國短暫，其樂舞機構和宮妓的規模都比唐代小得多，比較起來，樂舞機構和宮妓的規模大一些的是前蜀、後唐、南唐等。前蜀宮中的教坊機構已具相當規模，蜀王建有一首《宮詞》說：「青樓小婦砑裙長，總被抄名入教坊。春設殿前多隊舞，明頭各自請衣裳。」可見教坊常表演隊舞，並且常從宮外妓院中搜選妓女入宮參加表演。王建的兒子王衍即位後，縱情聲色，宮中美女成羣，他自己曾創作並導演過《折紅蓮隊舞》，規模很大，有幾百人之多。後唐莊宗滅前蜀時，不少將領把王衍宮中的宮妓擄歸己有，如郭崇韜就曾搶奪「王衍愛妓六十」。（《舊五代史．郭崇韜傳》）後唐宮中也設有教坊，規模不小，並經常以教坊妓樂招待賓客。南唐據險占領富饒的江南之地達三十九年，其宮廷樂舞制度都極力效仿唐代，尤其是後主李煜多才多藝而又縱情聲色，即位後曾「大展教坊，廣開第宅」，（《通鑑長編》）終日與妃嬪宮妓一起填詞作樂。甚至在國破家亡之時，還寫詞：「最是倉皇辭廟日，教坊獨奏別離歌，垂淚對宮娥」，（李煜：《破陣子》）戀戀不捨。

宮妓由宮廷供給衣食，其生活水平幾乎可與貴族比擬，她們都有向皇帝獻身的可能性，而且爭取得到這種「恩寵」，但由於宮中美女如雲，這種機會很少。她們最大的痛苦是幽閉深宮，缺乏人身自由，青春虛度，性慾得不到滿足。不過籍屬教坊的宮妓在性生活方面似乎要自由一些，有時不僅可同樂工結婚，而且還可能獻身他人。

2.官妓

官妓和宮妓都屬於國家、政府所有，但區別在於宮妓只爲皇帝及其家屬服務，而官妓則爲各級官吏所占有，有向各所屬的軍政官員獻身的義務，她們中的出類拔萃者往往被第一、二把手所獨占，有些官員之間還會因某位名妓而爭風吃醋。如《舊唐書．張延賞傳》記載：

大歷末吐蕃寇劍南，李晟領神策軍戍之。及旋師，以成都官妓高氏歸，延賞聞而大怒，即使將吏令退焉。晟銜之，形於辭色。

又如《玉泉子》載：

韋保衡初登第，獨孤雲除四川，辟在幕中，樂籍間有佐酒者，副使李甲屬意，以他適，私期回將納焉。保衡既至，不知所之，訴於獨孤，且將解其籍。李至，意殊不平。……保衡不能容，即攜其妓以去。李益怒，累言於雲，雲不得已，命飛牒追之而回。

一般說來，官妓與家妓不同，前者似屬「公有」，後者屬於私有。對於官妓，官員們可以共享，有以官妓送人情的；有的貴賓過境，可派官妓侍寢；如有朋友看中某個官妓，也可以供給他狎玩。官妓是官給衣糧，她們向官員獻身是一種義務，一般是不收費的，但有時狎玩她們的官員也可能贈她們一些錢物，以示慷慨，以博歡心。

唐代歷史上這方面的記載很多。例如歌妓張好好在江西沈公轄下，後來沈移鎮宣城，又將好好置於宣城籍中。杜晦辭過常州，郡守李瞻宴請他，告辭時與營妓朱娘告別，掩袂大哭，李瞻說：「此風聲賤人，員外如要，但言之，何用形跡！」於是讓朱隨杜而去。刺史戎昱與轄下一個歌妓有情，由於上司節度使于頔徵召，不得不送去，後來于頔又遣還給戎昱。盧鉟守盧江，郡中曹生想要營妓丹霞，盧鉟不給。[20]以上這些情

插圖 5-20　唐玄宗和梨園子弟

況都說明了一些官吏可以對官妓隨意支配，甚至做爲他們的私有財產，只是不能私自買賣而已。

妓女的來源很多，就官妓而言，主要是罪人家小籍沒，如《輟耕錄》說：「今以妓爲官奴，即古官婢。」《唐書・林蘊傳》說：「出爲邵州刺史，嘗杖殺客陶元之，投其屍江中，籍其妻爲娼。」這和宮妓以罪人妻孥沒入宮廷爲娼的情形相似。但是，罪人家屬畢竟有限，大量的官妓還來自買賣。《唐律》規定：「奴婢賤人律比畜產。」（《唐律疏議》卷六名例六）奴婢既然和牲口、財物一樣看待，當然可以買賣。此外，在戰亂歲月官妓往往也由掠奪所得。

3. 營妓

對於古代的營妓，有廣狹二義的理解。從廣義來看，唐、宋間各地方官府或軍鎮往往設有「營署」或「樂營」來集居官妓，以便於平時訓練和隨時傳喚。妓女除稱爲官妓外，也可稱爲「樂營子女」、「樂營妓人」等，這樣看，營妓就是官妓。從狹義來看，營妓是專被軍隊或軍事機構掌握的妓女，專供武將、軍人滿足性需要而用的。

唐代軍鎮的官妓時興稱爲營妓，和當時的政治形勢和兵制的演變有關。初唐時沿襲隋朝的府兵制，將帥還難以專兵跋扈。自高宗、武后以降，府兵制已漸破壞，募兵制代興。睿宗時開始設節度使，統領個別邊防地方的軍事、行政、財政大權，玄宗時又有所發展，從而造成了方鎮權力的大大膨脹，並直接導致了安史之亂的發生。安史之亂平息後，但方鎮割據的局勢從中唐一直延續到晚唐乃至五代。這些方鎮將官重權在握，擁有土地、甲兵、賦稅三大權，常常肆意妄爲，狎妓作樂，自然不在話下，更何況朝廷還允許諸道方鎮和州縣軍鎮都置妓樂。

這種營妓的衣糧仍由官給，同於京師的官奴婢。她們的身體屬於兵將們「公有」，可任意召喚，但其中的佼佼者在一定時期內也可能被某將帥獨占。在史籍中對營妓情況有許多記載，如孟棨《本事詩》云：「韓晉公鎮浙西，戎昱爲部內刺史，有酒妓，善歌，色亦爛妙，昱情屬甚厚。浙西樂將聞其能，白晉公，召置籍中。昱不敢留，餞於湖上，爲歌詞以贈之。」由此看來，節度使可以任意將部內樂妓召置籍中，以供玩樂，真是爲所欲爲。《北里志》載：「楊汝士尚書鎮東川，其子知溫及第，汝士開家宴相賀，營妓咸集。汝士命人與紅綾一匹，詩曰：『郎君得意及青春，蜀國將軍又不貧。一曲高歌紅一匹，兩頭娘子謝夫人。』」這又是多麼闊氣。唐范攄《雲溪友議》說：「池州杜少府慥，亳州韋中丞任符，二公皆長年務求釋道，『樂營』子女，厚給衣糧，任其外住。若有飲宴，方一召來柳際花間，任其娛樂。譙中舉子張魯封爲詩謔其賓佐，兼寄大梁李少白，詩云：『杜叟學仙輕蕙質，韋公事佛畏青蛾。樂營都是閒人地，兩地風情日漸多。』」照這一段話看來，可以知道唐代其他統兵符的，營妓必不使之「外往」，儼然爲節度使的姬妾，而韋、杜二人「厚給衣糧任其外往」、「柳際花間，任其娛樂」，實在寬大而又例外，所以人們對此要大書特書了。

營妓的命運也是很悲慘的，長官、狎客可以任意拿她們玩弄取樂，還可以隨意作踐、傷害她們。例如，金陵諸貴公子玩弄一個營妓，營妓死了，他們就一把火燒了她。嶺南樂營妓女一次在席上得罪了賓客，就被長官處以棒刑，官吏們還拿她們開心，賦詩嘲笑她們「綠羅裙下標三棒，紅粉腮邊淚兩行。」（張保胤：《示妓榜子詩》及序）命運最悲慘的大概要數唐末富州營妓杜紅兒了。富州長官的手下有一個叫羅虬的官員，在宴席上看中了紅兒，要她唱歌，並贈以繒彩，長官因爲副帥早已中意紅兒，就不讓她接受饋贈，羅虬惱羞成怒，竟當場拔刀殺了紅兒。（《聞見後錄》）於是，一個無辜的少女就在野獸的爭奪中變成了被撕碎的羔羊。

4.家妓

家妓最早見於史籍記載的，當是西元前五六二年晉悼公賜給魏絳的八名女樂。兩漢三國時期，貴族、官僚蓄養家妓已蔚然成風。到了魏晉南北朝，家妓的發展進入興盛時期，有些大貴族、大官僚蓄家妓成百上千，其規模幾乎可與宮廷女樂媲美。歷史進入隋、唐以後，家妓的發展仍然保持這個勢頭，不僅是大貴族、大官僚廣蓄妓妾，而且進一步在士大夫中普遍盛行。

隋代貴族、官僚中擁有家妓最多的是宇文述和楊素。宇文述深得隋煬帝的寵信，「言無不從，勢傾朝廷」，他廣占良田，奪人財寶，掠人妻女，以致家有妓妾百餘人，家僮千餘人。（《隋書．宇文述傳》）楊素本是北方士族，隋文帝滅陳時，他因功升官受封，後又參與宮廷政變，擁立煬帝，因此貴寵日隆。他擁有「家僮數千，後庭妓妾曳羅綺者以千數，第宅華侈，制擬宮禁。」（引自《唐會要》卷三十四）隋代官僚、貴族的家妓往往是直接從戰爭中掠奪而來，也有一部分是皇帝所賞賜的。

唐代皇帝也常對有功的文臣、武將賞賜女妓，尤其是安史之亂後的中晚唐，獲得這種賞賜的更多一些。可是，對於官僚、貴族所蓄家妓的人數，唐代曾依據官品的等級作出過規定。如神龍二年（七〇六年）九月中宗曾下令：「三品以上，聽有女樂一部，五品以上，女樂不過三人。」到了天寶二年（七四三年）九月，玄宗又下詔：「五品以上正員官，諸道節度使及太守等，並聽家畜絲竹，以展歡娛。」（引自《唐會要》卷三十四）但是實際上根本控制不了，不少官僚、貴族都蓄家妓幾十人、百餘人，超過皇帝詔令最高限額的幾倍、幾十倍乃至上百倍。例如寧王曼有「寵妓數十人」，（孟棨：《本事詩》）周寶有「女妓百數」，（《太平廣記》卷五十二）李願有「女妓百餘人」，（《太平廣記》卷二七三）郭子儀有「十院歌妓」，（裴鉶：《昆侖奴》）等等。有個富商名叫鄒鳳熾的，沒有任何官品，而侍婢「尤豔麗者至數百人」。（《玉芝常談薈》卷三）

此外，唐代的官僚、貴族蓄有大量奴婢，這是不受皇帝所規定的蓄妓人數的限制，其數可達成百上千，如李謹行有奴婢數千人；（《舊唐書》卷一九九〈靺鞨傳〉）而那個跨隋、唐二代做大官、被唐太宗封爲越國公的馮盎蓄奴婢竟達萬餘人。（《舊唐書．馮盎傳》）他們完全可以從女奴中選出若干姿色出衆者加以歌舞訓練，供其娛樂，而不受限制。如承乾就「常命戶奴數百人專習伎樂」，（《舊唐書．承乾傳》）元載家「婢僕曳羅綺者一百餘人」。（《舊唐書．元載傳》）再以白居易爲例，他任刑部侍郎時，官屬正四品，按規定只能蓄女妓三人，但是他的家妓除了善歌的樊素、善舞的小蠻與春草之外，[21]還有一些是由奴婢充當的，如他在《池上篇並序》中說：「罷刑部侍郎時，……泊臧獲之習筦磬弦歌者指百以歸。」所謂臧獲，就是奴婢。他還有一首《小庭亦有月》詩說：「菱角執笙簧，谷兒抹琵琶。紅綃信手舞，紫綃隨意歌。」詩末自注曰：「菱、谷、紫、紅，皆小臧獲名也。」這四個人實際上都是家妓。

五代經歷幾十年的長期動亂，正是軍閥、貴族憑藉武力掠奪奴婢和以良家婦女爲奴婢的大好時機，因而五代蓄家妓之風仍盛行不衰。例如郭廷誨擁有「藝色絕妓七十，樂工七十」。（《舊五代史．郭崇韜傳》）時銳有女妓十餘輩。（《舊五代史．范延光傳》）宋彥筠曾在成都一次就奪取「妓女數十輩，盡爲其所有」。（《舊五代史．宋彥筠傳》）前蜀王宗翰「好蓄妓妾，後庭珠翠常百餘人。」（路振：《九國志》卷六）南唐韓熙載後

房妓妾也多達數十人。(《新五代史·李煜傳》)

關於以上情況，南唐畫家顧閎中的《韓熙載夜宴圖》有過生動的描繪。這幅畫的內容是以南唐中書舍人韓熙載的縱於聲伎、侈靡生活爲題材，描寫他和賓客放浪不羈的宴樂生活。這是一幅名畫，全圖共分五段：第一段畫韓熙載與一朱衣人（大約是狀元郎粲）坐床上和其他賓客聽李家明妹彈琵琶；第二段畫韓自擊鼓與衆賓客觀愛妓王屋山舞六幺；第三段畫韓洗手休息狀；第四段畫韓持扇坐椅聆羣妓吹奏狀；第五段畫韓側立觀衆妓與賓客嬉戲狀。這幅《韓熙載夜宴圖》十分具體地把當時的一些官僚貴族的享樂生活和家妓活動呈現在我們的眼前。

家妓是一種以封閉的方式關鎖在家庭這個籠子裡供主人玩弄的性奴隸，她們不是人，而只是工具。例如，「岐王少惑女色，每至冬寒手冷，不近於火，唯於妙妓懷中揣其肌膚，謂之暖手。」(《開元天寶遺事》)「中王每至冬月，有風雪苦寒之際，使宮妓（雖名宮妓，實帶有家妓性質）密圍於坐側，以禦寒氣，自呼爲妓圍。」(《開元天寶遺事》)「（孫）晟事李升父子二十餘年，官至司空，家益富驕，每食不設几案，使各妓各執一器環立而侍，號肉台盤，時人多效之。」(《舊五代史·孫晟傳》)

從以上記述看來，家妓只不過是「暖爐」、「屏風」、「案几」而已，當然也是發洩性慾的工具。至於可以出賣、送人、交換其他物品，那都不在話下了。

家妓在她所在的家庭有著特殊功能。在主子的心目中，妻妾的職責是治內管家，生兒育女；婢女的職責是侍候主子的衣食住行；而家妓的職責是供主子玩樂——提供文化娛樂、精神享受和性慾滿足。有些士大夫宦遊在外、四海爲家時，往往不帶妻眷，而只有家妓伴隨而行，這些女子實際上擔任了妻妾、家妓和婢女的多重角色。家妓又是當時社交場中不可缺少的角色，家妓的數量、素質、伎藝往往還是主人的地位尊嚴、經濟實力、人品高雅的一種體現，所以有些人常以自己所得意的家妓在客人面前侍酒、表演歌舞，以此炫耀於人。反之，如果家伎少而素質差，就會顯得寒酸。這都是封建社會中畸形的、病態的現象。如唐人鄭傪設宴招待趙伸，因舞妓年老而受到俳優孫多子的譏刺：「相公經文復經武，常侍好今也好古。昔日曾問阿武歌，今日親見阿婆舞。」（《諧謔錄》）

家妓和營妓、官妓之不同處在於她們是主人的私有財產，非經主人許可，他人不得染指，否則，就是主人的恥辱了。如有個叫楊繪的人，耽於妓樂，日事遊宴。有次他請客吃飯，席間有個叫胡師文的人，是個行爲不檢的豪民子，半醉時狎玩楊繪的家妓，無所不至。楊妻在屏風後看到了，深以爲恥，不好向客人發作，就呼妓入而撻之。胡師文見了推開楊繪，叫這家妓出來，楊繪面子上實在下不來，要撤酒席，結果被胡師文打了一頓。（魏錄：《東川筆錄》卷七）

有些色藝俱佳的家妓有時成爲權貴們爭奪的對象和犧牲品，一如爭奪珍寶然。例如：

李丞相逢吉性剛愎而沉猜多忌，好危人，略無怍色。既爲居守，劉禹錫有妓甚麗，爲衆所知。李恃風望，恣行威福，分務朝官，取容不暇。一旦陰以計奪之，約曰：「某日皇城中堂前致宴，應朝賢寵嬖，並請早赴境會。」稍可觀矚者，如期雲集。敕閽吏：「先放劉家妓從門入。」傾都驚異，無敢言者。劉計無所出，惶惑吞聲。又翌日，與相善數人謁之，但相見如常，從容久之，並不言境會之所以然者。座中默然，相目而已。既罷，一揖而退。劉嘆咤而歸，無可奈何，遂憤懣而作四章，以擬四愁云爾。（《太平廣記》卷二七三）

再如：

韋莊，字端己，以才名寓蜀。王建割據，遂羈留之。莊有寵人，姿質豔麗，兼擅詞翰，建聞之，託以教內人爲辭，强奪去。莊追念悒怏，每寄之吟詠，《荷葉杯》、《小重山》、《謁金門》諸篇，皆爲是姬作也。其詞情意淒惋，人相傳誦，姬後聞之，不食而卒。（葉中薌：《本事詞》卷上）

韋莊和劉禹錫都是著名文人，也有一定的官職，但終究敵不過當朝權貴，寵妓愛妾眼睜睜地被奪而無可奈何。如果反抗，結果又會如何呢？

> 五代安重誨嘗過任圜，任圜爲出妓，善歌而有色，重誨欲之，而圜不與，由是二人相戀，重誨誣以反而殺之。（吳曾：《能改齋漫錄》卷九）

這一類的事在歷史上是屢見不鮮的，又如：

> 唐武后時，左司郎中喬知之，有婢者窈娘，藝色爲當時第一。知之寵愛，爲之不婚。武延嗣聞之，求一見，勢不可抑。既見，即留，無復還理。知之悲痛成疾，因爲詩，寫以縑素，厚賂閽守以達。窈娘得詩悲惋，結於裙帶，赴井而死。延嗣見詩，遣酷吏誣陷知之，破其家。……時載初元年三月也。四月下獄，八月死。（孟棨：《本事詩》）

看來，在家妓問題上，實在聚集著當時的多少社會矛盾。

5.私妓

所謂私妓，是指那些不隸樂籍而以賣笑爲生的妓女。她們是市民隊伍不斷壯大、城市經濟不斷發展的產物，活躍於各城鎮商業區，爲商人、市民、遊客服務。在唐代以前，儘管已有私妓活動，但那時官妓制度還不夠完善，市妓也尚未興起，私妓這一種類的妓女還沒有完整地形成，因此，私妓的發展歷史應該從唐代說起。孫棨在《北里志》中記載的妓女，實有兩類，一類是「隸屬教坊」的市妓，一類是不入籍的私妓。他說：「妓之母，多假母也，亦妓之衰退者爲之。諸女自幼丐育，或佣其下里貧家，常有不調之徒濳爲漁獵。亦有良家子，爲其家聘之，以轉求厚賂，誤陷其中，則無以自脫。初教之歌令而責之，其賦甚急。微涉退怠，則鞭撲備至。」假母所買所教的這類妓女，如果不向教坊司登記入籍，則爲私妓。

由於唐代是一個性觀念比較開放的時代，所以私妓不僅可以公開活動，而且可以和入籍的市妓居住在一起倚門賣笑。如北曲自西第一家假母王團兒有一名妓女福娘就是私妓。孫棨至長安應試時曾遊北里，與福娘過從甚密，福娘常慘然鬱悲，一時泣告孫棨曰：「某幸未繫教坊籍，君子倘有意，一二百金之費爾。」這就是說，私妓從良，不必經教坊司批准落籍，只要付給假母一筆身價費就可以了。相對於宮妓、官妓、營妓、家妓來說，私妓還是「自由身」，她們既不是樂戶女子，也不是女俘、女奴，而大多數是良家女子，有較多的機會廣泛接觸社會，也比較容易從良。但是，她們在文學藝術素質方面雖偶爾有少數佼佼者，總的來說不如宮妓、官妓、家妓，她們主要是色妓，對嫖客以提供性服務、滿足對方的性慾爲主。

唐代的私妓十分興盛，許多大都市都是她們的聚居地。一是長安。長安妓因爲有公卿舉子相往還，聲價一般比較高一些，帝王常遊北里，朝士宴聚，亦多在此。「諸妓居平康里。舉子新及第，進士三司幕府，但未通朝籍、未直館殿者，咸可就詣。如不惜所費，所下車，水陸備矣。其中諸妓，多能談吐，頗有知書言話者，自公卿以降，皆以表德呼之。其分別品流，衡尺人物，應對排次，良不可及。」（孫棨：《北里志》）二是揚州。揚州爲當時鹽鐵轉運使所在地，盡斡利權，判官多至數十人，商賈如織，所以當時諺語有「揚一益二」之稱。于鄴《揚州夢記》云：「揚州，勝地也，每重城向夕，娼樓之上，街中珠翠填咽，邈若仙境。」杜牧之有「春風十里揚州路，卷上珠簾總不如」之句。張祜詩云：「十里長街市井連，月明橋上看神仙。人生只合揚州死，禪智山光好墓田。」王建詩云：「夜市千燈照碧雲，高樓紅袖客紛紛。如今不似時平日，獨自笙歌徹曉聞。」徐凝詩云：「天下三分明月夜，二分無賴是揚州。」這些詩句，都形容了當時揚州「高樓紅袖客紛紛」的繁榮的賣淫狀況。長安是當時的政治、文化中心，揚州是當時的經濟中心，交通便捷，商業發達，流動人口很多，都促使了妓女的增加和發展。

女子之爲私妓，和官妓有所不同。爲官妓有許多是政治上的原因，如罪人妻子或被掠奪等，而爲私妓則多爲生活所迫。例如爲生活所迫而自賣青樓，因婚姻不幸而被迫爲妓，被人引誘或掠賣而誤墮風塵等等。例如，前面所述的那個妓女福娘對孫棨訴說過自己的身世：「本解梁人也，家與一樂工鄰，少小常依其家學針線，誦歌詩。總角爲人所誤，聘一過客，云入京赴調選，及挈至京，置之於是，客紿而去。初是家（指假母王團兒）以親情，接待甚至。累月後乃逼令學歌令，漸遣見賓客。尋爲計巡遼所嬖，韋審相國子及衛儈常侍子所娶，輸此家不啻千金矣。間者亦有兄弟相尋，便欲論奪。某量其兄力輕勢弱不可奪，無奈何謂之曰：『某亦失身矣，必恐徒爲。』因尤其家。得數百金與兄，乃慟哭永訣而去。」福娘從良家女子受人引誘而掠賣至娼家，即使兄弟找到了也無可奈何，其經歷是頗爲典型的。

妓女的文化素質

恩格斯說過：「在雅典的全盛時期，則廣泛盛行至少是受國家保護的賣淫。超羣出衆的希臘婦女，正是在這種賣淫的基礎上發展起來的，她們由於才智和藝術趣味而高出於古希臘羅馬時代婦女的一般水平之上」。（《馬克思恩格斯選集》）唐代是中國封建社會的全盛時期，唐代的許多妓女也正是這樣一些才智和藝術趣味高出一般婦女之上的女性。她們不僅姿色出衆，伎藝超羣，而且具有一定的文化素養，大多數能夠歌唱詩詞，有的還善詩能文，甚至精通琴棋書畫，令當時的文人雅士大爲傾倒，而且可以說還開始形成了妓女文化。

這種情況是由多種因素造成的：一是當時的統治階級出自淫樂需要，廣蓄官妓、家妓，並不惜工本，對她們從小加以嚴格訓練，有些私妓也是這樣。二是唐代詩風、文風很盛，除士人當然能詩外，上自帝王將相，在朝在外庶僚，下至販夫走卒，旁及閨秀侍姬，方外僧尼女冠以及坊曲妓女，幾乎無人不能詩，最低限度無一人不能誦詩、不能解詩。三是唐代的嫖客注重的是妓女的「詼諧言談」，其次爲「音律」，再次爲曲中「居住及飲食」，而對妓女的姿色並不是如後世那麼看重。如《北里志》記載當時比較出名的一些妓女的情況是：絳真善談謔，能歌令，其姿亦常常，但蘊藉不惡，時賢大雅尚之。楊妙兒長妓曰萊兒，歌不甚揚，但利口巧言，詼諧臻妙。鄭舉舉充博非貌者，但負流言，巧詼諧，亦爲諸朝士所眷。王團兒次妓福娘，談論風雅，且有體裁。小福雖乏風姿，亦甚慧黠。王蘇蘇居室寬博，巵饌有序，女昆仲數人，亦頗諧謔。張住住少而敏慧，能解音律。……嫖客的「口味」既然如此，妓女當然要加以迎合，所以，當時聰慧、文化素養高、口才敏捷的妓女特別受歡迎。當時的人們對嫖妓女把精神方面的滿足看得重於純肉慾的滿足，這也說明當時的文化素質較高。

正是因爲這個緣故，當時的文人與妓女關係很密切，文人多有風流之舉，而妓女也很敬重文人，特別是那些名士，名士們的一詩一文往往可以決定妓女的名聲與興衰。白居易《與元稹書》說：「……及再來長安，又聞有軍使高霞寓者欲聘娼妓，妓大誇曰：『我誦得白學士《長恨歌》，豈同他妓哉？』由是增價。又足下書云：『到通州日，見江館柱門有題僕詩者』，復何人哉？又昨過漢南日，適遇主人集衆娛樂，娛他賓，諸伎見僕來，指而相顧曰：『此是《秦中吟》、《長恨歌》主耳！』自長安抵江西三四千里，凡鄉校、佛寺、逆旅、行舟中，往往有題僕詩者，士庶僧徒孀婦處女之口，每每有詠僕詩者。此誠雕蟲之技，不足爲多，然今時俗所重，正在此耳。」白居易的詩淺近易懂，所謂老嫗都解，傳播很廣，白居易寫給元稹的那封信，也有點沾沾自喜的味道，但是「時俗所重」，以至青樓，這也確是事實。

當時的名妓首推薛濤。她字洪度，本來是長安良家女，隨父宦遊，流落蜀中，遂入樂籍。她的口才、文才都好，詩筆豔蕩而工，七絕尤長，著稱於世。她十五歲時就被鎮將韋皐召令侍酒賦詩，韋十分賞識她，特以校書郎奏請，雖然由於「護軍未及應」而罷，但「薛校書」之名已遠近流傳了。自韋皐鎮蜀至李德裕入川，凡歷十一鎮，薛濤皆出入於幕府，並以詩受知於時，當時的著名文人、士大夫如元稹、白居易、令狐楚、張祜、劉禹錫、裴度、牛僧儒、嚴綬等，都樂於和她來往唱和。她暮年退居浣花溪，著女冠服，製紙爲箋，時號「薛濤箋」，今日尚存她的《洪度集》一卷。她的詩多反映妓女生活與情感、男女的歡情、對幸福生活的嚮往等，如《謁巫山廟》：

亂猿啼處訪高唐，路入煙霞草木香。
小色未能忘宋玉，水聲猶似哭襄王。
朝朝夜夜陽台下，爲雨爲雲楚國亡。
惆悵廟前多少柳，春來空自斗眉長。

還有一個名妓是關盼盼，本來是徐州名妓，後被尚書張建封買爲家妓，十分寵愛。

關盼盼「善歌舞，雅多風致」，白居易遊徐州時，張曾宴請過他，並命盼盼侍宴承應。白居易曾贈詩讚曰：「醉嬌勝不得，風裊牡丹花」幾年後，張逝世，歸葬東洛。而彭城有張氏舊第，其中有小樓名燕子，關念舊愛而不嫁，獨居此樓十多年，並作《燕子樓》三首以抒發感情，思念故主，其中有一首是：

樓上殘燈伴曉霜，獨眠人起合歡床。
相思一夜情多少，地角天涯未是長。

後來有人拜訪白居易，因吟新詩，詩中有《燕子樓》三首，詞甚婉麗，白問及來處，才知道關盼盼爲主守節事，很是感慨，立即和盼盼詩原韻作《燕子樓》詩三首，對她的遭遇和處境深表同情。但過後不久，他又寫了《感故張僕射諸伎》一詩曰：

黃金不惜買蛾眉，揀得如花三四枝。
歌舞教成心力盡，一朝身死不相隨。

這首詩的意思是，主子既然待你這麼好，你既然對他這麼忠貞專一，與其孤守貞節，爲什麼不相隨於九泉之下呢？盼盼得詩泣曰：「妾非不能死，恐我公有從死之妾，玷清範耳。」乃作《和白公詩》，詩云：

自守空樓斂恨眉，形同春後牡丹枝。
舍人不會人深意，訝道泉台不去隨。

插圖5-21　薛濤石刻像（現存四川省成都望江公園」）

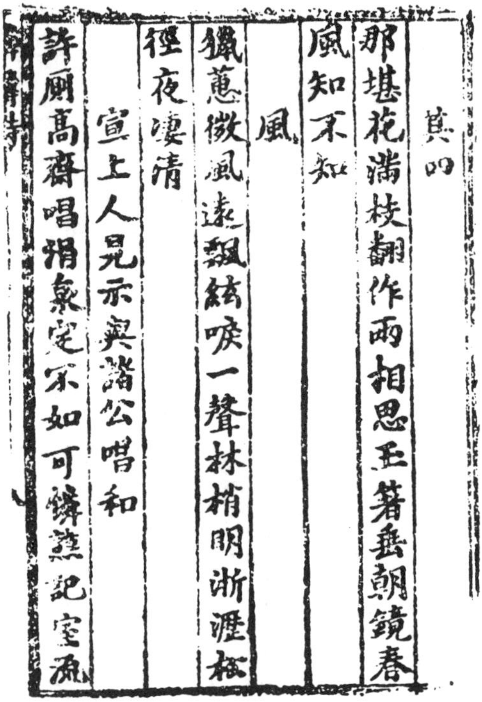
其四
那堪花滿枝翻作兩相思玉箸垂朝鏡春
風知不知
風
獵蕙微風遠飄絃唳一聲林梢明淅瀝松
徑夜淒清
宣上人見示與諸公唱和
許廁高齋唱涓泉定不如可憐譙記室流

插圖 5-22　明萬曆三十七年洗墨池刻本薛濤詩書影

以後，她旬日不食而卒。從今日觀點看來，白居易做了一件錯事，「始作俑者，其無後乎」，白居易不過是用一種較爲間接、隱諱的方法迫使一個婦女爲主子殉葬罷了。

還有一個名妓是魚玄機。她是長安女子，字幼微，一字蕙蘭，喜讀書，有才思，補闕李儀納爲妾，後來失寵了，就入咸宜觀爲女道士。如前述，唐代的女道士在性方面是很自由的，她多與士大夫交往，實爲一變相的高級

插圖 5-23　關盼盼

妓女。後以笞殺婢女綠翹事，爲京兆尹溫璋所戮。她寫過一首《贈鄰女》云：

羞日遮羅袖，愁春懶起妝。
易求無價寶，難得有情郎。
枕上潛垂淚，花間暗斷腸。
自能窺宋玉，何必恨王昌。

這首詩抒發她在性愛生活中的情懷，感傷於自己的身世，而「易求無價寶，難得有情郎」成爲千古名句。這種大膽、熱情、奔放、深刻的詩句雖然是妓女的口吻，但也只有歷盡滄桑、懂得愛情的人才能說出。

還有錢塘名妓蘇小小。時語曰：「錢塘蘇小小，歌聲上林鳥。腰細楚王宮，楊柳搖春風。」可見她當時是多麼著名了。

唐代平康妓鄭舉舉也很出名，她爲曲中都知，善令章，巧談諧，常爲諸朝士所眷，凡進士同年宴，多邀爲席糾。一次有個叫劉崇的人考取了狀元，處於一種「春風得意馬蹄疾，一日遍看上陽花」的心情下，召聚同年歡宴，恰因舉舉有病不能與會，於是就叫同年李深之爲酒糾，劉崇作詩云：

南行忽見李深之，手舞如蜚令不疑。
任爾風流兼蘊藉，天生不似鄭都知。

由此可見鄭舉舉當時的名聲與影響。

其他如劉采春、常浩、舞柘妓女、王福娘、楊萊兒、王蘇蘇、楚兒、史鳳、盛小叢等等，都是古籍中有記載的名妓，還有一些妓女才貌俱佳，但姓名沒有流傳下來，古籍中只記了平康妓、太原妓、武昌妓等，她們在唐代的性文化中占有重要的地位。

性與愛的分離與統一

不論女子是由於什麼原因而墮入風塵，她們中的絕大多數的內心都是十分痛苦的，屈辱感、自賤心理、對此身無靠的恐懼時時折磨著她們，即使華衣美食，也不能彌補其痛苦於萬一。唐代的江淮名妓徐月英寫過一首《敍懷》詩：

> 爲失三從泣淚頻，此身何用處人倫。
> 雖然日逐笙歌樂，常羨荊釵與布裙。

她雖處於優裕的生活之中，但卻渴望做一個平平常常的女子，過粗茶淡飯的生活，這很能代表大多數妓女的願望。

有一首敦煌曲子詞《望江南》，更尖銳地描寫了妓女內心的苦楚與自卑自賤心理。

> 莫攀我，攀我太心偏。我是曲江臨池柳，這人折了那人攀，恩愛一時間。

詞中的「曲江」是唐代京城長安郊外的一處遊覽勝地，女主人翁自比「曲江柳」，

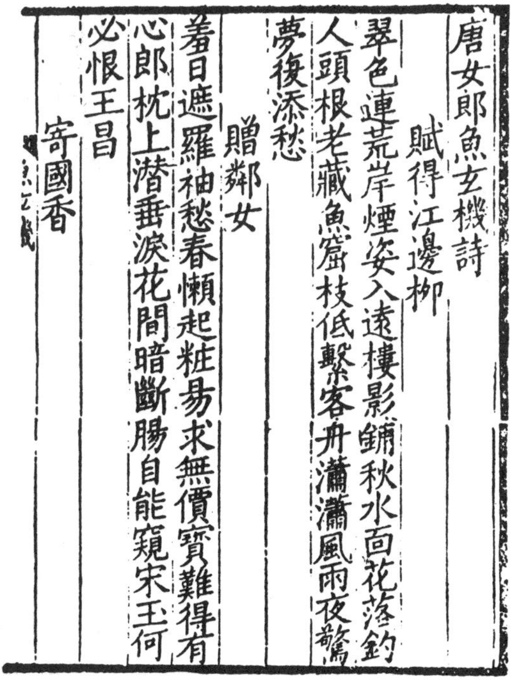

唐女郎魚玄機詩
賦得江邊柳
翠色連荒岸煙姿入遠樓影鋪秋水面花落釣人頭根老藏魚窟枝低繫客舟瀟瀟風雨夜驚夢復添愁
贈鄰女
羞日遮羅袖愁春懶起粧易求無價寶難得有心郎枕上潛垂淚花間暗斷腸自能窺宋玉何必恨王昌
寄國香

插圖5-24　清光緒二十一年江氏靈鶼閣據南宋陳道人本影刊魚玄機集書影

可知她是長安的妓女。她勸一個熱烈地鍾情留戀她的嫖客說，你不要「心偏」（死心眼），我不值得你愛，我不過是道旁之柳，任人攀折，沒有愛人和被愛的權利了。這真是和著血淚的呼號。

《雲溪友議》卷上還載有一件事：

> 李八座翺，潭州席上有舞柘枝者，匪妓而顏色憂悴。殷堯藩侍御當筵而贈詩，曰：「姑蘇太守青蛾女，流落長沙舞柘枝。滿座繡衣皆

不識，可憐紅臉淚雙垂。」明府詰其事，乃故蘇台韋中丞愛姬所生之女也。曰：「妾以昆弟夭喪，無以從人，委身於樂部，恥辱先人。」言訖涕咽，情不能堪。是從良。

絕大多數妓女都渴望擺脫這種屈辱的生活，改變自己的命運，而改變的主要途徑則是從良。對於身屬官僚、貴族或是帝王的妓女來說，希望主子恩幸見寵，或是主子發了慈悲之心讓她們解脫；對於接觸社會生活較多的妓女來說，總希望在衆多的嫖客中挑選稱心如意者，以終身相託。這種稱心如意者往往是文人，這是因爲，當時的妓女習詩學賦，文化素質較高，和文人雅士具有共同語言的較多。那些權貴人士盛氣凌人，隨心所欲；那些商販馬夫粗俗貪婪；而只有文人雅士的氣質、風度、愛好，那富有詩意的愛情表白與憐香惜玉的性愛方式，才比較易被她們接受。她們和官僚、貴族是被統治與統治的關係，她們和一般嫖客是賣與買的金錢關係，在這些關係中，她們都是玩物，是工具，處於一種低賤的地位；而與一些文人雅士的交往中，她們才可能感到自己有一些平等地位，於是人格、尊嚴、愛情等需要才可能產生。

《青樓集》中關於順時秀的一段記載，最典型地反映出妓女愛慕文士的心理：

順時秀，姓郭氏，字順卿……平生與王元鼎密。偶疾，思得馬板腸，王即殺所騎駿馬以啖之。阿魯溫參政在中書，欲屬意於郭。一日戲曰：「我何如王元鼎？」郭曰：「參政，宰相也；元鼎，文士也。經綸朝政，致君澤民，則元鼎不及參政；

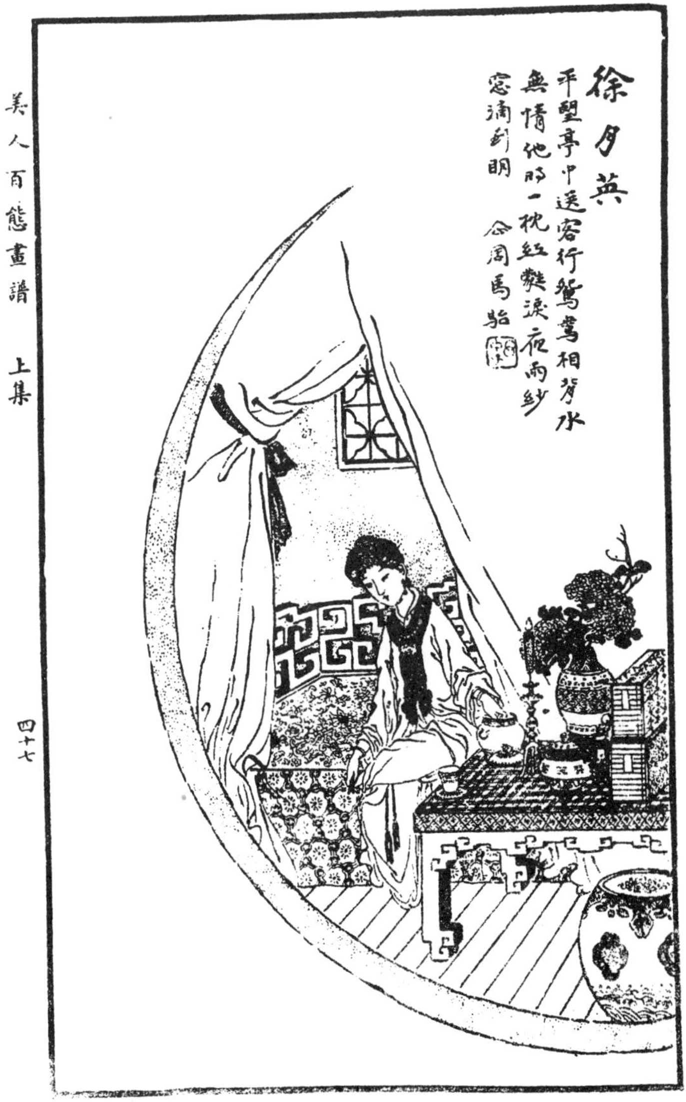

插圖 5–25　徐月英

嘲風弄月，惜玉憐香，則參政不敢望元鼎。」阿魯溫一笑而罷。

順時秀的回答是比較策略的，她沒有也不敢貶低權臣阿魯溫；但身爲一個女人，她的感情自然傾向於王元鼎。

所以，在我國古代，歷來傳誦「佳人愛才子，才子愛佳人」。從唐代開始，每至春闈前後，京師都會出現一次才子佳人談情說愛的高潮。這時，不僅是文人、士大夫尋訪名花的浪漫季節，也是妓女選擇意中人的大好時機，往往有許多韻事傳播京師。例如《開元天寶遺事》載：

長安名妓劉國容，有姿色，能吟詩，與進士郭昭述相愛，他人莫敢窺也。後昭述釋褐，授天長簿，遂與劉國容相別。詰旦赴任，行至咸陽。國容使一女僕，馳矮駒賚短書云：「歡寢方濃，恨雞聲之斷愛；思憐未洽，嘆馬足以無情。使我勞心，因君減食。再期後會，以結齊眉。」長安子弟，多諷誦焉。

在這方面還有許多可歌可泣的故事。如唐代河中府官妓崔徽因戀人裴敬中調任，不能相從，便「情懷抑鬱」，乃至「發狂疾卒」。（張君房：《麗情集》）青州官妓段東美因情人薛宜僚病死竟素服哀號，撫棺一慟而卒。（《詩話總龜》引《唐賢抒情集》）太原妓與歐陽詹相戀，「約至都相迎。別後，妓思之疾甚，乃刃髻作詩寄詹，絕筆而逝。」（《全唐詩》卷八百二）身爲妓女，她們的性和愛在多數情況下是分離的、畸形發展的；

但她們追求性與愛的統一，有時也能統一，不過社會的重重壓力和矛盾往往使好事多磨，形成了一齣齣的愛情悲劇。

男風與男妓

在唐代比較開放的社會風氣下，性風氣很開放，妓業發達，而且市場上出現了男妓，與前朝相比，這似乎是一個發展。

唐代陶穀所著的《清異錄》中說：「京師男子，舉體自貨，迎送恬然。」這就是說在當時的首都長安，男子可以用自己的身體來迎送買賣，從事妓業，而且絲毫不爲介懷。這種男妓之風，連在京師也那麼開放，其他管治沒有京師嚴肅的地區，男風就可想而知了。

在這個時期，「香火兄弟」、「旱路英雄」等成了同性戀的代名詞，具有和「龍陽之好」、「分桃」、「斷袖」同樣的含意。《教坊記》「香火兄弟」條云：「坊中諸人，以氣類相似，約爲香火兄弟。每多至十四五人，少不下八九輩。有兒郎娉之者，輒被以婦人稱呼，即所娉者兄，見呼爲『新婦』；弟，見呼爲『嫂』也。……兒郎既嫂一女，其香火兄弟多相愛，云學突厥法。又云，我兄弟相憐愛，欲得嘗其婦也。」

後人作唐代演義小説，男風之事常穿插其中。例如《薛剛鬧花燈》中描寫長安一浪子薛敖曹「自幼父母俱亡，家私消耗，不務生理，唯有終日賭博，與一班光棍往來，因他有幾分姿色，屢屢被人雞姦。他吃慣了雙皮，蕩慣了街子，也不分皂白，凡僧道盜賊，概皆相好……」又說到「武三思見他生得白淨，一時心動，是夜就叫他同睡……」武三思就是武則天哥哥武元慶的兒子，薛敖曹以後也成爲武則天的面首。這些人生活都很放蕩，男人和男人之間，或是嫖人，或是被嫖，集流氓、無賴、浪子、男妓、嫖客於一身，這就是那時社會風氣的一個側面。

唐朝是中外文化大交流的時期，以上這種社會風氣，和西域地區的影響可能有很大關係。清代阮葵生所著的《茶餘客話》曾介紹這方面的情況說：「敖罕，西域大國，在退木爾沙之西，溫都斯坦之東南，方數千里，人睭富，天熱多雨，花果茂盛，產五金寶玉金鋼石，出猩猩，通人言，以象耕，少牛，見則以爲異物，解蠶織。俗淫，男女無別，尤嬖男色，不許他合。」當時這一地區的其他國家也有類似情況。在這些地區，以男性爲中心，男悅男的行爲那時是公開與允許的，因爲那個地區的人認爲男子比女子高貴，女子只不過是生育的工具而已，這似乎和古希臘、古羅馬的男風相似了。

第七節 詩、詞、歌、賦中的性愛

唐代的中國是當時世界上一個先進、文明的國家，經濟上的繁榮，政治上相對地開明，促進了文學藝術百花齊放景象的到來，詩歌的成就成爲我國封建社會中詩歌發展史上的黃金時代，其他方面也有相當突出的發展。文學藝術反映出當時社會生活的方方面，也在很多方面反映出當時不同階級、階層人們的性愛生活。當時人們的性愛生活是比較開明的，文學藝術創作又是十分活躍的，這就決定了性愛問題成爲文學藝術的一個主要內容，在詩、詞、歌、賦方面都表現得很明顯。

「香奩體」

詩歌到了唐代，取得了突出的成就，出現了一大批傑出的詩人，產生了大量膾炙人口的作品，不少作品都和性愛有關。如張若虛那首有「以孤篇壓倒全唐」之譽的《春江花月夜》，李白的《長相思》、《江夏行》、《白頭吟》，杜甫的《麗人行》，白居易的《長恨歌》，以及溫庭筠、李商隱等人纏綿悱惻的愛情詩等。

唐朝後期，出現了一批專寫男女戀情、閨情直至床笫交歡之情的豔情詩，它發端於溫庭筠、李商隱、韋莊的愛情詩，而以韓偓的《香奩集》㉒爲代表，所以這類詩作又叫「香奩體」。

溫庭筠是歷史上一個著名的無行文人，沉溺於飲酒、賭博、嫖妓，「士行塵雜，不修邊幅，能逐弦吹之音，爲浮豔之詞」。他「尤善作樂府歌詞，思致神速，語工新造，其描寫富貴處，芊綿綺合，爲人所不能及」。他寫過一些詩和很多詞，他的詞幾乎全是寫女人、相思之類，以濃豔的色彩、華麗的辭藻構成他所特有的「香而軟」（孫光憲：《北夢瑣言》）的風格。他把女人的姿色、風情寫得可算是到了窮妍極態的地步。例如《訴哀情》：

鶯語，花舞，春晝午。
雨霏微，金帶枕，宮錦，鳳凰唯。
柳弱，蝶交飛，依依，遼陽音信稀，夢中歸！

又如著名的《菩薩蠻》：

小山重疊金明滅，鬢雲欲度香腮雪。
懶起畫蛾眉，弄妝梳洗遲。照花前後鏡，花面交相映。
新帖繡羅襦，雙雙金鷓鴣。

這首詞描寫的是一個女人剛剛睡醒、起來梳洗打扮的情態。他以豔麗的筆墨，細膩地刻畫出一副嬌懶睏慵的神態。這是溫庭筠具有代表性的作品，在他所寫的其他許多詞中，大多是充滿了這樣濃烈的脂粉氣。當然，他還有寫意境開闊、情致幽遠的詩詞。

李商隱也是晚唐時的著名詩人，他的文風瑰麗奇邁，能爲古文，尤長於詩，時人把他和溫庭筠並稱爲溫、李。他的詩歌風格是不十分統一的，同時，他的作品思想性的高低也頗爲懸殊，後人對它們的評價就很不一致。

他寫過不少詠史詩，揭露與諷刺了一些亡國之君的沉湎女色、窮奢極慾以致亡國亡身的歷史現實，例如《南朝》：

玄武湖中玉漏催，雞鳴埭口繡襦回。
誰言瓊樹朝朝見，不及金蓮步步來？
敵國軍營漂木柹，前朝神廟鎖煙煤。
滿宮學士皆顏色，江令當年只費才！

又如《齊宮詞》：

永壽兵來夜不扃，金蓮無復印中庭。
梁台歌管三更罷，獨自風搖九子鈴。

再如《隋宮》：

乘輿南遊不戒嚴，九重誰省諫書函？

插圖 5-26　溫庭筠

春風舉國裁宮錦，半作障泥半作帆。

在李商隱的詩作中，最足以代表他的風格，也最具有特色、引人注意的，是他那些以《無題》和以作品中個別詞做爲題目的愛情詩。這些詩被廣泛地傳誦，產生過不小的影響，以致後人就把《無題》詩做爲愛情詩的代名詞，直到今天他有的詩還被譜曲吟唱。他寫的有些《無題》詩描寫閨閣之情，把女性悱惻的思緒、婉曲的心理描摹得那樣深沈、細膩，以致意象超越了文字符號本身的含意。例如：

鳳尾香羅薄幾重，碧文圓頂夜深縫。
扇裁月魄羞難掩，車走雷聲語未通。
曾是寂寥金燼暗，斷無消息石榴紅。
斑騅只繫垂楊岸，何處西南待好風？

又如：

重幃深下莫愁堂，臥後清宵細細長。
神女生涯原是夢，小姑居處本無郎。
風波不信菱枝弱，月露誰教桂葉香？
直道相思了無益，未妨惆悵是清狂。

他的一些《無題》詩表現了士大夫愛情生活的一些特點，由於封建禮教的束縛，人們對愛情與婚姻不能得到滿足，於是對愛情產生了種種渴望與幻想。例如：

昨夜星辰昨夜風，畫樓西畔桂堂東。
身無彩鳳雙飛翼，心有靈犀一點通。
隔座送鈎春酒暖，分曹射覆蠟燈紅。
嗟余聽鼓應官去，走馬蘭台類轉蓬。

又如：

颯颯東風細雨來，芙蓉塘外有輕雷。
金蟾嚙鎖燒香入，玉虎牽絲汲井回。
賈氏窺簾韓掾少，宓妃留枕魏王才。
春心莫共花爭發，一寸相思一寸灰。

再如：

相見時難別亦難，東風無力百花殘。
春蠶到死絲方盡，蠟炬成灰淚始乾。
曉鏡但愁雲鬢改，夜吟應覺月光寒。
蓬山此去無多路，青鳥殷勤爲探看。

李商隱這些《無題》詩的藝術特點是：音調和諧婉轉；對仗工整；遣詞用字都十分講

究、謹嚴，經過千錘百煉；用華麗的詞藻構成生動優美的形象，表達深刻而真摯的感情。由於這些特點，他的《無題》詩成爲經得起反覆吟詠的優美的抒情詩。例如「春蠶到死絲方盡，蠟炬成灰淚始乾」這一表達愛情堅貞不渝的句子，可以說成爲千古絕唱。但是，雖然他的詩句中浸透了對愛情、對幸福和自由的嚮往，但是他的社會地位決定了他缺乏打碎封建枷鎖的決心和勇氣，所以在作品中有時流露出悲觀消極的態度和虛無的思想，例如「春心莫共花爭發，一寸相思一寸灰」就是這方面的最好説明。至於「蓬山此去無多路，青鳥殷勤爲探看」等句則把追求愛情的期望和幻想交織在一起，充滿了浪漫主義色彩，和虛無主義是有區別的。

韓偓，是李商隱的連襟韓瞻的兒子，童年能詩，得到李商隱的賞識，所以，李商隱贈給他的詩中有「雛鳳清於老鳳聲」之句。他一生最著力也最被人稱道的是「香奩詩」。「香奩詩」的基本内容是反映了戰亂時代上層士大夫沉湎於享樂生活的腐朽情調，但偶爾也有一些清麗、含蓄之作。他的《復偶見三絕》（三首）描寫了性愛這一永恆的主題，描寫了青年男女春心的撩撥，既甜蜜，也苦澀，還有夢幻般的回憶：

霧爲襟袖玉爲冠，半似羞人半忍寒。
別易會難長自嘆，轉身應把淚珠彈。
桃花臉薄難藏淚，柳葉眉長易覺愁。

密跡未成當面笑，幾回抬眼又低頭。
半身映竹輕聞語，一手揭簾微轉頭。
此意別人應未覺，不勝情緒兩風流。

以韓偓爲代表的「香奩體」在晚唐流行過一陣，到了宋代由於詞的風行而衰，直到明朝萬曆年間王彥泓《疑雨集》的出現，才一度復興。豔體詩以男女性愛爲題材，風格大多濃豔綺麗，香軟纏綿，部分作品則陷於輕佻、靡俗，所以常被正統文人斥爲「淫詞」而不齒。我們對香奩作品應予以客觀的評價，既要看到它視野狹窄，生活情趣不高，個別作品失於輕猥；也要看到多數作品反映了對壓制人性的不滿和對性愛的追求，在我國古代性文化中有一定的地位。

「花間派」

唐朝滅亡以後，進入了五代。五代是一個軍閥混戰的時代，六十多年間多次改朝換代，政治局勢非常混亂，中原一帶的廣大人民經常處在黑暗動盪的生活裡。但是，在這個苦難的時代裡，西蜀和南唐都是較少受到戰爭的破壞，因而社會比較安定、經濟比較繁榮的富饒地區，而這兩處小王朝的皇帝和大臣們又都懷著苟安的心理，寄情聲色，過著奢靡腐化的生活，成爲沉溺於紅樓月夜的荒淫逸樂之徒。紙醉金迷的生活使這個時期以性愛爲主體的文學又有了一些發展。

這個時期，適應著歌台舞榭的需要，那些剪翠裁紅、專以描寫女人爲能事的詞就大量地應運而生。後蜀趙承祚把這些詞編成一集，共作者十八人，詞五百首，名曰《花間集》，這就是「花間派」得名的由來。這個詞派的主要成員有韋莊、薛昭蘊、牛嶠、毛文錫、牛希濟、歐陽炯、鹿虔扆、閻選、尹鶚、李珣、和凝、孫光憲等。

《花間集》序文（歐陽炯作）中說：

「楊柳」、「大堤」之句，樂府相傳。「芙蓉」、「曲渚」之篇，豪家自制。莫不爭高門下，三千玳瑁之簪。競富樽前，數十珊瑚之樹。則有綺筵公子，繡幌佳人，遞葉葉之花箋，文抽麗錦；舉纖纖之玉指，拍按香檀。不無清絕之辭，用助嬌嬈之態。自南朝之宮體，扇北里之倡風。何止言之不文，所謂秀而不實。

這篇序文，可算是把「花間派」的宗旨、淵源道盡無遺。《花間集》裡的作品也確實是如此，絕大部分都是沿襲溫庭筠香軟詞風的後塵，而內容卻更加頹靡，風格也尤見苒弱。例如歐陽炯的《浣溪沙》：「鳳屏鴛枕宿金鋪」，「蘭麝細香聞喘息」；又如孫光憲的《菩薩蠻》：「薄寒籠醉態，依舊鉛華在。握手送人歸，半拖金縷衣」，這樣一類的淫巧侈麗之詞是很多的。其他像牛嶠的《菩薩蠻》、張泌的《浣溪沙》等，更是露骨地去描寫追逐女人或幽會調情時的聲態，詞的格調愈見卑下。《花間集》中比較能夠脫去濃膩的脂粉氣息，具有較爲開闊的生活内容的，是鹿虔扆、李珣的作品。還有，韋莊的作品内容雖然主要也是女人、相思之類，但比較清麗疏淡、清朗自然，具有比較真摯的感情，能夠給人一種美的感受，藝術價值較高。所以，在「花間派」詞人中，以韋莊顯得最有成就。

李煜的詞

在這個時期的詞人中，李煜也很有代表性。他是李璟的第六子，九六一年至九七五年在位，爲南唐後主，世稱李後主。九七五年宋兵破金陵，他出降，後被毒死。他前期的作品多描寫宮廷享樂生活；後期作品則多抒寫對逝去歡樂的懷念與感傷。例如，他的《玉樓春》詞描寫了他在位時宮中的歌舞宴樂之盛：

晚妝初了明肌雪，春殿嬪娥魚貫列。
風簫吹斷水雲閒，重按《霓裳》歌遍徹。
臨風誰更飄香屑，醉拍闌干情未切。
歸時休放燭花紅，待踏馬蹄清夜月。

他的《菩薩蠻》詞則描寫了一男一女的偷情：

花明月暗籠輕霧，今宵好向郎邊去。

剗襪步香階，手提金鏤鞋。
畫堂南畔見，一向偎人顫。
奴爲出來難，教君恣意憐。

李煜的詞與唐和五代的一些豔詞不同之處是比較自然與清新，而描寫男女之情時感情也十分纏綿，就以上面這首詞來說，正如王士禛在《花草蒙拾》中所評的「狎暱已極」。據馬令《南唐書．女憲傳．繼室周后》載，此詞似爲小周后而作。小周后在她姊姊大周后抱病時，已入宮與李煜私通。其實，文藝作品所描寫的不一定是作者的某種具體經歷，但李煜具有這種體驗則是完全可能的。對於有些君主來說，三宮六院玩膩了，微行出宮嫖妓也是一種快樂；明目張膽地玩女人玩膩了，偷情也是一種快樂；玩女人玩膩了，玩男人也是一種快樂。

當然，醉生夢死的日子不可能很長久，他終於兵敗國破被俘了。他的《破陣子》詞描寫了當時的心情：

四十年來家國，三千里地山河。
鳳閣龍樓連霄漢，玉樹瓊枝作煙蘿。幾曾識干戈？
一旦歸爲臣虜，沉腰潘鬢消磨。
最是倉皇辭廟日，教坊猶奏別離歌。垂淚對宮娥。

國破家亡、肉袒出降之日，「教坊猶奏別離歌。垂淚對宮娥」，可見他對享樂生活是多麼留戀。被俘三年後，相傳李煜於生日（七月七日）晚，在寓所命故妓作樂，唱那首「春花秋月何時了，往事知多少」的《虞美人》詞，聲聞於外，宋太宗聞之大怒，命秦王趙廷美賜牽機藥，這位亡國之君、一代詞人終於被毒死了。

《天地陰陽交歡大樂賦》

唐代的賦也很流行，其中最值得注意的是與性愛有關的《天地陰陽交歡大樂賦》。這篇賦的殘卷於本世紀初發現於敦煌鳴沙山藏經洞，爲唐人白行簡所作。白行簡是唐代大詩人白居易的弟弟，兩唐書都有他的傳。史載，他「敏而有辭，後學所慕尚」，（《舊唐書·白行簡傳》）「有文集二十卷。行簡文筆有兄風，辭賦尤稱精密，文士皆師法之。居易友愛過人，兄弟相待如賓客」。（《舊唐書·白行簡傳》）他進士及第，做過幕僚，擔任過校書郎、左拾遺、司門員外郎、主客郎中等官職，寫了唐人傳奇小說的名篇《李娃傳》。從目前所能發現的資料看來，他的工作和興趣愛好似乎和醫學、房中術等沒有多大的關係。

在本世紀初，敦煌石窟中的文化寶藏遭到了帝國主義分子强盜式的掠奪。這篇《天地陰陽交歡大樂賦》的原稿（實際上是唐人的手抄稿）現存法國的敦煌藏品處。一九一

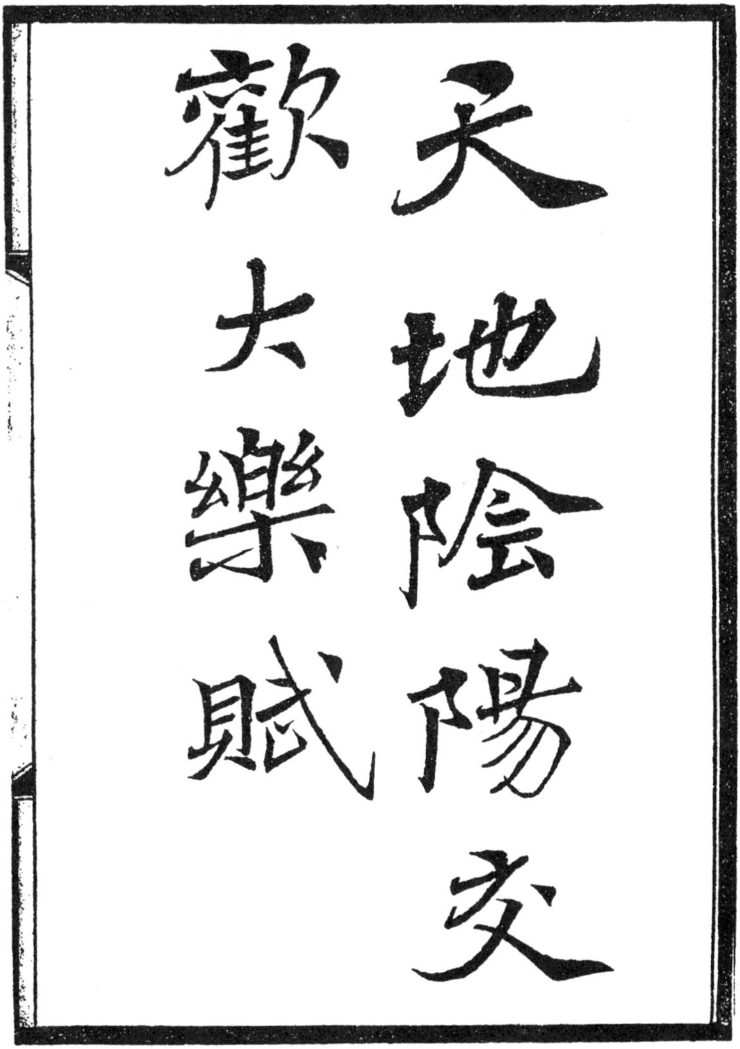

插圖5-27 《天地陰陽交歡大樂賦》清刊本封面

三年一個中國官員叫端方的㉓在巴黎見到，立即拍攝下來，再由著名的古董專家羅振玉在北京把此書公開重印，爲《敦煌石室遺寶》中的一部作品。有個名爲「騎鶴散人」的學者還在書前寫了一篇附序。

這篇序的手抄稿質量不佳，唐代手抄者明顯不完全明白抄寫的文章是什麼意思，字有一些錯舛，連一個比較艱深的字也可能因爲不識而不寫，或只寫半邊，重複遺漏更不必說了，末尾的一頁文字還遺失了，但是，這個資料仍是十分寶貴的。它是一篇有關性的文學作品，雖未論及有關性的科學道理，但提供了大量唐代的有關資料，如禮制、風俗及當時的口語等，由此分析當時的性文化狀況具有相當重要的意義。

清末學者葉德輝仔細閱讀了這個公開重印的版本，加以注釋、校改，納入《雙梅景闇叢書》，這就是我們今日研究的主要版本。

此賦首先描寫了男女的性生理發育：

> 夫懷抱之時，總角之始，蛹帶米囊，花含玉蕊，忽皮開而頭露，俄肉惡而突起，時遷歲改，生戢戢之鳥毛，日往月來，流涓涓之紅水。既而男已羈冠，女當笄年，温潤之容似玉，嬌羞之貌如仙，英威燦爛，綺態嬋娟，素水雪淨，粉頸花團，睹昂藏之材，已知挺秀，見窈窕之質，漸覺呈妍。

以後，他筆鋒一轉，轉入男婚女嫁：

然乃求吉士，問良媒，初六禮以盈止，復百兩而爰來，既納徵於兩姓，聘交禮於同杯。於是青春之夜，紅煒之下，冠纓之際，花須將卸。思心淨默，有殊鸚鵡之言，柔情暗通，是念鳳凰之卦。

接著，此賦以大量文字描寫新婚性生活、夫妻日常性活動以至細緻地描寫春、夏、秋、冬四時夫妻性生活的區別和特點。有些文字尚雅，有些文字則露且俗，還用了一些當時的俗語如「含你」、「醋氣」、「姊姊」、「哥哥」等。如形容新婚之夜的性生活：「及出朱雀，攬紅褌，抬素足，撫玉臀。女握男莖，而女心忒忒；男含女舌，而男意昏昏。」又如描寫夫妻日常性活動：「乃於明窗之下，白晝遷延，裙褌盡脫，花鈿皆棄，且撫拍以抱坐，漸瞢頓而放眠。……」

此賦最後還以較多篇幅描寫了帝王性活動、私通、淫婢、同性戀等。

爲什麼白行簡要寫《天地陰陽交歡大樂賦》？對此，他寫過一篇序或前言：

夫性命者人之本，嗜欲者人之利，本存利資莫甚乎，衣食既足莫遠乎，歡娛至精，極乎夫婦之道，合乎男女之情，情所知莫甚交接，其餘官爵功名，實人情之衰也。夫造構已爲羣倫之肇，造化之端，天地交接而覆載均，男女交接而陰陽順，故仲尼稱婚姻之大，詩人著螽斯之篇，考本尋根不離也。遂想男女之志，形貌妍媸之類，緣情立儀，因象取意，隱僞變機，無不盡有，難字異名，並隨音注，始自童稚之歲，卒乎人事之終，雖則猥談，理標佳境，具人之所樂，莫樂如此，所以名《大樂賦》。至於俚俗音號，輒無隱諱焉，唯迎笑於一時，唯雅素□□□。㉔

總的看來，《天地陰陽交歡大樂賦》對於我們研究唐代的性文化有以下意義：

第一，白行簡是唐代一個普通的文士，不是什麼醫家、房中術家，所以他的性興趣、性知識、性觀念具有更廣泛的社會代表性。他在前言中所强調的男女交接的重要，可能代表了當時相當多數人的觀念；他「唯迎笑於一時」的遊戲筆墨可能代表了當時相當一部分文士的興趣；㉕這個賦中許多有關房中術的話語，如「行九淺而一深，待十候而方畢」等等，只能是房中術在唐代廣泛流行的反映。

第二，對一些性心理反映的描寫有一定深度。如描寫鰥夫思偶之情：

有棄花貌，每懇交歡，睹馬上之玉顏，常思匹耦，羨委禽於庭弊，願擲果於春陌。念剛腸之欲斷，往往顛狂；覺精神之散飛，看看瘦瘠。是即寢食俱廢，行止無操，夢中獨見，暗處相招，信息稠於百度，顧眄希於一朝。想美質，念纖腰，有時暗合，魄散魂銷。

又如描寫達到性高潮時的男女性反應：

縱嚶嚶之聲，每聞氣促；舉搖搖之足，時覺香風。然更縱枕上之淫，用房中之術，行九淺而一深，待十候而方畢，既恣情而乍疾乍徐，亦下顧而看出看入。女乃色變聲顫，釵垂髻亂，慢眼而橫波入鬢，梳低而半月臨肩。男亦彌茫兩自，攤垂四肢，精透子宮之內，津流丹穴之池。

這一段描寫比古人所謂「欲仙欲死」具體得多，和現代性科學關於性反應的描述也比較近似。

第三，描寫了當時社會生活中的一些性現象，如私通、「饑不擇食」、僧尼對情慾難捨以及某些人的「龍陽之癖」等等。例如描寫私通幽會的一段：

候其深夜天長，閒庭月滿，潛來偷竊，焉知畏憚。實此夜之危危，重當時之怛怛。狗也不吠，乃深隱而無聲；女也不驚，或仰眠而露偏。於時入戶，兢兢臨床。款款精在陽峯之上，滴滴如流；指刺陰縫之間，暾暾似暖。莫不心忒忒，意惶惶，輕抬素足，縱揭褌襠。撫拍胸前，慮轉身如睡覺；摩挲腿上，恐神駭而驚忙。定知處所，安蓋相當。未嫁者失聲如驚起；已嫁者佯睡而不妨；有婿者詐嗔而受敵；不同者違拒而改常。或有得便而不絕，或有因此而受殃，斯皆花色之問難，豈人事之可量。或有留事而遇，不施床鋪，或牆畔草邊，亂花深處，只恐人知，烏論禮度；或鋪裙而借草，或伏地而倚柱，心膽驚飛，精神恐懼，當忩遽之一回，勝安床之百度。

這一段描寫得很生動、形象、深刻，據此不僅可知作者觀察生活眼光之銳利，也可以據此推斷出在當時的社會生活中這類現象還是比較多見的。

第四，對帝王的縱慾，抱一定程度的揭露與批判態度。賦云：

若乃皇帝下南面，歸西殿，淥服引前，香風後扇，妓女嬌迎，宮官拜見，新聲欲奏梨園之樂，來庭菱角，初嘗上林之珍。入貢於是，閹童嚴衛，女奴進膳，昭儀起歌，婕好侍宴，成貴妃於夢龍，幸皇后於飛燕。然乃啟鸞帳而選銀環，登龍媒而御花顏，慢眼星轉，羞眉月彎，侍女前扶後助，嬌容左倚右攀，獻素臀之宛宛，內玉莖而閒閒。三刺兩抽，縱武皇之情欲；上迎下接，散天子之髡鬌。乘羊車於宮裡，插竹枝於戶前。然乃夜御之時，則九女一朝，月滿之數，則正后兩宵，此乃典修之法，在女史彤管所標。今則南內西宮，三千其數，逞容者俱來，爭寵者相妒。矧夫萬人之軀，奉此一人之故。嗟呼！在室未婚，殊鄉異客，是事乖違，時多屈厄，宿旅館而鰥情不寐，處閨房而同心有隔。

這一段文字雖有些客觀描繪宮闈生活，但最後說出「矧夫萬人之軀，奉此一人之故」的話，同時與社會上曠男怨女相聯繫，是有一定進步意義的。

清人葉德輝在《雙梅景闇叢書》中刊載《天地陰陽交歡大樂賦》後作後記說：

右賦出自敦煌縣鳴沙山石室，確是唐人文字，而原抄訛脫甚多，無別本可據以校改，又末一段文亦未完讀之，令人怏怏不樂也。作者白行簡，爲白居易弟，事載唐書居易傳。賦中採用當時俗語，如含你、醋氣、姊姊、哥哥等字，至今尚有流傳，亦足見千餘年來風俗語言之大同，固未有所改變也。至注引《洞玄子》、《素女經》，皆唐以前古書，余已於《醫心方》中輯出，校刻行世，於此益證兩書之異出同原，信非後人所能僞造。而在唐、宋時，此等房中書流傳士大夫之口之文，殊不足怪，使道學家見之，必以爲誨淫之書，將拉雜燒之，唯恐其不絕於世矣！此類書終以古籍之故，吾輩見之，即當爲之刊傳，以視楊升庵僞造之雜事，秘辛袁隨園假託之控鶴，監記不誠，有豬龍之別耶！

這段記述，對我們今天的研究也是很有啟發的。

第八節 傳奇小說中的性愛

文學藝術的繁榮發展是社會經濟繁榮發展的一個必然結果。唐代文學藝術的繁榮發展表現在許多方面，傳奇小說的形成與發展是其重要方面之一。

性文化的一朵奇葩

在唐代以前，中國的小說創作基本上還處於萌芽狀態，到了唐代，中國小說才逐漸發育成形，具有了比較完備的藝術形式和比較廣闊的社會生活內容。它逐漸改變了六朝以前中國小說長期流連在神怪世界裡的現象，而靠近了現實生活，無論在結構、語言、情節以至人物塑造等方面都有不少新的開拓和創造，而表現爲情致宛曲、文采華茂的創作特色。宋人洪邁稱唐代小說與詩歌並爲「一代之奇」，這是有道理的。

唐代社會生產力的發展，造成城市經濟的繁榮，隨著社會關係的日趨複雜和廣大羣衆對文化娛樂的需要，有力地推動了傳奇小說的發展。隨著社會經濟的繁榮而變得複雜起來的社會關係和社會矛盾，也向文學日益提出許多新的任務和新的思想主題，因此，形式的束縛較小、能夠廣闊地反映生活的小說文學就適應著這樣的需要而發達起來。唐代的傳奇小說，正是多方面地反映著當時的生活面貌和各種社會問題，其中性愛的內容占有很大比重，它歌頌堅貞的愛情，反映妓女的不幸遭遇，讚揚女子大膽地衝破封建禮教的樊籬而追求幸福，譴責玩弄女子的負心漢等等。這方面的唐代傳奇小說是唐代性文化的一朵奇葩，它是中國性文化的一個重要方面。

魯迅曾給唐代傳奇小說作過兩段極爲精闢而概括的論述。他說：

> 小說亦如詩，至唐代而一變，雖尚不離於搜奇記逸，然敍述宛轉，文辭華豔，與六朝之粗陳梗概者較，演進之跡甚明，而尤顯者乃在是時則始有意爲小說。胡應麟云：「變異之談，盛於六朝，然多是傳錄舛訛，未必盡幻設語，至唐人乃作意好

奇，假小說以寄筆端。」其云「作意」，云「幻設」者，則即意識之創造矣。此類文字，當時或爲叢集，或爲單篇，大率篇幅漫長，記敘委曲，時亦近於俳諧，故論者每訾其卑下，貶之曰「傳奇」，以別於韓（愈）柳（完元）輩之高文。顧世間則甚風行，文人往往有作，……實唐代特絕之作也。（《中國小說史略》第八篇）

他又說：

傳奇者流，源蓋出於志怪，然施之藻繪，擴其波瀾，故所成就乃特異，其間雖亦或託諷喻以紓牢愁，談禍福以寓懲勸，而大歸則究在文采與意想，與昔之傳鬼神明因果而外無他意者，甚異其趣矣。（《中國小說史略》第八篇）

從魯迅以上兩段論述中可以看到：第一，傳奇小說是從傳統文學，特別是從志怪小說的基礎上發展演進而成的。第二，傳奇小說是文人「意識之創造」，「究在文采與意想」。第三，傳奇小說在藝術形式方面有了極大的改進，不僅「敍述宛轉，文辭華豔」，而且「篇幅漫長」，意想豐富。以上就是唐代傳奇小說「特異」與「特絕」的原因。

從唐代傳奇小說的內容看，大部分優秀作品反映了當時的市民思想意識，對於當時社會生活中存在的種種矛盾，也敢於明白而公開地揭露。由於傳奇小說的作者大部分是出身於中下層的知識分子，比較接近民衆，所以對社會上許多矛盾的癥結比較容易看得清楚。他們寫知識分子，寫奴隸、妓女和一些受壓迫的女性，並對這些被壓迫者寄予很大的同情。由這些主要人物所構成的許多故事，大都具有肯定婚姻自主，强調愛情專一，正面鼓吹人性解放與享受性歡樂的主題，在不同程度上反映了社會現實，並寄託了廣大民衆的美好理想與追求。

在唐代以性愛爲主題的傳奇小説中有一些描寫戀愛與豔遇。如裴鉶的《裴航》，通過描寫人和神仙戀愛的故事表明了人們幻想脱離塵世、成仙得道，也渴望獲得戀愛自由、過幸福生活的嚮往。孟棨的《崔護》描寫了男女一見鍾情，相互愛戀，精誠相感，女的終於死而復生，兩人終於成爲佳偶的故事，其中「人面桃花」這一典故，後世常加以引用。至於張鷟的《遊仙窟》，是用第一人稱的手法，自敍奉使河源，途經神仙窟，投宿某宅，受到女主人十娘五嫂的柔情款侍，宿一宵而去。這篇小説題爲「遊仙」，實際上寫的是豔遇式的風流浪漫生活，其中還夾雜著不少色情描寫，作品格調就偏於庸俗低下了。

歌頌純真的愛情

在唐代，兩性關係較之後世雖然開明得多，但總的來説，封建禮教已日益束縛著人們的戀愛和婚姻自由，所以在許多傳奇小説中都描寫了人們、尤其是女子對戀愛、婚姻自由的追求和堅決抗爭，留下了很多可歌可泣的故事。例如：

《無雙傳》，薛調作。這是一篇反映男女要求婚姻自由的作品。王仙客和無雙相愛，可是在那兵荒馬亂之世，二人失散了，他們相互等待、尋覓，愛情堅貞不移，最後在義士古押衙的幫助下，終於達到了白頭偕老的目的。明人陸采曾據此篇作《明珠記》傳奇。

《離魂記》，陳玄祐作。王宙和倩娘相愛，可是倩娘的父母卻把她許配給別人，王宙傷心離去，船將行，忽見倩娘徒行跣足而至，對王宙哭著說：「君厚意如此，寢夢相感。今將奪我此志，又知君深情不易，思將殺身奉報，是以亡命來奔。」他們做了夫妻，五年內生二子，後來才發現倩娘久病在床，並沒有離家，因爲過於思念王宙，所以魂魄來奔，以後他們過了幸福美滿的一生。「倩女離魂」是一個美麗動人的故事，元人鄭德輝所作《述青瑣倩女離魂》雜劇，就是據此而編寫的。倩女私奔的行爲，實質上是對封建包辦婚姻的反抗，作者把私奔與魂魄連在一起，在虛幻之中予人以現實的感覺，就更加感人了。

《柳毅傳》，李朝威作。故事的主人翁柳毅是個正直的知識分子，他看到被夫家虐待得苦惱而憔悴的龍女在道畔牧羊，基於義憤，代龍女傳書，伸張了正義，和龍女從僅僅是同情到以後結爲夫妻，產生愛情，故事十分優美生動，富於浪漫主義色彩。龍女對受到夫家種種虐待所提出的控訴，正是封建社會裡婦女們普遍的遭遇。她性情雖然善良，

插圖 5-28　倩女離魂

但也不甘於任人擺布，力圖掙脫這殘酷的枷鎖，一旦遇到自己所愛的人，就熱情地嚮往、追求自己的終身幸福，這又表達了受壓迫的婦女們共同的內心感情。由於這個故事具有深刻意義而又富於戲劇性，一向膾炙人口。後來元人尚仲賢的《洞庭湖柳毅傳書》、李好古的《沙門島張生煮海》、明人黃説中的《龍簫記》、清人李漁的《蜃中樓》等雜劇、傳奇，以及現代《龍女牧羊》、《張羽煮海》等劇，都是從《柳毅傳》脫胎演變而來，可見其影響之久遠。

《飛煙傳》，皇甫枚作。飛煙是一個叫武公業的官僚的愛妾，有絕色，有文才，愛上了鄰居一個大戶人家的子弟趙象，二人私通了一年，以後被武公業發現，把她「縛之大柱，鞭楚血流」。飛煙不説什麼，但云：「生得相親，死亦何恨。」「深夜，公業怠而假寐。飛煙呼其所愛女僕曰：與我一杯水。水至，飲盡而絕。」

小説描寫了封建官僚地主家婢妾的性煩惱，飛煙給趙象的信中寫：「下妾不幸，垂髫而孤。中間爲媒妁所欺，遂匹合於瑣類。每至清風明月，移玉柱以增懷；秋帳冬釭，泛金徽而寄恨。」這充分表明了「籠中金絲鳥」的怨恨。飛煙爲了爭取婚姻自由，和所愛的人相會，大膽地衝破了封建禮教的藩籬。在事情敗露、處於被「鞭楚血流」的境遇下，仍然意志堅强，一直到死也不肯屈服。在夫權主義的社會裡，被壓迫、被侮辱的婦女終於成爲犧牲者。相愛的男女不能成爲眷屬；嫁給庸人爲妾的，終身不能自由，這正是封建婚姻制度釀成的悲劇。

如《離魂記》中倩娘的私奔，《飛煙傳》中飛煙的私通，在封建社會中都是「罪不可逭」的，但作者都以滿腔同情的筆觸去描寫，抨擊封建禮教，歌頌戀愛自由，這是有時代和社會進步意義的。

歌頌妓女的愛情

在唐代傳奇小說中，還有一些是歌頌妓女的愛情的。人們把妓女看作是極低賤之人，如路旁之花，任人踐踏攀折。可是一些傳奇小說卻歌頌了她們純潔的心靈和忠貞的愛情，這也是十分難能可貴的。

這一類傳奇小說首先可推《李娃傳》，白行簡作。內容是滎陽公子某生，父母對他期望甚大，稱他爲吾家的千里駒。可是他在赴京趕考途中，遇名妓李娃，熱烈相戀。後因所帶資財用盡，娼家又用計把他趕出去，使他流落街頭爲丐，父親對他也棄之不顧了。後有一次李娃遇到了他，十分痛苦，不顧一切地與他同居，資助他發憤讀書。後來某生考試連中，做了大官，李娃也被封爲汧國夫人。

小說中的李娃是一個優美動人的婦女形象。她雖卑爲妓女，但心地善良，情操崇高，她待某生是一片真情。雖然由於妓院的環境所迫，她曾按照鴇母的意旨與某生離開了，但當一旦發現某生蓬頭垢面、流落街頭時，她的愛情戰勝了其他一切，情無反顧地把自己的命運和他拴在一起。小說對此作了十分動人的描寫：

> 一旦大雪，生爲凍餒所驅，冒雪而出，乞食之聲甚苦。……至安邑東門，循里垣北轉第七八，有一門獨啟左扉，即娃之第也。生不知之，遂連聲疾呼饑凍之甚，音響淒切，所不忍聽。娃自閣中聞之，謂侍兒曰：「此必生也，我辨其音矣。」連步而出，見生枯瘠疥厲，殆非人狀。……娃前抱其頸，以繡襦擁而歸於西廂，失聲長慟曰：「令子一朝及此，我之罪也。」

由此可見，李娃的性格、情感是很豐滿、很有立體感的。她擁歸某生後，就以一切力量來幫他、救他。特別可貴的是，李娃的這些做法全是利他的，而毫不希望對她自己有什麼好處。當某生將去做官時，李娃對他說：「今之復子本軀，某不相負也。願以殘年，歸養老姥。君當結緩鼎族，以奉蒸嘗。中外婚媾，無自黷也。勉思自愛，某從此去矣！」這段話不僅表明了李娃捨己爲人的精神、忠貞不二的愛情，而且揭露了封建的門閥制度加在他們愛情上的壓力，這在非常講究等級的唐代封建社會裡，是具有强烈的現實批判意義的。

還有一篇描寫妓女的傳奇小說《霍小玉傳》，具有更强烈的思想和藝術光彩，爲唐人蔣防所作。小說描寫書生李益和歌妓霍小玉相戀，後來李做了官，赴任前和霍小玉立下

插圖 5−29　柳毅傳書

婚約，信誓旦旦而別。但別後不久，李就另娶甲族之女盧氏，遺棄了小玉。以後，有個黃衫豪士大爲不平，把李强拉小玉處，小玉見李，大罵他負心背義，悲極而死。死後，作爲厲鬼，作祟於李家，使李疑其妻妾和外人有私，鬧得全家不安。

這篇傳奇小說刻畫了男女之愛和封建的門閥制度的矛盾與衝突，善良的痴心的女子與自私自利、忘恩負義的男子的矛盾與衝突，對當時的社會現實作了無情的批判和鞭撻。霍小玉是一個飽受封建壓迫的女子，母親本是被霍王玷污的婢女，因爲她「出自賤庶」，所以當霍王一死，就被趕出王府，流落爲娼。這種生活遭遇，使霍小玉對殘酷的生活現實有一定的認識，一方面嚮往真正的愛情，另一方面思想上又有巨大壓力，總認爲自己不會有好的命運。

小說描寫小玉和李生的定情之夕，是十分生動的：

……飽令侍兒桂子、浣沙與生脫靴解帶。須臾，玉至，言敍溫和，辭氣宛媚。解羅衣之際，態有餘妍，低幃暱枕，極其歡愛。生自以爲巫山、洛浦不過也。

但是，即使在這男歡女愛之際，小玉頭腦還是清醒的。睡至半夜，流涕對李生說了這麼一段話：「妾本倡家，自知非匹。今以色愛，託其仁賢。但慮一旦色衰，恩移情替，使女夢無託，秋扇見捐。極歡之際，不覺悲至。」

李生對此，言詞懇切地對小玉說：「平生志願，今日獲從，粉骨碎身，誓不相捨。

夫人何發此言！請以素縑，著之盟約。」於是，李生「援筆成章，引諭山河，指誠日月，句句懇切，聞之動人」。

當李生將離小玉就官赴任時，小玉又對他講了自己的擔心：「以君才地名聲，人多景慕，願結婚媾，固亦衆矣。況堂有嚴親，室無家婦，君之此去，必就佳姻。」因此，她只希望李益在三十歲前，能夠和她相愛幾年，「夙昔之願，於此足矣！」

對此，李生仍是信誓旦旦地說：「皎白之誓，死生以之。與卿偕老，猶恐未愜素志，豈敢輒有二三。固請不疑，但端居相待。至八月，必當卻到華州，尋使奉迎，相見非遠。」

但是，這一切都變成了騙局。李生走了不多久，小玉就真如「女夢無託，秋扇見捐」了。這致命的一擊，使她對現實認識得更透、恨得更深了。所以當李益被黃衫豪士强挾而來，正當「一家驚喜」時，唯有小玉卻表現得意外的冷靜：

玉沈綿日久，轉側須人。忽聞生來，欻然自起，更衣而出，恍若有神。遂與生相見，含怒凝視，不復有言。……

接著，小說又描寫：

玉乃側身轉面，斜視生良久，遂舉杯酒，酹地曰：「我爲女子，薄命如斯。君是丈夫，負心若此。韶顏飮恨而終，慈母在堂，不能供養。綺羅弦管，從此永休。

征痛黃泉，皆君所致。李君李君，今當永訣！我死之後，必爲厲鬼，使君妻妾，終日不安！」乃引左手握生臂，擲杯於地，長慟號哭數聲而絕。

這真是哀婉悲憤、令人頓足三嘆的一幕。這篇傳奇小說就是用這種藝術手法，深刻揭露與批判了當時的門閥制度和某些自私自利、熱衷功名富貴的知識分子的卑劣的靈魂。這篇傳奇小說和《李娃傳》一樣，指出了出身低賤的人的靈魂可能要比那些名門望族之士高貴得多，而封建的門閥制度是扼殺人性、造成愛情悲劇最直接的根源。由於《霍小玉傳》無論在思想上還是藝術上都有突出成就，所以得到了人們廣泛的喜愛，直至後世。明人胡應麟在《少室山房筆叢》中曾說過：「唐人小說紀閨閣事，綽有情致。此篇尤爲唐人最精彩動人之傳奇，故傳誦弗衰。」

「我爲女子，薄命如斯。君是丈夫，負心若此。」這千古之痛不僅是像霍小玉樣的妓女的遭遇，有些貴族女子也不免如此。這不僅是一些「低賤」女子的命運，也可能是封建制度壓迫下一切女子所可能具有的共同命運。《鶯鶯傳》從另一個角度說明了這個問題。

《鶯鶯傳》

在唐代的小說中，元稹的《鶯鶯傳》是負有盛名的一篇，對後世文學影響很大。元稹字微之，唐河南人，憲宗時舉制科對策第一，歷任中書舍人、承旨學士、工部侍郎同中書門下平章事、節度使等官職。他的詩與白居易齊名，世稱「元白體」。

《鶯鶯傳》寫的是張生和鶯鶯戀愛、幽會，發生了性關係，最後又把她遺棄的故事。小說中的鶯鶯是一個刻畫得很成功的藝術形象，她是個大家閨秀，一方面受封建禮教的束縛，另一方面又大膽地追求愛情，性心理的矛盾、衝突十分尖銳。當張生追求她、挑逗她的時候，她叫紅娘送去題爲《明月三五夜》的詩：「待月西廂下，迎風戶半開；拂牆花影動，疑是玉人來。」當張生逾牆而入時，她又端服嚴容，譴責張生「始以護人之亂爲義，而終掠亂以求之，是以亂易亂，其去幾何？」「非禮之動，能不愧心？特願以禮自持，毋及於亂！」可是過了幾天，她竟自己上門來了，熾烈的愛情終於戰勝了封建禮教的束縛，她以貴族少女的身分，竟在夜半主動地向張生表示愛情，這是一個十分大膽的行動。

然而在某些方面，她卻表現得軟弱無力。最初與張生相戀，她動搖不定，顧慮重重；後來張生遺棄了她，她也自以爲私相結合「不合法」，「有自獻之羞」。她不是振振有理地向張生提出譴責，而只是一味哀懇，希望他能夠始終成全。只有怨，沒有恨，這是家庭出身、封建教養帶給她的局限性。

至於張生，卻是一個需要批判的人物。他追求鶯鶯只爲她的美麗而動心，他對鶯鶯不僅「始亂之，終棄之」，而且對自己的「忍情」感到洋洋得意，還把鶯鶯給他的情書給許多朋友看，「由是時人多聞之」。爲了推卸自己的責任，減輕自己的罪過，還把「尤物」、「妖孽」一類字眼加在她身上。他實在是一個玩弄女性而不以爲恥的封建階級的知識分子，可是，元稹寫《鶯鶯傳》卻對這一人物抱肯定態度，並且以讚賞的筆調去寫他的「善補過」，這也反映出作者與其作品的封建意識和階級局限性。這也正如魯迅在《中國小說史略》中所指出的：「文過飾非，遂墮惡趣」。

據考證，在張生這一形象中有元稹自己的影子。《鶯鶯傳》脫胎於元稹記敘青年時期與雙文（崔鶯鶯）戀愛經歷的《會真記》，而元稹的《會真詩》則是對這段情事的部分性的詩憶。《會真詩》三十韻大膽地描寫了張生與鶯鶯的性生活，成爲古代性愛詩的典型：

微月透窗櫳，螢光度碧空。
遙天出縹緲，低樹漸葱蘢。
龍吹過庭竹，鶯歌拂井桐。
羅綃垂薄霧，環珮響輕風。
絳節隨金母，雲心捧玉童。
更深人悄悄，晨會雨濛濛。
珠瑩光文履，花月隱繡櫳。

插圖 5-30
崔鶯鶯

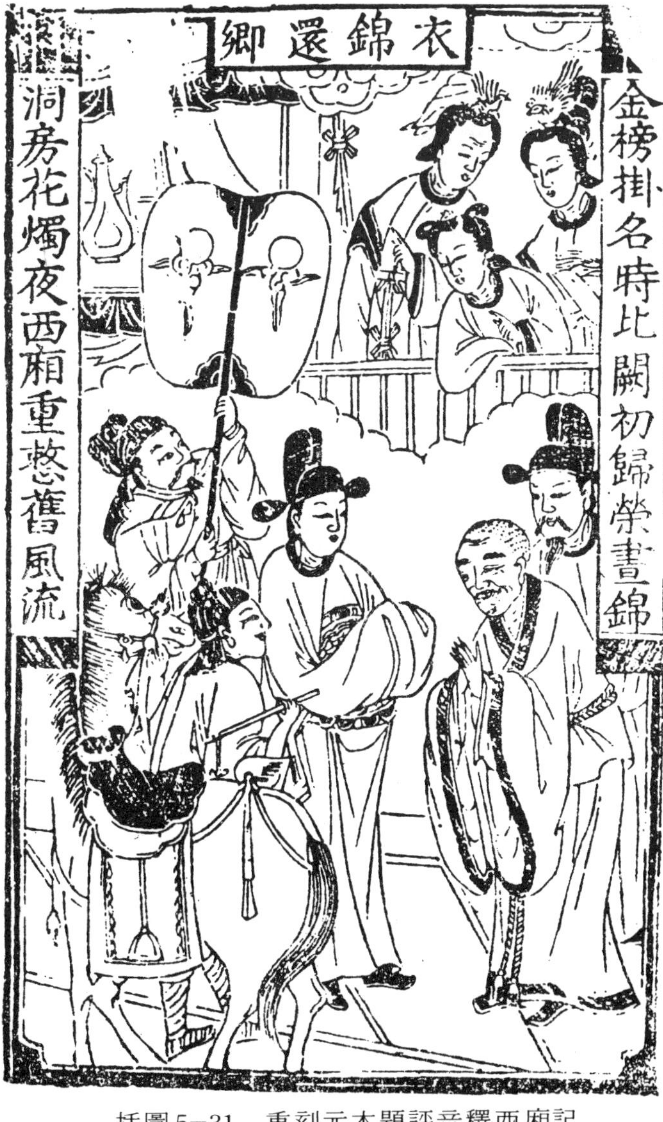

插圖5－31 重刻元本題評音釋西廂記
（明萬曆間劉龍田刊本）

寶釵行彩鳳，羅披掩丹虹。
言自瑤華圃，將朝碧帝宮。
因遊洛城北，偶向宋家東。
戲調初微拒，柔情已暗通。
低鬟蟬影動，回步玉塵蒙。
轉面流花雪，登床抱綺叢。
鴛鴦交頸舞，翡翠合歡籠。
眉黛羞頻聚，唇朱暖更融。
氣清蘭蕊馥，膚潤玉肌豐。
無力慵移腕，多嬌愛斂躬。
汗光珠點點，髮亂綠鬆鬆。
方喜千年會，俄聞五夜窮。
留連時有限，繾綣意難終。
慢臉含愁態，芳詞誓素衷。
贈環明遇合，留結表心同。
啼粉流清鏡，殘燈繞暗蟲。

華光猶冉冉，旭日漸曈曈。
乘鶩還歸洛，吹簫亦上嵩。
衣香猶染麝，枕膩尚殘紅。
幕幕臨塘草，飄飄思渚蓬。
素琴明怨鶴，清漢望歸鴻。
海闊誠難度，天高不易衝。
行雲無處所，蕭史在樓中。

《鶯鶯傳》對後世文學影響甚大，以此演爲雜劇傳奇的很多，以金人董解元《弦索西廂》、元人王實甫《西廂記》爲最著。所以魯迅也說：「其事之振撼文林，爲力甚大」。（《唐宋傳奇・稗邊小綴》）

第九節　性學著作和房中術

關於隋、唐時代的性學書籍，可以從《隋書・經籍志》和《舊唐書・經籍志》上得知，雖然其中有許多書籍只存其名而早已失傳了。

《隋書・經籍志》卷三十四共收錄醫書二五六部，合四千一百五十卷，其中有房中術著作十一部，共三十四卷。據考證，其中有些著作書名相同而卷數不同，除去重複的書名，實際上只有八種：

《彭祖養性經》一卷；

《玉房秘訣》十卷；

《素女秘道經》一卷，並《玄女經》；

《素女方》一卷；

《郯子說陰陽經》一卷；

《徐太山房内秘要》一卷；

《新撰玉房秘訣》九卷；

《序房内秘術》一卷。

除上述著作外，在一些養生的書籍中也可能有關於房中術的内容，但很難查考了：

《養生注》十一卷，目一卷；

《養生術》一卷；

《養生經》一卷；

《養生傳》二卷；

《帝王養生要方》二卷；

《養生要術》一卷。

還有值得注意的是，在《隋書・經籍志》中，還載錄了《雜嫁娶房內圖術》四卷，其中包括用圖像來說明陰陽交接之術等內容，這在上一章敘述道家與房中術時，有些古詩已有顯示，而現在卻正式地見諸正史記載了。

除了《隋書・經籍志》以外，《舊唐書・經籍志》又載有《玉房秘術》一卷；《玉房秘錄》八卷。《新唐書・藝文志》也載有《葛氏房中秘術》一卷；《沖和子玉房秘訣》十卷。可見，新、舊《唐書》所載的房中著作要比《隋書》所載少得多了。

以上這些房中數目錄，《隋書》所載則全爲《漢書》所無，而從唐初到宋初的三百年左右的時間裡又未見著錄新的房中著作，所以可以設想，我國房中術理論的主要格局大約是在魏晉南北朝時期確立起來的。

巢元方和《諸病源候論》

巢元方是隋代著名的醫學家，大業年間任太醫博士，醫術精湛。大業六年（六一〇年），隋煬帝命巢元方等集體編撰《諸病源候論》，這是我國第一部病因病理學專著。此書共五十卷，內有不少新觀點、新發現，對以後中醫病因病理學的發展有深遠的影響。

該書有不少內容涉及性生活的病症，主要在卷四虛勞病諸候、卷十溫病諸候及婦人孕病諸候、妊娠諸候卷中，內容包括性器官病諸候、交接得病候、不孕諸候、求嗣（包括轉女為男等）候、妊娠養胎諸候等，這些內容被後世醫家屢屢引用。

例如，在該書卷四載錄了十三種陰腎虛勞之候：虛勞少精候、虛勞尿精候、虛勞溢精見聞精出候、虛勞失精候、虛勞夢洩精候、虛勞精血出候、虛勞陰冷候、虛勞陽萎候、虛勞陰痛候、虛勞陰疝腫縮候、虛勞陰下癢濕候、虛勞陰瘡候、虛勞陰腫候。人若有此類不適，對照其論，可知其病因病理，或延醫治之，或自加注意與調理，於養生有益。

該書還提出陰陽易與交接勞復候的問題，例如傷寒陰陽易候：

陰陽易病者，是男子、婦人傷寒病新瘥，未平復，而與之交接得病者。名為陰陽易也。其男子病新瘥，未平復而與婦人與之交接得病者，名陽易；其婦人得病新瘉，未平復而男子與之交接得病者，名陰易。若二男二女，並不相易。所以呼為「易」者，陰陽相感動，其毒度著，如人之換易也。其得病之狀：身體熱衝胸，頭痛不能舉，眼內生眯，日支拘急，小腹㽲痛，手足拳，皆即死。其亦有不即死者，病苦小腹裡急，熱上衝胸，頭足不欲舉，百節解離，經脈緩弱，氣血虛，骨髓空竭，便恍恍吸吸氣力轉少，著床不能搖動，起居仰人，或引歲月方死。

又如傷寒交接勞復候：

夫傷寒病新瘥，未滿百日，氣力未平復，而以房室者，略無不死也。有得此病瘉後六十日，其人已能行射裂，因而房室，即吐涎而死。病雖云瘥，若未平復，不可交接，手足拘拳，二時之間亡。范汪方云：故督郵顧子憲得病已瘥未健，詣華旉視脈。旉曰：「雖瘥尚虛，未平復，陽氣不足，勿爲勞事也。餘勞尚可，女勞即死。臨死，當吐舌數寸。」獻婦聞其瘥，從百餘里來省之，住數宿止，交接之，間三日死。婦人傷寒，雖瘥未滿百日，氣血骨髓未牢實，而合陰陽，快者當時，乃未即覺惡，經日則令百節解離，經絡緩，氣血虛，骨髓空竭，便恍恍吸吸，氣力不足，著床不能動搖，起居仰人，食如故，是其證也。丈夫亦然，其新瘥虛、熱未除而快意交接者，皆即死。若瘥後與童年交接者，多不發復，復者亦不必死。

以上都是論述因病休養時應如何正確處理性生活，提出了不少重要的注意事項。很有意思的是該書還提出「夢與鬼交」的問題，在夢與鬼交通候中寫道：「夫臟虛者，喜夢婦人。夢與鬼交，亦由腑臟氣弱，神寧虛衰，故乘虛，因夢與鬼交通也。」這不是迷信，這和現代性心理學所述的「性夢」、「夢魘」（男夢與女魔交、女夢與男魔交）的理論是一致的。

孫思邈的《千金要方》與《千金翼方》

唐朝在房中養生理論方面成就最突出的當推孫思邈。他是著名的醫藥學家，京兆華原（今陝西耀縣）人。自幼好讀書，勤學苦練，精諸子學説，善言老莊，又好釋典。他醫術精湛，醫德高尚，不慕名位，長期居住在終南山，爲人治病，後世尊爲「藥王」。他善於養生，生於五八一年，死於六八二年，竟能獲得年逾百歲的高壽。他的主要醫學著作有《備急千金要方》和《千金翼方》各三十卷。他對房中養生很有研究，在他所著的《備急千金要方》裡有一篇〈房中補益〉，是專論房中生活的，這是我國古代有關性保健的重要文獻。

孫思邈在《千金要方．房中補益》中的主要論點是：

1. 强調研究房中術的目的和重要性，認爲人到四十歲就應懂房中術，這並不是爲了淫佚，而是爲了養生。

論曰：人年四十以下多有放恣，四十以上即頓覺氣力一時衰退，衰退既至，衆病蜂起，久而不治，遂至不救。所以彭祖曰：以人療人，真得其真，故年至四十，須識房中之術。夫房中術者，其道甚近，而人莫能行……閉固而已。

此房中之術畢矣，兼之藥餌，四時勿絕，則氣力百倍，而智慧日新。然此方之作也，非欲務於淫佚，苟求快意，務存節欲，以廣養生也。非苟欲强身力，幸女以縱情，意在補腦以遺疾也，此房中之微旨也。

2.指出一些「御女之術」，把性技巧和氣功、養生牢牢地結合在一起。

凡御女之道，不欲令氣未感動、陽氣微弱即交合。必須先徐徐嬉戲，使神和意感良久，乃可令得陰氣，陰氣推之，須臾自强，所謂弱而內迎，堅急出之。進退欲令疏遲，情動而止。不可高自投擲，顛倒五臟，商絕精脈，生致百病。但數交而縝密者，諸病皆癒，年壽日益，去仙不遠矣。不必九、一、三、五之數也，能百接不施瀉者，長生矣。

採氣之道，但深接而勿動，使良久氣上面熱，以口相當，引取女氣而吞之，可疏疏進退，意動便止。緩息眠目，偃臥導引，身體更强。

凡人習交合之時，常以鼻多納，氣口微吐出，自然益矣。交合畢蒸熱，是得氣也。以昌蒲末三分，白粱粉傅摩令燥，既使强盛，又濕瘡不生也。

凡欲施瀉者，當閉口、張目、閉氣、握固兩手，左右上下縮鼻取氣，又縮小部及腹，小偃脊膂，急以左手中兩指抑屏翳穴，長吐氣，並琢齒千遍，則精上補腦，使人長生。若精妄出，則損神也。

《仙經》曰：令人長生不老，先與女戲，飲玉漿。玉漿，口中津也。使男女感動，以左手握持，思存丹田，口有赤氣，內黃外白，變爲日月，徘徊丹田中，俱入泥丸。兩半合成一團，閉氣深納勿出入，但上下徐徐咽氣，情動欲出，急退之，此非上士有智者不能行也。

其丹田在臍下三寸，泥丸者，在頭中對兩目直入內。思作日月，想合徑三寸許，兩半放形而一，謂日月相擒者也。雖出入仍思念所作者勿廢，佳也。

又曰：男女俱仙之道，深納勿動，精思臍中斥色大如雞子形，乃徐徐出入，情動乃退，一日一夕可數十爲定，令人益壽。

3.繼承過去道家的房中理論，認爲男子必須固精守關，應「數交而一瀉」。

陽道法火，陰道法水，水能制火；陰亦消陽，久用不止，陰氣逾陽，陽則轉損，所得不能補所失。……凡精少則病，精盡則死，不可不思，不可不慎。數交而一瀉，精氣隨長，不能使人虛也。若不數交，交而即瀉，則不得益。瀉之精氣自然生長，但遲微，不如數交接不瀉之速也。

4.人不能縱慾，特別是少年和老年人更不能縱慾。

是以人年四十以下即服房中之藥者，皆所以速禍，慎之慎之。故年未滿四十者，不足與論房中之事，貪心未止，兼餌補藥，倍力行房，不過半年，精髓枯竭，唯向死近。少年極須慎之。

昔貞觀初有一野老，年七十餘，詣余言：數日來陽氣益盛，思與家嫗晝寢，春事皆成，未知垂老有此爲善、惡耶？余答之曰：是大不祥。子獨不聞膏火乎？夫膏火之將竭也，必先暗而後明，明止則滅。今足下年邁桑榆，久當閉精息欲，玆忽春情猛發，豈非反常耶？竊爲足下憂之，子其勉歟！後四旬發病而死，此其不愼之效也。如斯之輩非一，且疏一人，以勖將來耳。

所以善攝生者，凡覺陽事輒盛，必謹而抑之，不可縱心竭意以自賊也。若一度制得，則一度火滅，一度增油；若不能制，縱情施瀉，即是膏火將滅，更去其油，可不深自防！所患人少年時不知道，知道亦不能信行之，至老乃知道，便已晚矣，病難養也。晚而自保，猶得延年益壽；若年少而能行道者，得仙速矣。

5.提出不少性禁慾，其中有許多和養生、生育、優生有關。

御女之法，交會當避丙丁日，及弦望晦朔，大風、大雨、大霧、大寒、大暑、雷電霹靂，天地晦冥、日月薄蝕、虹霓地動。若御女者，則損人神，不吉。損男百倍，令女得病，有子必顛痴頑愚，喑啞聾聵，攣跛盲眇，多病不壽，不孝不仁。又避日月星辰，火光之下，神廟佛寺之中，井灶圊厠之側，冢墓尸柩之傍，皆悉不可。

黃帝雜禁忌曰：人有所怒，血氣未定，因以交合，令人發癰疽。又不可忍小便交合，使人淋，莖中痛，面失血色。及遠行疲乏來入房，爲五勞虛損，少子。且婦人月事未絕而與之交合，令人成病，得白駮也，水銀不可近陰，令人消縮，鹿、豬二脂不可近陰，令陽痿不起。

夫交合如法，則有福德，大智善人降託胎中，仍令性行調順，所作和合，家道日隆，祥瑞競集。若不如法，則有薄福愚痴惡人來託胎中，仍令父母性行凶險，所作不成，家道日否，殃咎屢至，雖生成長，家國滅亡。夫禍福之應，有如影響，此乃必然之理，可不再思之。

若欲求子者，但待婦人經絕後一日、三日、五日，擇其王相日及月宿在貴宿日，以生氣時夜半後乃施瀉，有子皆男，必壽而賢明高爵也。以月經絕後二日、四日、六日施瀉，有子必女。過六日後勿得施瀉，既不得子，亦不成人。

在《千金要方》中，生理上的性結合首次被論爲引致男女精神上結合的原則，這原則憑男性的意志完成，以太陽、月亮的形象代表。孫思邈在這方面的闡述和印度的密學十分相似，而且很可能出自梵文原書。事實上，中國古代企圖通過性交而滋補、養生、求不朽的思想和印度教中的「瑜珈密教」及佛教密宗的理論十分相似。在古印度，「精」被形容爲男女生命的精華，和中國古人的想法一樣。「精」的梵文是「Prana」，與中國的「氣」有相同的意思，其中最主要爲達到「Pranayama」即通過氣功而有益調理，這也就是古代中國人所說的「練氣」。凡此種種決不是偶然的巧合。而應該是，唐代社會開放、中外文化大交流的結果。古印度的性學與中國道家的修氣、煉丹的接觸使兩者易於融會貫通。

孫思邈在《千金要方・房中補益》中固然闡述了不少科學道理，大部分內容很有價值，但其中也有一些糟欅與謬誤，如說：「黃帝御女一千二百而登仙，而俗人以一女伐命，知與不知，豈不遠矣。其知道者，御女苦不多耳。」又說：「數數易女則得益多」，「若御九十三女而自固者，年萬歲矣。」此外，書中還有各種「採陽」之說，以及如何選擇「顏色妍麗」的少女等等，不僅從科學上看是很荒謬的，而且反映了在古代男權社會中視女子爲發洩性慾的工具、藉「採陰」以養男子之生的思想，同時，也符合統治階級淫樂的需要。這些問題也反映出一些古人很難擺脫時代與環境的影響，我們是應該加以分析、去除的。

除《千金要方》外，孫思邈的《千金翼方》卷五、甄權的《古今錄驗》卷二十五、王燾的《外台秘要》卷十七等唐代醫學著作對房中術都有論述。

《醫心方》

有關這個時期的性學著作，還有一部很值得注意的是《醫心方》。

《醫心方》是一部綜合性的醫學著作，是一個日本學者叫丹波康賴的於九八二年所編撰。這本書輯錄了我國唐代以前的許多醫書，內容包括醫學理論及內、外、婦、兒等臨床各科，還有養生、導引、房中術及食療本草（收藥物一五〇種）等。全書徵引文獻資料十分豐富，書中每條文字都記明出處，有些地方還有編者按語。我國唐代以前不少房中著作已經失傳，多虧有了這本《醫心方》才能有相當一部分得以流傳後世。同時，從日本學者編撰這本書也可以看到我國唐代對外文化交流之發達，有諸多的醫學著作、房中著作傳至日本。

《醫心方．卷二十八．房內》共收藏專論三十篇，內容十分豐富，涉及男女兩性生活的各個方面，其篇名是：

《至理》第一；《養陽》第二；《養陰》第三；《合志》第四；《臨御》第五；《五常》第六；《五徵》第七；《五欲》第八；《十動》第九；《四至》第十；《九氣》第十一；《九法》第十二；《卅法》第十三；《九狀》第十四；《六勢》第十五；《八益》第十六；《七損》第十七；《還精》第十八；《施瀉》第十九；《治傷》第二十；《求子》第廿一；《好女》第廿二；《惡女》第廿三；《禁忌》第廿四；《斷鬼交》第廿五；《用藥石》第廿六；《玉莖小》第廿七；《玉門大》第廿八；《少女痛》第廿九；《長婦傷》第三十。

《至理篇》强調了性生活是人正常生活所必需，如果陰陽不交反會導致疾病。

書中寫道：

黃帝問素女曰：今欲長不交接，爲之奈何？素女曰：不可。天地有開闔，陰陽有施化，人法陰陽，隨四時，今欲不交接，神氣不宣布，陰陽閉隔，何以自補練氣，數行去故納新以自助也？

《至理篇》又引用彭祖的話闡明了掌握房中術的重要性：

愛精養神，服食衆藥，可得長生，然不知交接之道者，雖服藥無益也。男女相成，猶天地相生也。天地得交接之道，故無終竟之限，人失交接之道，故有廢折之漸。能避漸傷之事，而得陰陽之術，則不死之道也。

又引玄女的話説：

天地之間動須陰陽，陽得陰而化，陰得陽而通。男有八節，女有九宮，用之失度，男發癰疽，女害月經，百病生長，壽命銷亡。能知其道，樂而且强，壽即增延，色如華英。

《至理篇》還論述了男女交接的法度，它引用《素女經》説：

黃帝曰：夫陰陽交換節度爲之奈何？素女曰：交接之道，故有形狀，男致不衰，女除百病，心意娛樂氣力强。然不知行者，漸以衰損。欲知其道，在於定氣、安心、和志，三氣皆至，神明統歸。不寒不熱，不饑不飽，亭身立體，性必舒遲，

> 淺納徐動，出入欲希，女快意，男盛不衰，以此爲節。

這就是說，男女交接的法度在於安心、凝神、定氣，情緒輕鬆愉快，動作舒緩而不急躁，要以保護和增進男女雙方的身心健康爲最高準則。

《養陽篇》和《養陰篇》分別闡述了男女性生活對雙方的補益作用。

《和志篇》强調男女性生活要「和」，要雙方願意，「俱有悅心」，相互配合，相互默契；否則，如果勉强交合，非徒無益，反而有害。它引《洞玄子》說：

> 男唱而女和，上爲而下從，此物事之常理也。若男搖而女不應，女動而男不從，非只損於男子，亦乃害於女人。

接著有引《玄女經》說：

> 黃帝曰：交接之時，女或不悅，其質不動，其液不出，玉莖不强，小而不勢，何以爾也？玄女曰：陰陽者相感而應耳，故陽不得陰則不喜，陰不得陽則不起。男欲接而女不樂，女欲接而男不欲，二心不和，精氣不感，加以卒上暴下，愛樂未施。男欲求女，女欲求男，俱有悅心，故女質振感，男莖强。

《臨御篇》主要論述了性交前的各種準備活動。《五徵》、《五欲》、《十動》、《四至》、《九法》、《卅法》、《九狀》等重點闡述了女子的性反應以及性交的各種動作和姿態，包括一些仿生動作，有許多仿生動作是和馬王堆漢墓出土的《合陰陽》、《天下至道談》中所述相類似的。

《七損篇》和《八益篇》都引用了《玉房秘訣》的論述説明，在男女性生活中，有哪些做法對人體有益，有哪些做法有害。

《還精篇》主要闡述如何做到交合而不瀉精，以便還精補腦。《施瀉篇》則闡述不同年齡特徵和不同體質條件的人的性交頻率。該篇寫道：

> 年廿盛者日再施，羸者可一日一施；年卅盛者可一日一施，劣者二日一施；四十盛者三日一施，虚者四日一施；五十盛者五日一施，虚者十日一施；六十盛者十日一施，虚者廿日一施；七十盛者可卅日一施，虚者不瀉。

除此而外，還有另外一種説法，因此該篇又寫道：

> 年廿常二日一施，卅三日一施，四十四日一施，五十五日一施，年過六十以去，勿復施瀉。

這兩段闡述不完全一致，前一段闡述的性交頻率似乎偏高，但有年齡大小、體質盈虛的區分；後一段闡述的性交頻率似乎較爲適中，但未區分體質的不同。該篇又闡述了季節變化對性交頻率的影響，如引用《養生要集》説：

> 道人蒯京云：春天三日一施精，夏及秋當一月再施精，冬當閉精勿施。夫天道冬藏其陽，人能法之，故得長生，冬一施當春百。

《治傷篇》顧名思義就是闡述房事勞損及其防治。該篇引《玉房秘訣》云：

沖和子曰：夫極情逞欲，必有損傷之病，斯病亦以斯瘉（即以正確的性交以治性交勞損之病），解酲以酒足爲喻也。

接著寫道：

采女曰：男之盛衰何以爲傷？彭祖曰：傷盛得氣，則玉莖當熱，陽精濃而凝也。其衰有三：一曰精洩而出，則氣傷也；二曰精清而少，此內傷也；三曰精變而臭，此筋傷也。凡此衆傷，皆由不徐交接而卒暴施瀉之所致也。治之法，但御而不施，不過百日，氣力必致百倍。

以上所述卒暴之合、濫施洩瀉是導致房勞的重要原因，這是對的；但如果說「御而不施」就能治之，似乎沒有科學道理。該篇又闡述了幾種性交勞傷的表現，如飲食過飽而交接，則「病創，胸氣滿，脅下如拔，胸中若裂，不欲飲食，心下結塞，時嘔吐青黃。」如醉酒而交接，即病黃疸、黑癉、脅下痛，「甚者胸背痛，咳吐血。」「當溺不溺以交接，則病痔，小腹氣急，小便難，莖中疼痛。」「當大便不大便而交接，即病痔，大便難。」這些闡述是頗有見地的。

至於《用藥石篇》則記載了治療男子五勞七傷以及陽痿等病的方藥。《玉門大》、《少女痛》等篇則記載了治療女子陰寬、陰冷及因性交而損傷陰部的方藥。

《求子篇》則從優生出發，闡述了不少性交忌宜之事。如引《產經》說，「溫病未癒」及「憂恐」、「憂惶」時不宜交合，否則「生子不祥」。又引《玉房秘訣》說「合陰陽有七忌」，其中除了忌弦望晦朔等似無科學道理外，其他各忌都和我們目前所了解的科學道理很符合，如「第三之忌，新飲酒飽食，穀氣未行，以合陰陽，腹中彭亨，小便白濁，以是生子，子必顛狂。」又如「第五之忌，勞倦重擔，志氣未定，以合陰陽，筋腰苦痛，以是生子必殘廢。」還說：「大醉之子必痴狂，勞倦之子必廢傷。」這些內容對人們都是有啟示的。

《求子篇》又引用《洞玄子》所述，闡明了一些關於胎教的道理，如：

凡女懷孕之後，須行善事，勿視惡色，勿聽惡語，省淫欲，勿咒詛，勿罵詈，勿驚恐，勿勞倦，勿妄語，勿憂愁，勿食生冷醋滑熱食，勿乘車馬，勿登高，勿臨深，勿下坂，勿急行，勿服餌，勿針灸，皆須端心正念，常聽經書，遂令男女如是聰明智慧，忠貞賢良，所謂教胎者也。

以上這些禁忌，很值得分析、參考。

綜觀《醫心方·卷二十八·房內》，其中確實彙集了許多古代有關性的文獻資料，也有不少精闢論述，丹波康賴的這一工作十分可貴，對當時的中、日文化交流，對今天的中國古代性文化研究，都起到不可磨滅的巨大作用。但是，其中也有一些糟檞，諸如各種採陰之說，主張壯男與少女交合，壯婦與童男交合，一男與多女交合等。如說：「男子欲得大益，……當御童女，顏色亦當如童女，但苦不少年耳。」又說：「西王母無夫，好與童男交」。還說：「御女苦不多耳」，「數數易女則益多，一夕易十人以上尤佳」。這些論述都是視婦女爲性工具，爲封建統治者淫佚取樂製造理論根據，這種時代和階級的烙印和前面所述的孫思邈的《千金要方》以及其他古人性學著作都有共同之處。

《洞玄子》

《洞玄子》的作者真實姓名和生平年代目前都很難查考。此書目前從丹波康賴的《醫心方》中輯出，首尾連貫，似爲完帙。洞玄子自言曰：「至於玄女之法，傳之萬古，都具陳其梗概，仍未盡其機微。余每覽其條，思補其闕，綜習舊儀，纂此新經。」由此可知此書是綜合古代房中著作，補缺闡微的，其內容出入於《隋志》、《唐志》所載《素女經》、《玉房秘訣》之間，語言多似元朝人綺語，則可大致推知此書乃唐人所作。

該書十分强調房中氣功導引，認爲房室之事要循天地之法，遵陰陽之理，方可養性延齡。例如：

洞玄子曰：夫天生萬物，唯人最貴。人之所上，莫過房欲。法天象地，規陰矩陽。悟其理者，則養性延齡；慢其真者，則傷神夭壽。

但是《洞玄子》一書的最大特點是對古代房室交合藝術的全面論述，是對房事的體位、方法的全面總結。關於這方面的內容，其他古代醫書中雖然也有論及，但沒有超過《洞玄子》的。例如，關於具體的交合動作，《合陰陽》中有「十修」、「八動」；《天下至道談》有「八道」；《素女經》中有「伸縮俯仰、前卻屈折」八事；而《洞玄子》則歸納爲「九狀」、「六勢」，充分説明了房事藝術的豐富和多樣。這種研究，可以爲帝王、貴族、官僚、豪紳的淫樂服務，也可以增强一般夫妻的感情，使夫妻琴瑟相和，生活幸福美滿。

例如，書中有以下一段文字：

洞玄子曰：夫天左旋而地右回，春夏謝而秋冬襲，男唱而女和，上爲而下從，此物事之常理也。若男搖而女不應，女動而男不從，非直損於男子，亦乃害於女人。此由陰陽行很，上下了戾矣，以此合會，彼此不利。故必須男左轉而女右回，男下衝女上接，以此合會，乃謂天平地成矣。

凡深淺遲速，捌捩東西理非一途，蓋有萬緒。若緩衝似鯽魚之弄鈎，若急蹙如羣鳥之遇風，進退牽引，上下隨迎，左右往還，出入疏密，此乃相持成務，臨事制宜，不可膠柱宮商，以取當時之用。

凡初交會之時，男坐女左，女坐男右，乃男箕坐，抱女於懷中，於是勒纖腰，

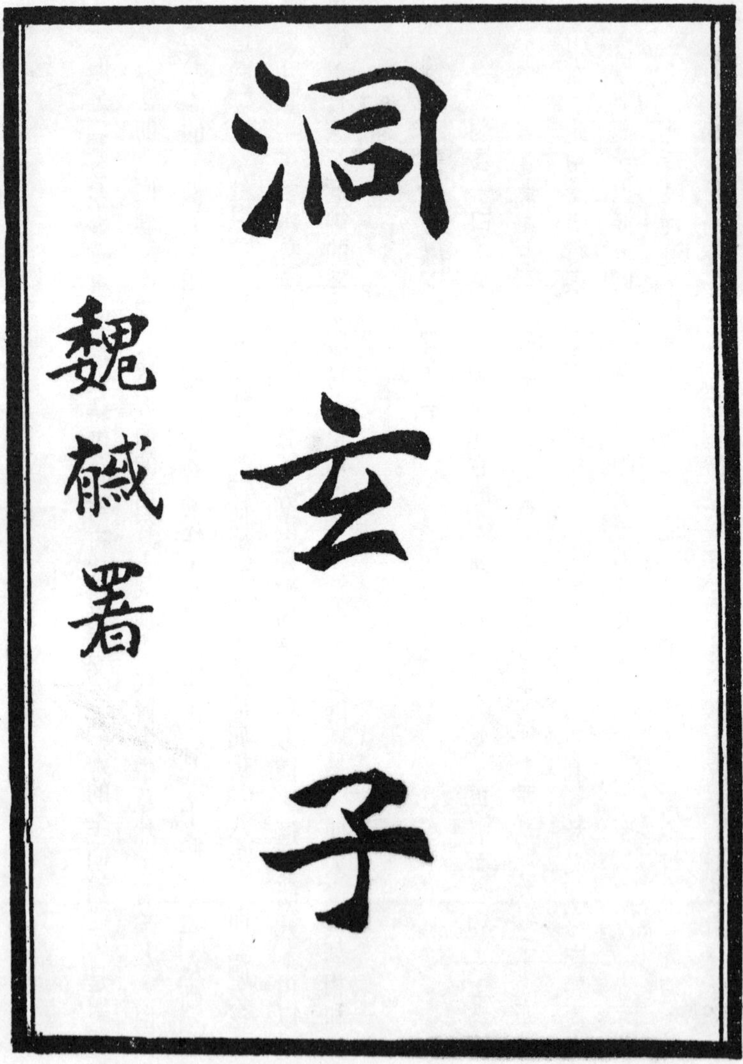

插圖 5-32 《洞玄子》清刊本

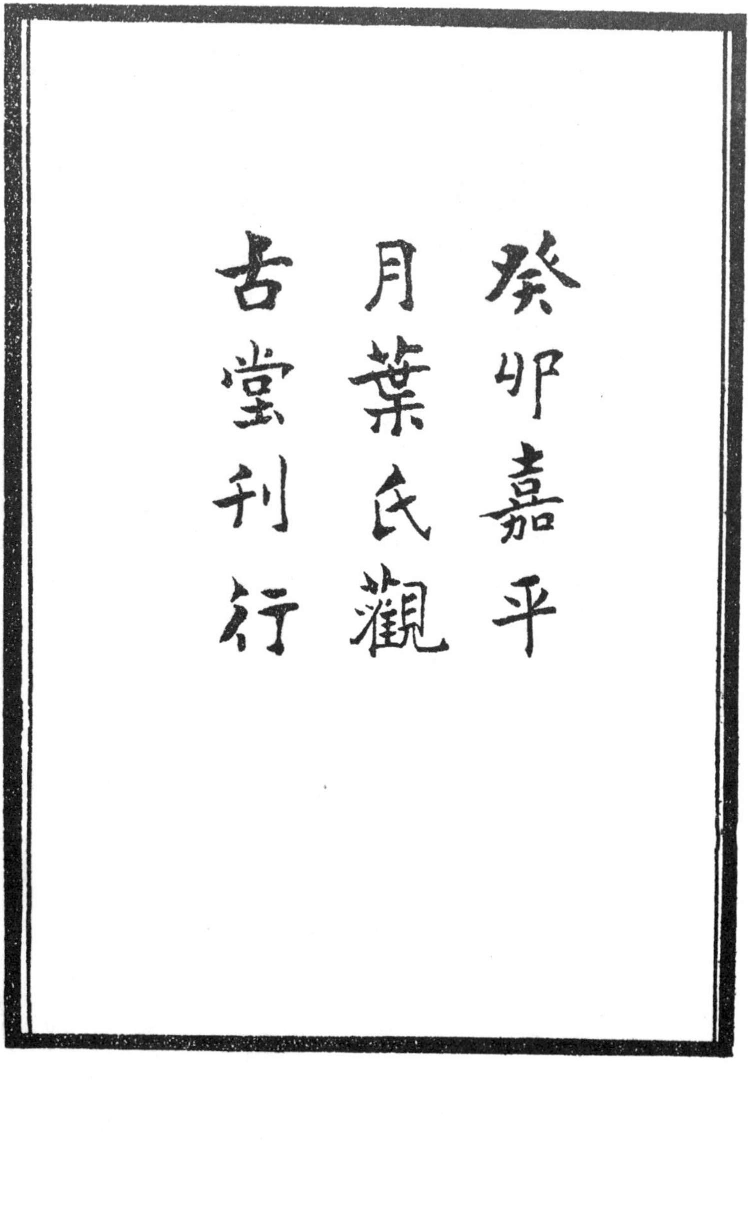

癸卯嘉平月葉氏觀古堂刊行

挽玉體，申嬿婉，敍綢繆，同心同意，乍抱乍勒，兩形相搏，兩口相嫣，男含女下唇，女含男上唇，一時相吮，茹其津液，或緩嚙其舌，或微齚其唇，或邀遣抱頭，或逼命拈耳，撫上拍下，嗎東嘔西，千嬌既申，百慮竟解，乃令女左手抱男玉莖，男以右手撫女玉門。於是男感陽氣，則玉莖振動，其狀也，峭然上聳，若孤峯之臨迥漢；女感陽氣，則丹穴津流，其狀也，涓然下逝，若幽泉之吐深谷，此乃陰陽感激使然，非人力之所致也。勢至於此，乃可交接。或男不感振，女無淫津，皆緣病發於內，疾形於外矣。

洞玄子曰：凡初交接之時，先坐而後臥，女左男右。臥定後，令女正面仰臥，展足舒臂，男伏其上，跪於股內，即以玉莖豎拖於玉門之口，森森然若偃松之當邃谷洞前，更拖磣勒，嗚口嗍舌。或上觀玉面，下視金溝，撫拍肚乳之間，摩挲璇台之側，於是男情既感，女意當迷，即以陽鋒綜橫攻擊，或下衝玉理，或上築金溝，擊刺於辟雍之旁，憩息於璿台之右（以上外遊未內交也），女當淫津湛於丹穴，即以陽鋒投入子宮，快泄其精，津液同流，上灌於神田，下灌於幽谷，使往來拚擊，進退揩磨，女必求死求生，乞性乞命，即以帛子乾拭之後，乃以玉莖深投單穴，至於陽台，岩岩然若巨石之擁深溪。乃行九淺一深之法，於是綜拄橫挑，傍牽側拔，乍緩乍急，或深或淺，經廿一息，候氣出入，女得快意，男即疾挫急刺，磣勒高抬，候女動搖，取其緩急，即以陽鋒攻其谷實，捉入於子宮，左右研磨，自不煩細細抽拔，女當津液流溢，男即須退，不可死還，必須生返，如死出大損於男，特宜慎之。

洞玄子還說：

考核交接之勢，更不出於卅法，其間有屈伸俯仰，出入淺深，大大是同，小小有異，可謂括囊都盡，采摭無遺。余遂像其勢而錄其名，假其形而建其號，知音君子，窮其志之，妙矣。

《洞玄子》把這三十種性交動作，以動物的動作命名，這三十法是，敘綢繆、申繾綣、曝鰓魚、麒麟角、蠶纏綿、龍宛轉、魚比目、鷰同心、翡翠交、鴛鴦合、翻空碟、背飛鳧、偃蓋松、臨壇竹、鸞雙舞、鳳將雛、海鷗翔、野馬躍、驥騁足、馬搖蹄、白虎騰、玄蟬附、山羊對樹、鶤雞臨場、丹穴鳳遊、玄溟鵬翥、吟猿抱樹、貓鼠同穴、三春驢、秋狗。[26]這三十種技法，基本都是從最基本四式變化而來，各式皆形似類似，評語各有「大俊也」，「大興哉」，「甚俊」等，但其好處卻沒有說明。

《玉房秘訣》

此書最早見於晉葛洪的《抱朴子內篇·遐覽》以後又見於《隋書·經籍志》子部醫家

類，均不題撰人。《舊唐書．藝籍志》又提到此書八卷，云沖和子撰。《新唐書．藝文志》作《沖和子玉房秘訣》十卷，云張鼎撰。可是這幾部書到宋時即已失傳，只有日本丹波康賴的《醫心方》中引用了一些，流傳至今。

沖和子是唐代醫學家張鼎之號，又稱中和先生，其生平目前很難查考。《抱朴子內篇》所錄載的《玉房秘訣》可能是古本，沖和子所著是異本、傳本還是增改本，目前很難斷定。

其內容大致有以下幾個方面：

1. 論述了在房事過程中女子的性生理和性心理變化

與男交，當安心定意，有如男子之未成，須氣至，乃小收情志，與之相應，皆勿振搖踴躍，使陰精先竭也，陰精先竭，其處空虛，以受風寒之疾。或聞男子與他人交接，嫉妒煩悶，陰氣鼓動，坐起悁恚，精液獨出，憔悴暴老，皆此也，將宜抑慎之。

若知養陰之道，使二氣和合，則化爲男子。若不爲子，則轉成精液，流入百脈，以陽養陰，百病消除，顏色悅澤，肌好，延年不老，常如少童。審得其道，常與男子交，可以絕穀九日而不知饑也。有病與鬼交者，尚可不食而痟瘦，況與人交乎？

以上大意是如果女子已達性興奮而男子尚未興奮，則女子要安心定意地等待，不可使「陰精先竭」，否則會受「風寒之疾」。女子如果產生性妒忌心理而心情煩悶，精液獨出，就會憔粹暴老。所以女子應懂養陰之道，才能益壽延年。但是，這一段論述又和另一段「沖和子曰：養陽之家，不可令女人竊窺此術，非但陽無益，乃至損病，所謂利器假人，則攘袂莫擬也」有矛盾，可能是古代房中著作輾轉傳抄，後人擅自增删，內容混雜的緣故。

2. 論述擇女標準

《玉房秘訣》從交合與損益的關係來談擇何種女子性交爲宜，其內容與《素女經》基本相同；但其中也夾雜不少以女子爲玩物與淫逸取樂的思想。

沖和子曰：婉娩淑慎，婦人之性，美矣。能濃纖得宜，修短合度，非徒取悅心目，抑乃尤益壽延年。

欲御女，須取少年未生乳，多肌肉，絲髮小眼，眼精白黑分明者，面體濡滑，言語音聲和調；而下者，其四肢百節之骨皆欲令没肉多而骨不大者；其陰及腋下不欲令有毛，有毛當令細滑也。

若惡女之相，蓬頭垢面，捶項結喉，麥齒雄聲，大口高鼻，目精渾濁，口及頷有高毛似鬢髮者，骨節高大，黃髮，少肉，陰毛大而且強，文多逆生，與之交會皆

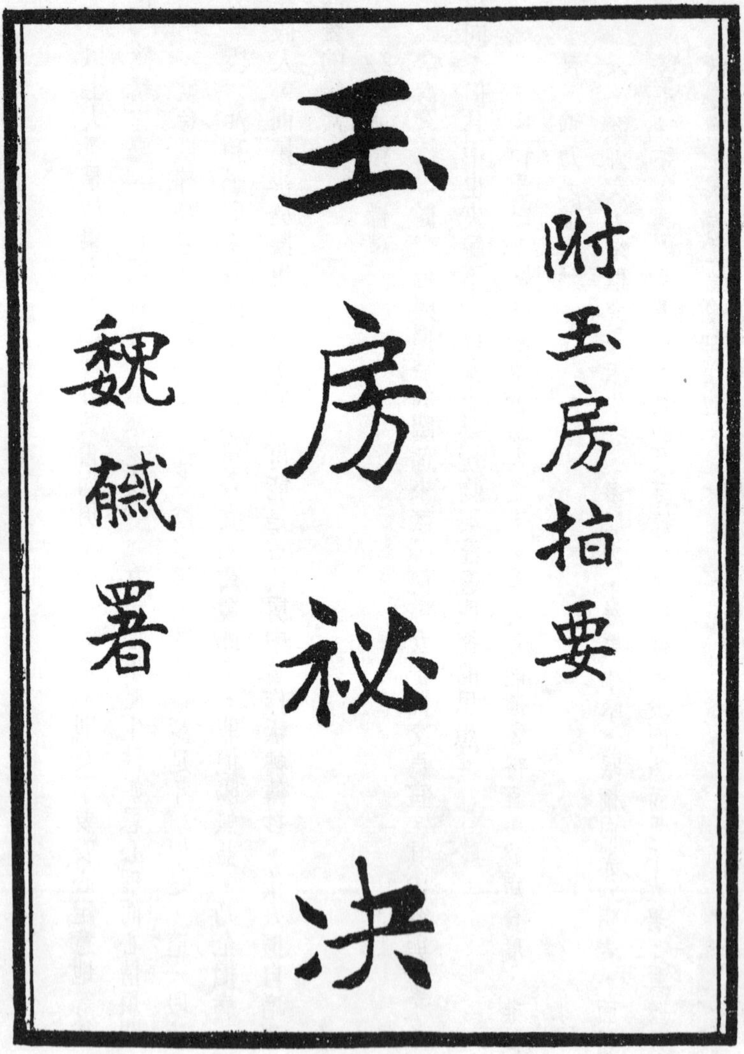

插圖 5–33　《玉房秘訣》清刊本

癸卯嘉平
長沙葉氏
觀古堂刊

賊損人。女子肌膚粗不御，身體癯瘦不御，常從高就不下御，男聲氣高不御，脛股生毛不御，嫉妒不御，陰冷不御，不快善不御，食過飽不御，年過四十不御，心腹不調不御，逆毛不御，身體常冷不御，骨強堅不御，卷髮結喉不御，腋偏臭不御，生淫水不御。

3.指出要以性交來糾正性交之病

有些人由於極情逞慾，或性交方法不當，姿勢不對，或因侵飽、侵酒，或因當溺不溺、當大便而不大便遂急於性交等情況而受損傷，那麼要根據其病因和症狀「解醒以酒」，即以一定的科學的性交方法來治療由於性交不當而受的損傷。這是古代房中家實踐經驗的總結，多與中醫學的陰陽五行、氣血經絡理論相結合，含有氣功導引之法，所以有一定的參考價值。這一部分論述是《玉房秘訣》一書的重點與精華部分。

沖和子曰：夫極情逞欲，必有損傷之病，斯乃交驗之著明者也。既以斯病，亦以斯愈，解醒以酒，足爲喻也。

交接取敵人著腹上者，從下舉腰應之，則苦腰痛、少腹裡急、兩腳拘、背曲，治之法：覆體正身，徐戲愈。

交接開目，相見形體。夜燃火視圖書，即病目瞑青盲，治之法：夜閉目而交愈。

交接側斯（身），旁向敵，手擧敵尻，病脅痛，治之法：正臥徐戲愈。

交接低頭延頸，則病頭重項强，治之法：以頭置敵人額上不低之愈。

交接侵飽，謂夜半飯氣未消而以戲，即病創胸，氣滿，脅下如拔，胸中苦裂，不欲飲食，心下結塞，時嘔吐青黃，胃氣實，結脈。若衄吐血，若脅下堅痛，面生惡創，治之法：過夜半向晨交愈。

交接侵酒，謂醉而後交接，戲，用力深極，即病黃疸，裡癉，脅下痛，有氣接接動手下，髀裡若囊盛水撒齊上，引肩膊。甚者，胸背痛，咳吐血，上氣，治之法：勿復乘酒熱，向晨交接，戲徐緩體愈。

當溺不溺以交接，則病淋，少腹氣急，小便難，莖中疼痛，常欲手撮持，須臾乃欲出，治之法：先小便，還臥，自定，半飯久，頃乃徐交接愈。

當大便不大便而交接，即病痔，大便難至，清移日月，下膿血，孔旁生創如蜂穴狀，清上傾倚，便不時出，疼痛臃腫，臥不得息，以道治之，法用：雞鳴際先起，更衣還臥，自定，徐相戲弄，完體緩意，令滑澤而退，病愈神良，並愈婦病。

交接過度，汗如珠子。屈伸轉側，風生被裡，精虛氣竭，風邪入體，則病緩弱爲跛蹇，手不上頭，治之法：愛養精神，服地黃煎。

巫子都曰：令人目明之道，臨動欲施時，仰頭閉氣大呼，瞋目左右視，縮腹，還精氣令入百脈中也。

令耳不聾之法，臨欲施瀉，大咽氣，合齒閉氣，令耳中蕭蕭聲，復縮腹合氣，流布至堅，至老不聾。

調五臟消食療百病之道，臨施張腹，以意內氣，縮後，精散而還歸百脈也。九淺一深至琴弦、麥齒之間，正氣還，邪氣散去。令人腰背不痛之法：當壁申腰，勿甚低昂，平腰背所，卻行，常令流欲補虛，養體治病，欲寫勿寫，還流流中，流中通熱。

夫陰陽之道，精液爲珍。即能愛之，性命可保。凡施寫之後，當取女氣以自補。復建九者，內息九也；厭一者，以左手殺陰下，還精復液也。取氣者，九淺一深也。以口當敵口，氣呼以口吸，微引二無咽之，致氣以意下也。至腹，所以助陰爲陰力。如此三反，復淺之，九淺一深，九九八十一，陽數滿矣。玉莖堅出之，弱內之，此爲弱入强出。陰陽之和，在於琴弦麥齒之間，陽困昆石之下，陰困麥齒之間，淺則得氣，遠則氣散，一至穀實傷肝，見風淚出，溺有餘瀝；至臭鼠傷肺，咳逆，腰背痛，至昆石傷脾，腹滿，腥臭，時時下利，兩股疼，百病生於昆石，故傷。交接合時，不欲及遠也。

黃帝曰：犯此禁，療方奈何？

子都曰：當以女復療之也。其法：令女正臥。兩股相去九寸，男往從之，先飲玉漿，久久乃弄鴻泉，乃徐內玉莖，以手節之，則裁至琴弦麥齒之間，敵人淫欲心煩，常自堅持，勿施寫之。度卅息令堅强，乃徐內之，令至昆石，當極洪大，大則出之。少息劣弱，復內之，常令弱入强出，不過十日，堅如鐵，熱如火，百戰不殆也。

宋書功在《中國古代房室養生集要》一書中指出，在以上內容中，關於以九淺一深取女氣自補之法，論述得較其他古代房中書爲詳，還指出此書特別强調陰莖刺入琴弦麥齒之間，是保健除疾的最佳部位，指出「百病生於昆石」，認爲要「交接合時，不欲及遠（深）」，這些說法與《天下至道談》一致，而且有其發明和獨創之處。

4.提出男女交合有「七忌」

第一之忌，晦朔弦望以合陰陽，損氣，以是生子，必刑殘，宜深慎之。

第二之忌，雷風，天地感動以合陰陽，血脈湧，以是生子，必癰腫。

第三之忌，新飲酒，飽食，穀氣未行以合陰陽，腹中彭亨，小便白濁，以是生子，必顛狂。

第四之忌，新小便精氣竭以合陰陽，經脈得澀，以是生子，子必妖孽。

第五之忌，勞倦重擔，志氣未安以合陰陽，筋腰苦痛，以是生子，子必夭殘。

第六之忌，新沐浴，髮膚未燥以合陰陽，令人短氣，以是生子，子必不全。

第七之忌，兵堅盛怒，莖脈痛，當合不合，內傷有病，如此爲七傷。

人生喑聾者，是臘月暮之子，臘暮百鬼聚會，終夜不息。君子齋戒，小人私合陰陽，其子必喑聾。

人生傷死者，名曰火子。燃燭未滅而合陰陽，有子必傷，死市中。

人生顛狂，是雷電之子。四月、五月，大雨霹靂，君子齋戒，小人私合陰陽，生子必顛狂。

人生爲虎狼所食者，重服之子。孝子戴麻不食肉，君子羸頓，小人私合陰陽，有子必爲虎狼所食。

人生溺死者，父母過胞藏於銅器中，覆以銅器埋於陰陽下，入地七尺，名曰童子裡溺死水中。

大風之子多病，雷電之子顛狂，大醉之子必痴狂，勞倦之子必夭傷，月經之子兵亡，黃昏之子多變，人定之子不喑則聾，日入之子口舌不祥，日中之子顛病，哺時之子自毀傷。

凡服藥虛劣及諸病未平復，合陰陽並損人。

月煞不可合陰陽，凶。建破執定日及血忌日不可合陰陽，損人。

沖和子曰：《易》云：「天垂象見吉凶，聖人象之。」《禮》云：「雷將發聲，生子不戒，必有凶災。」斯聖人作誡，不可不深慎者也。若夫天變見於上，地災作於下，人居其間，安得不畏而敬之？陰陽之合，尤是敬畏之大忌者也。

以上這些內容，和歷代許多房中理論家所提出的交合禁忌一樣，既有科學成分，也有唯心的以至迷信的成分，是值得分析的。

5.論述求子與優生

彭祖曰：求子之法，當蓄養精氣，勿數施舍，以婦人月事斷絕潔淨三五日而交，有子則男，聰明才智，老壽高貴；生女清賢配貴人。

當向晨之際以御陰陽，利身便軀，精光益張，生子富貴長命。

男子滿百歲生子多不壽。八十男可御十五、十八女，則生子不犯禁忌，皆壽老。女子五十得少夫亦有子。

婦人懷子未滿三月，以戊子取男子冠纓燒之以取灰，以酒盡服之，生子富貴明達，秘之秘之！

婦人無子，令婦人左手持小豆二七枚，右手扶男子陰頭內女陰中，左手內豆著口中，女自男陰同入，聞男陰精下，女仍當咽豆。有效，萬全不失一也。女人自聞知男子精出，不得失候。

陽精多則生男，陰精多則生女。陽精爲骨，陰精爲肉。

這一段論述從優生的角度看，有一些科學道理，但有更多的糟粕。例如把優生與「富貴」聯繫在一起；「八十男可御十五、十八女」，「女子五十得少夫亦有子」；「取男子冠纓燒之以灰」以及交合時「咽豆」等，其中不科學的成分是不少的。

6.强調要「多御女」

彭祖曰：夫男子欲得大益者，得不知道之女爲善，又當御童女，顏色亦當如童女。女苦不少年耳。若得十四五以上，十八九以下，還甚益佳也。然高不過三十，雖未三十而已產者，爲之不能益也。吾先師相傳此道者，得三千歲。兼藥者可得仙。

欲行陰陽取氣養生之道，不可以一女爲之，得三若九若十一，多多益善。採取其精液，上鴻泉還精，肌膚悅澤，身輕目明，氣力强盛，能服衆敵，老人如廿時，若年少，勢力百倍。

御女欲一動輒易女，易女可長生。若故還御一女者，女陰氣轉微，爲益亦少也。

靑牛道士曰：數數易女則益多，一夕易十人以上尤佳。常御一女，女精氣轉弱，不能大益人，亦使女瘦瘠也。

沖和子曰：非徒陽可養也，陰亦宜然。西王母是養陰得道之者也，一與男交，而男立損病，女顏色光澤，不著脂粉，常食乳酪而彈五弦，所以和心繫意，使無他欲。

王母無夫，好與童男交，是以不可爲世教。何必王母然哉？

這一段文字可以說是古代房中書糟欅的集聚，典型地反映出在封建社會中男子以女子爲玩物、侮辱婦女人格、摧殘少女的思想。例如「欲行陰陽取氣養生之道，不可以一女爲之，得三若九若十一，多多益善」；「御女欲一動輒易女，易女可長生」，「數數易女則益多，一夕易十人以上尤佳」，實在是太荒謬了。

①以上見《新唐書・諸帝公主》、《舊唐書・楊恭仁傳》、《舊唐書・蕭復傳》、《舊唐書・李寶臣附李唯簡傳》。

②此畫爲宋徽宗趙佶的臨摹本，現藏故宮博物院。

③以上均見《開元天寶遺事》、《明皇雜錄》、《楊太眞傳》。

④以上內容可詳見高世瑜：《唐代婦女》。

⑤《資治通鑑》卷二四八：武宗會昌六年。

⑥《全唐文》卷一四二：李百藥《請放宮人封事》。

⑦《資治通鑑》卷二七三：莊宗同光三年。

⑧《敦煌資料》第一輯《放良書樣文五件》。

⑨客女的身份比婢女高，是部曲之女或由婢女放免而成，她們可以被轉讓，但不能像婢女一樣買賣，客女只有豪門大戶才有。

⑩《朝野僉載》卷二。《舊唐書・韋安石傳》。

⑪《魏書・文成帝紀》及《九朝律考》。

⑫分見《北夢瑣言》卷四、《太平廣記》卷一五九、《全唐詩》卷八七一。

⑬分見李景亮《李章武傳》、《達奚盈盈傳》（見王銍《默記》下）、《太平廣記》卷三四五、三〇六。

⑭《舊唐書・李林甫傳》、《舊唐書・王縉傳》。

⑮本節資料主要採自高國藩：《敦煌民族學》、《中國民俗探微》。

⑯以上均見高國藩：《中國民俗探微》。

⑰康熙年手抄本，作者收藏。

⑱毛髮、指甲治病見《本草綱目》人部第五十二卷；桃枝治病見《本草綱目》服器部第三十八卷；苦楊治病見《本草綱目》木部第三十五卷。

⑲這些龜茲壁畫的新婚性愛圖，都選自高國藩《敦煌民俗學》中所載潘丁丁、龔建新、祁協玉三人在龜茲地區石窟中所臨描的壁畫線描稿。

⑳以上分見《金華子雜編》、《北夢瑣言》、《續世說》、《雲溪友議》、《全唐詩》等。

㉑《全唐詩》載白居易《楊柳枝詞》附引《雲溪友議》。

㉒關於《香奩集》是韓偓所作或和凝所作，宋以來有爭論，參看《新校正夢溪筆談》卷十六。

㉓清末任陸軍部尚書、直隸總督，曾去歐洲考察各國政治，當時頗有聲望。

㉔此三字脫落，疑爲「之共賞」三字。

㉕當時的文人這方面的筆墨很多，如前所述，李白《對酒》：「玳瑁筵中懷裡醉，芙蓉帳裡奈君何」的詠性生活詩句；李商隱《藥轉》：「鬱金堂北畫樓東，換骨神方上藥通」的詠私通與墮胎的詩句；《碧城三首》之二的「紫鳳放嬌銜楚佩，赤鱗狂舞撥湘弦」等描寫男女情慾的詩句，可以找出很多，而這些作者都不是性放蕩的文人。

㉖詳細內容可參看宋書功：《中國古代房事養生集要》。

第六章　理學開始盛行的封建王朝

（宋、元）

北宋的建立，結束了唐末五代的割據、混亂的局面，宋人認爲，恰像宋太祖趙匡胤《詠初日》詩所說：「一輪頃刻上天衢，逐退羣星與殘月。」可是，統一的範圍與前朝相比，是大大縮小了，石敬瑭割讓出去的燕雲十六州仍屬遼國，一而再、再而三地喪師失地證明了宋無力抵抗遼、西夏、金的侵擾，於是對外也愈變愈卑遜，從「奉之如驕子」到「敬之如兄長」，以至「事之如君父」（楊有仁編楊愼：《太史升庵全集》卷四八），成爲中國歷史上統一朝代中最衰弱的朝代。

面臨外族的頻繁侵擾，同時汲取唐朝藩鎮割據和分裂的教訓，避免「陳橋兵變」的重演，宋朝在軍事、政權、財政、司法等方面實行了高度的中央集權，對社會實行嚴密的控制。

爲適應這一政治需要，「道學」或「理學」產生了。理學因宋儒多言「理」而得名。理的內容就天道言，爲元、亨、利、貞，即生、長、遂、成的生生不息的過程；就人道言，爲仁、義、禮、智。理超於一切之上，「未有這事，先有這理。如未有君臣，已先有君臣之理；未有父子，已先有父子之理」。（程頤、程顥：《遺書》）爲學之道在於存天理去人慾，變化人的氣質之性，恢復人的義理之性。其方法爲「格物窮理」，窮事物之理積久便可豁然貫通，使心中之理彰明。

「存天理滅人慾」的思想貫穿於社會各個領域，使人們的性需要處於空前的壓抑與禁錮之中，使女子所受的壓迫與束縛發展到無以復加的地步，人性嚴重地被扭曲，與唐代相比，這種情況非常突出。宋代的性禁錮和性壓抑體現了衰微社會的一大特色。

第一節　女子貞節觀的發展

在封建社會中，性壓抑和性禁錮總是和對女子的壓迫和束縛緊密地聯繫在一起的，這種情況源遠流長，但是在宋代尤爲突出。

男女有別的戒律

對女子的性壓迫，首先强調她們與異性的隔離與疏遠，嚴防非夫婦關係的兩性有過多的接觸，更不允許女子與自己丈夫以外的任何男子發生愛情與性關係了。可是，「男女授受不親」，雖然應該是對男女都是同樣的要求，但實際上只要求女子而不要求男子，男子眠花宿柳、納妾買婢還被認爲是風流韻事。

這種「男女有別」、「設男女之大防」的禮教一直被認爲是儒家思想，其實，儒家的老祖宗孔、孟並非完全如此。孟子就有「王如好色，與百姓同之」的開明思想，一部《論語》中也無一言及男女大防。雖然孟子的「男女授受不親」被後世道學家們大肆引用，但是，《孟子．離婁上》又有這樣的話：

> 淳於髡曰：男女授受不親，禮歟？孟子曰：禮也。曰：嫂溺則援之以手乎？曰：嫂溺不援，是豺狼也。男女授受不親，禮也；嫂溺援之以手，權也。

以上這段論述還較爲開明，雖然提出「男女授受不親」，但嫂子落水快淹死時，必須拉她、救她，這是「權」（變通），否則，見死不救，就是豺狼。這種觀點還算是有人性的，不像宋代以後在這方面已荒誕到滅絕人性的程度。

儒家是講究「禮」的，但孟子認爲食、色這些人類最基本的要求也有重於禮的時候。有人問屋廬子食、色與禮相比孰重，屋廬子認爲禮重，於是那人問道：「以禮食則饑而死；不以禮食則得食，必以禮乎？親迎則不得妻，不親迎則得妻，必親迎乎？」屋廬子不能對，跑去請教孟子，孟子認爲很容易回答：

> 金重於羽者，豈謂一鈎金與一輿羽之謂哉？取色之重者與禮之輕者而比之，奚翅食重？取色之重者與禮之輕者而比之，奚翅色重？（《孟子．告子下》）

這段論述的意思是不能一般地、抽象地講誰比誰重，而要看具體情況。孟子又教屋廬子去反問那人：「紾兄之臂而奪之食則得食，不紾則不得食，則將紾之乎？逾東家牆而摟其處子則得妻，不摟則不得妻，則將摟之乎？」意思是説，如果搞了親迎的婚禮反而會得不到妻，那不妨變通一下，不搞也可，因爲得妻爲重，舉行婚禮與否爲輕；可是，如果非要爬過牆去對東鄰女施行非禮才能得妻，那就只好不得妻了。這裡，把原則問題與非原則問題區分開來，具體情況具體分析，還是比較辯證的、合情合理的。

這是「男女授受不親」最初的概念。以後，《禮記》把「男女授受不親」的思想具體化、規範化了，如《曲禮》說：

男女不雜坐，不同椸枷，不同巾櫛，不親授。叔嫂不通問，諸母不漱裳，外言不入於梱，內言不出於梱。女子許嫁，纓非有大故不入其門。姑姊妹女子已嫁而反，兄弟弗與同席而坐，弗與同器而食。

這就是說，一家之中，共同生活的男女成員不能隨便坐在一起，不能將衣服掛在同一個衣架上，不能使用同一個巾帕和梳子，不得手接手地遞東西。叔嫂之間不答話。男子在外做官，不與女子談論政事，母、妻、女也不得參與政事。女性的家務瑣事，男子亦不應過問。女子年十五許嫁他人後，除非遇到夫家有疾病、突變，否則不得進未婚夫家門，更不許與未婚夫相見。女子出嫁後回家，兄弟不得與之同席而坐，同器而食。這些束縛實在太嚴格了。

《內則》也規定，男女成員只有在祭祀和治喪時才允許相互遞接器物，平時不允許親手遞東西，而且不得共用一口井，不在一起洗浴，不得睡在一個寢席之上，不得互借東西，不得共用一套衣服。女子如果出門辦事，必須用布或袖子遮著臉面，不讓別人看見。晚上出門，要點上蠟燭，行路走在道左。

到了宋代以後，男女之別更加嚴格了。司馬光的《涑水家儀》規定：

凡爲宮室，必辨内外，深宮固門。内外不共井，不共浴室，不共廁。男治外事，女治内事。男子晝無故，不處私室，婦人無故，不窺中門。男子夜行以燭，婦人有故出中門，必擁蔽其面。男僕非有繕修，及有大故，不入中門，入中門，婦人必避之，不可避，亦必以袖遮其面。鈴下蒼頭但主通内外言，傳致内外之物。

從以上這一段可以看到，女子被禁閉的天地是多麼森嚴，在這種情況下，女子的人性、心理、尊嚴、自由都被扭曲了。

宋代有個名叫鄭綺的人，通春秋穀梁學，曾撰合經數萬言，以事親極者善稱於世。他立下不少家規，六世孫、七世孫、八世孫陸續成文、完善，形成了傳至今世的一百六十八則《鄭氏規範》，其中對女子的束縛和壓抑充分地反映出宋代中後期以及影響後世的許多觀念：

子孫有妻子者，不得更置側室，以亂上下之分，違者責之。若年四十無子者，許置一人，不得與公堂坐。

家中燕享，男女不得互相勸酬，庶幾有別。若家長舅姑宜饋食者，非此。

諸婦必須安詳恭敬，奉舅姑以孝，待娣姒以和。無故不出中門，夜行以燭，無燭則止。如其淫狎，則宜屏放。若有妒忌長舌者，姑誨之；誨之不悛則責之；責之不悛則出之。

諸婦媟言無恥，及干預閫外事者，當罰拜以愧之。

諸婦工作當聚一處。機杼紡績，各盡所長，非但別其勤惰，且革其私。

主母之尊，欲使家衆悅服，不可使側室爲之，以亂尊卑。

諸婦之於母家，二親存者，禮得歸守，無者不許。其有慶弔，勢不得已者，則弗拘此。

女子年及八歲者，不許隨母到外家，餘雖至親之家，亦不許住。

世人生女，往往多至淹没，縱曰女子難嫁，荊釵布裙，有何不可；諸婦違者議罰。

男女不共圊溷，不共湢浴，以僅其嫌。春冬則十日一浴，夏秋不拘。

男女不親授受，禮之常也，諸婦不得刀鑷工剃面。

以上這些重重規範，使女子形成與除丈夫以外的男子必須疏離、隔絕的心理，並且與守節聯繫在一起，認爲如果違反了「男女授受不親」，就是被污，就是失節。五代時有個「寡婦斷臂」的故事，說一個女子運送丈夫的靈柩回家，夜投逆旅，旅店主人拒而不納，牽了她的手臂令出，她就拿起刀來斫去自己的這條手臂，說是被男人玷污了。這在五代並不普遍，但到了宋代被當作「楷模」大力宣揚。經過宋代的提倡，此風日盛，到了元代又出了一個「乳瘍不醫」的事可與前事相比，元明善作《節婦馬氏傳》云：「大德七年十月，乳生瘍，或曰當迎醫，不爾且危。馬氏曰：吾楊氏寡婦也，寧死，此疾不可男子見。竟死。」體膚給男子看見，都認爲是被污辱，寧可付出生命的代價，真是酒沒人性至極。這種現象，不獨宋，元、明、清之際發生也不少；不獨中國，外國發生也不少。十九世紀美國第一個女醫生的出現，就是因爲她的女友私處有病，由於當時沒有女醫生而拒絕求醫，最後死去，她哀女友之不幸，才發憤學醫、行醫的。可見，中外性文化也有相似之處。

「餓死事小，失節事大」

「男女授受不親」實際上是和女子貞節聯繫在一起，並爲女子貞節服務的。女子貞節問題並非由宋代始。如前幾章所述，秦始皇時就開始提出，在漢代女子守貞受到人們的稱譽，並出現了爲保護貞操而喪命的少女，如東漢時，廣漢屬縣縣令姚超的兩個女兒正守閨待字，九種彝發動叛亂，殺了姚超，掠走二女，欲逼迫二人從之。二女爲了不失貞節，投江而死。（《四川總志》）

魏晉時期，女子的貞節被反覆强調，《晉書·列女傳》云：「夫繁霜降節，彰勁心於後凋；橫流在辰，表貞期於上德」。把女子貞潔視爲「上德」。《北史·列女傳》序也說：「蓋女人之德雖在溫柔，立節垂名咸資於貞烈」。這裡的「貞烈」，既包括有夫之婦的節操，也包括未嫁女子的童貞。

到了唐代，對女子「清、貞」的要求又被寫進《女論語》做爲女誡，該書開宗明義第一章就說：「女子……立身之法，惟務清、貞，清則身潔，貞則身榮」。當然，當時對此儘管有一定程度的提倡，但並未形成社會普遍的輿論與民俗民情，社會上對這個問題的掌握仍較寬鬆，對女子再嫁並不予非議。如漢武帝時的平陽公主先嫁曹壽，寡居後，自己「與左右議長安中列侯可爲夫者」，（《史記·外戚世家》）竟自己來挑再婚的丈夫。蔡文姬先嫁衛仲道，又歸南匈奴左賢王，再嫁董祀，當時也不以爲怪。至於唐代公主再嫁之多，早已廣爲人知了。

宋朝初期，對於婦女貞節的觀念亦很寬泛，同前代差不多。可是到了程頤、程顥的時代，對於貞節的觀念就逐漸嚴格起來。《近思錄》載：

或問：「孀婦於理，似不可取，如何？」

伊川先生（即程頤）曰：「然！凡取，以配身也，若取失節者以配身，是己失節也。」又問：「人或居孀貧窮無託者，可再嫁否？」曰：「只是後世怕寒餓死，故有是說。然餓死事極小，失節事極大。」

從此，「餓死事極小，失節事極大」就成了一句傳世名言。自二程四傳而至朱熹，而朱熹的論述對社會影響很大，全祖望稱他的學問「致廣大，盡精微，綜羅百代矣。」他集宋儒理學之大成，不遺餘力地倡導貞節觀。當時有個叫陳師中的人，妹婿死了，朱寫信給他，勸他設法叫其妹守節：

令女弟甚賢，必能養老撫孤以全「柏舟」之節，此事在丞相夫人獎勸扶植以成就之。使自明没爲忠臣，而其室家，生爲節婦，斯亦人倫之美事，計老兄昆弟，必不憚贊成之也。

當然，並不是由於這些道家們的倡導，社會輿論、社會風氣就改變了。在相當長的時期内，在這個問題上有不少矛盾的觀點，即使在這些道學家身上也有不少自相矛盾之處。例如儘管程頤叫嚷「餓死事極小，失節事極大」，可是他的甥女曾經再醮，他的侄媳也曾改嫁。民間的這一風氣更有一個較長的轉變過程。後來，程朱之説經過朝廷的肯定與大力宣揚，就在社會上逐漸泛濫起來。

當然，程朱理學的基本思想内容決不僅僅是「餓死事極小，失節事極大」，其主要的一個觀點是「存天理，滅人慾」。在他們看來，「人爲不善，欲誘之也，誘之而不知，則至於滅天理而不知返，故目則欲色，耳則欲聲，鼻則欲香，口則欲味，體則欲安，此皆有以使之也。然則何以窒其欲？曰思而已矣。」（《二程粹言》卷二）「思」即意識，他們提倡控制自己的思想意識，達到禁絕人慾的目的，通過禁絕人慾，以弘揚「天理」。在他們看來，「人心，私欲，故危殆；道心，天理，故精微。滅私欲，則天理明矣。」（《二程遺書》卷二十四）這些理論，當然都是爲維護統治階級的統治而服務的，封建王朝越是衰微，統治者就越要加强控制，他們認爲滅了人慾才能防止老百姓起來造反。

總之，宋朝在我國性文化史上是一個轉折期。單從貞操觀念來說，漢、唐時儒家雖提倡貞操，但僅是理論，基本上是空談；而宋朝中葉以後，卻已能實踐，而且逐漸普遍地奉行。對於宋朝，也要作具體分析，因爲宋初和宋末的情形就相差很遠：宋初寡婦時常再嫁，這是過渡期繼承的前代遺俗；而宋末寡婦多要守節，可說是受「新觀念」的逼迫與陶冶。如就寡婦再嫁來說，歷代的公主時常再嫁，而宋代除宋初的秦國公主榮德帝姬再嫁以外，以後的八十餘位公主沒有一個再嫁，八十餘人中早死和未嫁的雖是大有其人，然而較之唐代真有天壤之別，自此以後貞操觀的發展就日甚一日，甚至到了駭人聽聞的程度。

封建理學的虛僞與醜惡

程朱理學是中國封建社會走向衰落時期的一種最保守的哲學思想。從宋朝開始興起的「存天理滅人慾」的理學，壓抑人性，既違反自然發展規律，也違反社會發展規律，雖然借助了封建統治者的權力向社會强制推行，能毒化一些人的思想，但是歸根結柢它是行不通的，是不得人心的。即使是那些極力推行這種學說的理學家們，也不能完全按他們所宣傳和極力推行的那一套來做，而顯示出虛僞和醜惡。他們的性慾求也是不可遏抑的，但是，和人們的那種健康、自然、樸素的性慾不同的是，他們的性慾求是畸形的，而且戴著重重的假面具。

就拿程頤、程顥來說，一次，他們同赴宴會，程頤一看座中有兩個妓女，便拂袖而去，而程顥卻與主客盡歡而散。第二天程頤和程顥談到這件事，很不滿意。程顥卻强辯說：「某當時在彼與飲，座中有妓，心中原無妓；吾弟今日處齋頭，齋中本無妓，心中卻還有妓。」（《人譜類記》）這種厚顏無恥的狡辯以後就成爲不少人爲自己的淫行所作的辯護詞。

當時，社會上有些反對派把程、朱之學斥爲「僞學」，實在是有道理的。朱熹大肆鼓吹「革盡人欲，復盡天理」，但在宋慶元二年（一一九六年），監察御史沈繼祖卻列舉了大量事實，揭露他言行不一：他曾引誘兩個尼姑作妾，出去做官時都帶著她們；他的大兒媳在丈夫死後卻懷了孕，等等，（《四朝聞見錄》丁集）這真是特大醜聞，程、朱理學一時名聲變得很壞。宋寧宗降旨要貶朱熹的官，朱熹嚇得趕緊上表認罪，不僅承認了納尼作妾等事，連幾十年「正心誠意」的大學問也不講了，說自己是「草茅賤士，章句腐儒，唯知僞學之傳，豈適明時之用」，表示要「深省昨非，細尋今是」。（《朱文公文集》卷八十五）這些事都表現出朱熹等人的醜惡與虛僞。陳亮等人和他反覆辯論多年，他始終堅持自己的觀點，現在一看政治風向不對，馬上承認自己提倡的那一套是「僞學」，要「深省昨非」了。

宋代還有一些筆記，嘲笑迂闊道學對性的虛僞可笑的態度。有筆記載：李剛主修正心誠意之學，有日記一部，將所行事必據實書之，每與其妻交媾，必楷書某日某時與老妻敦倫一次。又記載：昔有某教官五十續弦，門生醵金賀之，入夜偷視所爲，以爲交合斷無用其僞道學也。教官頂戴袍褂入房，移雙燭於床前，將新娘扶坐床上，舉手圩其褌，分其兩腿，高舉之，詳視其私，點頭讚嘆，於是退三步，恭對牝戶長揖者三，祝曰：不孝有三，無後爲大，某老矣，今日不負唐突夫人，而施及下體。聞者匿笑不置。——在理學盛行、道學家泛濫的宋代，這一類的笑話記載很多。

宋朝的皇帝們不僅不做道學家，在性生活方面和歷代帝王一樣，也是十分放蕩的。宋徽宗暗通妓女李師師，宋理宗愛幸名妓唐安安，南宋末年的賈似道「進娼優奉帝爲游宴」，都是歷史上出了名的，其詳細情況將在下一節敍述。南宋還有個叫王繼光的人，以醫藥得寵於宋高宗，勸高宗服仙靈脾，即淫羊藿，這是一種壯陽藥。可見即使在偏安的情況下，朝廷之中仍然縱慾淫樂。

當時盛行的對女子貞節的要求本質上是對女子的殘酷壓迫，男子常常要求女子以死來保全貞操、名節，而男子則往往不受貞節觀的約束。元朝末年有個武將潘元紹，有七妾，一次他準備迎戰朱元璋的軍隊，由於形勢危急，他怕自己如果戰死，妾落入他人之手而失去貞節，就對衆妾說：「我受國重寄，義不顧家，脫有不宿，誠若等宜自別訣，毋爲人嗤也。」一妾跪而前曰：「主君遇妾厚，妾終無二心，請及君時死以報，毋令君疑也。」說完就自盡了，其他六妾也相繼自盡。這七個女子可以算是「節烈」了，可是，這個潘元紹卻沒有「受國重寄，義不顧家」，戰死沙場，最後竟投降敵軍，（《元史．潘元紹傳》）這真是莫大的諷刺。

當然，在封建統治階級中「真道學」也不是沒有。如南宋的楊邦，當金軍進攻時，他固守溧陽縣，金將多次勸降，仍然堅貞不屈，城破後大罵金人而被害。他年輕時，「同舍生欲壞其守，拉之出飲，託言朋友家，實娼館也。公初不疑，酒數行，娼豔妝而出，公愕然，疾趨而歸，解其衣焚之，流涕自責」。（《鶴林玉露》）張詠知益州時，「悅一姫，中夜心動，繞屋而行，但云『張詠小人，張詠小人』」，始終沒有越軌。（《吾師錄》）宋朝還有個名臣趙抃，在擔任益州路轉運史、加龍圖閣學士知成都時，有一天看到一個頭戴杏花的妓女，頗有好感，和她逗笑說：「髻上杏花真有幸。」妓女應聲而答：「枝頭梅子豈無媒？」對仗工整，趙抃對她更為欣賞。到了晚上，他動了風流之念，派侍衛去傳那個妓女前來侍寢。過了一會還不見來，又派人去催。他自己在屋中踝踱，忽然高聲叫道：「趙抃不得無禮！」傳令不要去叫妓女了。這時侍衛卻從幕後出來了，趙抃問他是怎麼回事，他說，「我估計相公不出一個時辰會息了那念頭的，所以一開始就沒有去叫。」據說趙抃為了徹底禁男女之慾，撫劍自誓還不夠，甚至想出在帳中懸掛父母肖像這種怪辦法來。

應該認為，在封建士大夫中還是有一些講德行、講操守的人，他們對性問題抱嚴肅態度，可能其中也有些封建糟粕，有些道學的影響，也必然存在像趙抃那種理念與情慾的鬥爭，但是這畢竟和道學的虛偽是不相同的。

袁采的婦女觀和婚姻、家庭思想

在人類歷史上，往往是落後與進步、反動與革命、保守與開明並存的。某個社會、某個朝代、某個時期，對人們的性愛、婚姻等問題壓制愈嚴，那麼總有一些開明的、進步的思想火花做為對立面而迸發出來，也許它在當時並沒有產生太大的影響，只是像流星一樣發出了一瞬間的光芒，但是它卻是歷史文化寶庫中的一個重要內容，它對社會的影響將隨歲月流逝而日益絢爛奪目。

心中有妓
新閘鉄緘澳门天主街某客棧寓一僧
餞
於財日招妓侑酒棧主乘間諷以言答
曰
吾目中有妓而心中無妓侑
酒
何害也按心中無妓一語真
是
大言欺人古來賢人君子猶
自
知不能無想像故以克復為
修
省工夫而治炙反藉此以大
過

插圖 6–1　性的虛僞

而誰知之果其心中精微深
淨
翳障全空則設色相於目前
亦
屬多事且其所飲者酒所
噴
者肉亦可謂為吾口中有酒
肉
吾腹中無酒肉手祇此好為
大
言便宜送官掌嘴

在宋代，理學的影響愈來愈大、統治愈來愈嚴的時候，袁采的婚姻、婦女觀是十分難能可貴的。

袁采，字君載，信安（今浙江常山縣）人，著有《政和雜志》、《縣令小錄》和《世苑》三書，今只有《世苑》傳世。他的詳細事蹟已不可考，《衢州府志》說他「登進士第，三宰劇邑，以廉明剛直稱。」陳振孫《書錄解題》說：「采嘗宰樂清，是書即其在樂清時所作。」

他的生卒年不詳，不過書前有劉鎮的淳熙戊戌（一一七八年）年序，由此可推知，他是和朱熹同時代的人。

他的《世苑》分「睦親」、「處己」、「持家」三部分。他的主要觀點是：

1.極力指摘媒人的可惡

媒妁婚是封建社會十分流行的婚姻形式，「匪媒不婚」似乎已成天經地義。可是袁采目光敏銳地看出了其中的極大弊病：

古人謂周人惡媒，以其言語反覆，給女家則曰男富，給男家則曰女美，近世尤甚。給女家則曰男家不求備禮，且助出嫁遣之資；給男家則厚許其所遷之賄，且虛指數目，若輕信其言而成婚，則責恨見欺，夫妻反目至於仳離者有之。大抵嫁娶固不可無媒，而媒者之言不可盡信如此，宜謹察於始。

通過以上論述，袁采一針見血地指出了舊式婚姻的缺點。他說：「嫁娶固不可無媒」，因爲媒妁制度訂在禮教之中，純非得已，無可奈何。

2.反對幼小時議婚

古人訂婚甚早，都取決於父母，甚至指腹爲婚，而袁采堅決反對這種做法：

人之男女，不可於幼小時便議婚姻；大抵女欲得託，男欲得嫁，若論目前，悔必在後。蓋富貴盛衰，更迭不常，男女之賢否須年長乃可得見，若早議婚姻，事無變易固爲甚善；或昔富而今貧，或昔貴而今賤，或所議之婿流蕩不肖，或所議之女狠戾不檢。從其前約，則難保家；背其前約，則爲薄義，而爭訟之以興，可不戒歟！

3.極力攻擊婚姻貪攀門閥，圖謀富厚

從魏晉以來，婚姻貪攀門閥、圖謀富厚一直是一種社會風氣，也一直被一些持進步思想的人所反對，袁采也是如此，他認爲：

男女議親，不可貪其閥閱之高、資產之厚；苟人物不相當，則子女終身抱恨，況又不和而生他事者乎？

他又說：

有男雖欲擇婦，有女雖欲擇婿，又須自量我家子女如何。如我子愚痴庸下，若娶美婦，豈特不和，或有他事；如我女醜拙狠妒，若嫁美婿，萬一不和，卒爲其棄出者有之。凡嫁娶固非偶然不和者，父母不審之過也。

袁采又深刻分析了夫家、母家的貧富問題會給女子帶來極大的不幸：

大抵女子之心，最爲可憐：母家富而夫家貧，則欲得母家之財以與夫家；夫家富而母家貧，則欲得夫家之財以與母家；爲父母及夫者，宜憐而稍從之。及其有男女嫁娶之後，男家富而女家貧，則欲得男家之財以與女家；女家富而男家貧，則欲得女家之財以與男家；爲男女者，亦宜憐而稍從之。若或割富益貧，此爲非宜，不可從也。

4.對因親及親有獨到的見解

宋人嫁娶多喜因親及親，如蘇洵的女兒就是表兄妹結婚的，所以詩中有「鄉人嫁娶重母黨」之句。袁采論述了這種婚姻現象的弊端：

人之議親，多要因親及親，以示不相忘，此最風俗好處。然其間婦女無遠識，多因相熟而相簡，至於相忽，遂至於相爭而不和，反不若素不相識而驟議親者。故凡因親議親，最不可托熟，闕其禮文，又不可忘其本意，極於責備，則兩家周致，無他患矣。故有侄女嫁於姑家，獨爲姑氏所惡；甥女嫁於舅家，獨爲舅妻所惡；姨女嫁於姨家，獨爲姨氏所惡；皆由玩易於其初，禮薄而怨生，又爲不審其初之過者。

5.分析了家庭關係的複雜性，尤其是再婚、再嫁所造成的許多矛盾

他說，做兒子的，如果父親娶了後妻，境遇就非常艱難；做媳婦的，如果家中有小姑，日子也很難過：

凡人之子，性行不相遠，而有後母者獨不爲父所喜；父無正室而有寵婢者亦然。此固父之暱於私愛，然爲子者要當一意承順，則天理久而自協。凡人之婦，性行不相遠，而有小姑者獨不爲舅姑所喜；此固舅姑之愛偏，然爲兒婦者要當一意承順，則尊長而自悟。父或舅姑，終於不察，則爲子爲婦無可奈何，加敬之外，任之而已。

袁采認爲，寡婦再嫁，如果原來沒有子女倒也罷了，如有子女，實在難辦，這正是婦女不能獨立的痛苦：

寡婦再嫁，或有孤女年未及嫁，如內外親姻有高義者，寧若與之議親，使鞠養於舅姑之家，俟其長而成親。若隨母而歸義父之家，則嫌疑之間，多不自明。

他又認爲，後娶也是件難事：

中年以後喪妻，乃人之大不幸。幼子幼女無與之撫存，飲食衣服凡閨門之事無與之料理，則難於不娶。娶在室之人，則少艾之心非中年以後之人所能御。娶寡居

之人，或是不能安其室者，亦不易制；兼有前夫之子，不能忘情；或有親生之子，豈免二心？故中年再娶爲尤難。然婦人賢淑自守，和睦如一者不爲無人，特難持耳。

袁采在這裡所說的「娶寡居之人，或是不能安其室者，亦不易制」，不是反對娶寡婦，而是指出了封建束縛所造成的痛苦。

6.認爲女子苦，遇到不肖的丈夫和兒子更苦

袁采認爲婦女苦，婦女暮年最苦：

人言光景百年，七十者稀，爲其倏忽易過，而命窮之人，晚景最不易過。大率五十歲前，過二十年如十年；五十歲後，過十年不啻二十年。而婦人之享高年者，尤爲難過。大率婦人依人而立，其未嫁之前，有好祖不如有好父，有好父不如有好兄弟，有好兄弟不如有好侄。其既嫁之後，有好翁不如有好夫，有好夫不如有好子，有好子不如有好孫。故婦人多有少壯富貴而暮年無聊者，蓋由此也。凡其親戚，所宜矜念。

他認爲，社會要求婦女柔順、服從，不使其干預外事，但是如果遇到不肖的丈夫或不肖的兒子時，那就可憐了：

婦人不預外事者，蓋謂夫與子既賢，外事自不必預。若夫與子不肖，掩蔽婦人

之耳目，何所不至？今人多有遊蕩賭博，至於鬻田，甚至於鬻其所居，妻猶不覺；然則夫之不賢，而欲求預外事，何益也？子之鬻產，必同其母，而僞書契字者有之，重息以假貸，而兼併之人，不憚於論訟；貸茶鹽以轉貨，而官司責其必償，爲母者終不能制；然則子之不賢，而欲求預外事，何益也？此乃婦人之不幸，爲之將奈何？苟爲夫能念其妻之可憐，爲子能念其母之可憐，頓然悔悟，豈不甚善！

在這種情況下，唯一的挽救，只有婦人知書識字，獨立持家，才能使家不破不墜。

袁采說：

婦人有以其夫蠢懦，而能自理家務計算錢穀出入不能欺者；有夫不肖，而能與其子同理家務不至破蕩家產者；有夫死子幼，而能教養其子敦睦內外姻親料理家務至於興隆者，皆賢婦人也！而夫死子幼，居家營生，最爲難事，托之宗族，宗族未必賢；托之親戚，親戚未必賢，賢者又不肯預人家事。唯婦人自識書算，而所托之人衣食自給，稍識公義，則庶其焉。不然，鮮不破家。

袁采的這些論述，在一定程度上反映了他重視婦女的獨立作用和力量，這在極力壓制與貶低婦女的宋代社會，確實是十分難能可貴的。

第二節 妓業與宮廷淫風

賣淫嫖娼，是性放縱、性泛濫的一種典型表現。在宋代，由於程朱理學的影響和對社會加强控制的需要，對性採取了壓抑、禁錮的態度，可是，妓女業卻還是在進一步發展，和前朝相比甚至有過之而無不及。看來，所謂「存天理，滅人慾」，這「人慾」是消滅不了的，對自然現象加以壓制，其結果只能是加强，而且是病態的加强，這既是某種性文化的淵源，也是社會發展的一個客觀規律。

矛盾的兩極

宋代對文臣武將的控制比前朝嚴格得多，由於理學漸熾，吏議漸嚴，這種控制又逐漸從政治上發展到社會生活上。在北宋仁宗前後就開始對官吏狎妓加以限制，違者要予以嚴厲的行政處罰。

宋時閫帥、郡守等官，雖得以官妓歌舞佐酒，然不得私待枕席。熙寧中，祖無擇知杭州，坐與官妓薛希濤通，爲王安石所執，希濤搒笞至死，不肯承伏。（《西湖遊覽志餘》卷二十一引《委巷叢談》）

還有一件事是廣爲人知的：

天台營妓嚴蕊……色藝冠一時。……唐與正守台日，酒邊嘗命賦紅白桃花……與正賞之雙縑。……其後，朱晦庵以使節行部至台，欲摭與正之罪，遂指其嘗與蕊爲濫，繫獄月餘。蕊雖備受棰楚，而一語不及唐，然猶不免受杖，移籍紹興。且復就越置獄鞫之，久不得其情。獄吏因好言誘之曰：「汝何不早認，不過杖罪，況已經斷罪，不重科，何爲受之辛苦耶？」蕊答曰：「身爲賤妓，縱是與太守有濫，科亦不至死罪。然是非真僞，豈可妄言以污士大夫？雖死不可誣也！」其辭既堅，於是再痛杖之，仍繫於獄。三兩月之間，一再受杖，委頓幾死。（**周密：《齊東野語》卷二十**）

從以上兩例看來，當時對官吏狎妓的處分是很重的。而那兩位妓女——薛希濤和嚴蕊都是寧肯犧牲自己的生命也不願出賣情人，從而使祖無擇、唐與正免受處分，可稱義妓，令人扼腕長嘆。而朱熹（即朱晦庵）以道學先生自居，「欲摭與正之罪，遂指其嘗與蕊爲濫」，這是先進行犯罪認定，再去求證，欲加之罪，何患無辭，爲達到這卑劣目的，嚴刑拷打妓女，真太可恨了。

當然，官吏與妓女私通，只要不被發現，也可逍遙法外。如張安道守成都時，和官妓陳鳳儀私通時，兩情甚洽，張還給陳寫過多封情書。幾年後，張升任尚書，恐人摘其隱私，便委託姻親王仲儀致書陳鳳儀，把所有情書交王仲儀一起燒掉，才消除了心頭隱憂。（張邦基：《墨莊漫錄》卷一）但也有不少官吏因此而受處罰。例如，劉渙知并州，因與營妓有私而謫爲磁州通判；（《宋史．劉渙傳》）蔣堂知益州，因私官妓而遷河中府；（《宋史．蔣堂傳》）蘇舜欽提舉進奏院，因召兩軍女妓置會爲人告發，竟被削職爲民（魏泰：《東軒筆錄》卷四）。熙寧年間，「兩浙路張覿、王庭圭、潘良器等，因閱兵赴妓樂筵席侵夜，皆黜責」。（魏泰：《東軒筆錄》卷十一）「王洙權同判太常寺，坐赴賽神與女妓雜坐，黜知濠州。」（《宋史．王洙傳》）

這樣是否可以杜絕官吏狎妓的行爲呢？恰恰相反，上至皇帝，下至許多臣僚，對此都流連忘返，狎妓之風日熾。

首先是皇帝帶頭。那個風流皇帝「宋徽宗般樂艮獄中，久而厭之，更微行爲狹斜遊。累至汴京填安坊京妓李師師家，計前後賜金銀、錢帛、器用食物等不下十萬。」（宋人無名氏：《李師師外傳》）「宋理宗癸丑元夕呼妓入禁中，有唐安安者，歌色絕倫，帝愛幸之。」（《東城雜記》）清人史夢蘭在題爲《宋豔》的詩中說：「宋史高標道學名，風流天子卻多情。安安唐與師師李，盡得承恩入禁城」，即是指此。

《夢梁錄說》：「朝廷御宴，是教坊歌板色承應。」《武林舊事》載：「丁未年撥入勾欄弟子，嘌唱賺色施二娘、時春春、時住住、徐勝勝、朱安安、陳伴伴等十四人。」

《太平清話》說：「錢塘爲宋行都，男女尚嫵媚，號籠袖驕民。當時思陵上太皇號。孝宗奉太皇壽，一時御前應制多女流。棋爲沈姑姑，『演史』爲宋氏、强氏，『說經』爲陸妙靜、陸妙慧，『小說』爲史亞美，『隊戲』爲李端娘，『影戲』爲王潤卿，皆宮中一時慧黠之選。」從以上史料看來，宋代宮廷和各種妓女的關係是多麼的密切。

最荒唐的是宋徽宗，竟發生君臣同嫖的事。《貴耳集》說：

> 道君幸李師師家，偶遇周邦彥在焉。知道君，至匿於床下。道君自攜橙一顆云：「江南初進來。」遂與師師謔語，邦彥悉聞之，隱括成《少年遊》詞。李師師因歌此詞，道君問誰作，云：「周邦彥詞。」道君大怒。時邦彥爲開封府監稅，命蔡京以周職事廢弛，押出國門，隔一二日道君復幸李師師家，不見師師，問之，知送周監稅，至更初始歸。道君怒云：「汝從何往？」奏：「臣妾萬死，知周邦彥得罪，押出國門，略致一杯相別。」道君問有詞否，云有《蘭陵令》詞，唱一遍看，曲終，道君大喜，復召邦彥爲大晟正。

道君即宋徽宗，因信道教，所以起了這個名。周邦彥是宋代的一個著名詞人，風流倜儻，精通音律。看來兩人同戀一妓，宋徽宗權大勢大，但在李師師心目中，可能周邦彥更有吸引力。宋徽宗可能也感到這一點，所以先由於吃醋而貶周，後又叫周爲大晟正以免得過於得罪李師師，也算是煞費苦心了。

李師師是中國歷史上最有名的妓女之一，後世有許多戲劇、小說、詩詞都涉及李師師，對她還有一些研究與考證。小說《李師師外傳》說她吞金自殺，但又有人考證她在汴京失陷後流落到南方，潦倒終生。宋人劉子翬《汴京紀事》中有詩云：「輦轂繁華事可傷，師師垂老過湖湘。縷衣檀板無顏色，一曲當年動帝王。」又宋人張邦基的《墨莊漫錄》云：「靖康中李生（指李師師）與同輩趙元奴，及筑球（打球）、吹笛袁綯、武震輩，例籍其家。李生流落於浙中，士大夫猶邀之以聽其歌，然憔悴無復向來之態矣。」可見，對李師師的後一說較爲可信。

南宋時期，政治腐敗，官員生活腐化。不僅是皇帝縱情聲色，狎妓淫樂，而據史書載，宋代的一些權臣，如王黻、秦熺、賈似道等幾乎無不狎妓淫樂，腐化已極。

王黻作相清朝假歸咸平焚黃，畫舫數千，況途作樂，固已遭物論。紹興中秦熺亦歸金陵焚黃，臨安及轉運司舟舫，盡選以行。擇取浙西一路凡數百艘，皆窮極丹艭之飾。郡縣監司迎餞數百里不絕。平江當運河結彩樓數丈，大合樂，官妓舞於其上，縹渺若在雲間。熺處之自若。（《老學庵筆記》）

《宋史紀事本末》載：「賈似道少落魄，爲遊博，不事操行。會其妹人宮，有寵於理宗爲貴妃，召赴廷對，擢太常丞軍器監，益恃寵不檢，日遊諸娼家，至夜即宴遊湖上。」又載：「似道既相，進娼優奉帝爲遊宴，台諫有議者，宣諭使裁去，謂之『節帖』」。直到南宋即將覆亡，「賈似道南竄，猶擕所謂沈生、王生者自隨，二生天下之絕色。」（《桐江集．木棉怨序》）這真是十足的亡國之風了。

以上這些做法，可謂放僻邪侈之至。更奇怪的是王黻，「於後園聚花石爲山，中列四巷，俱與民間娼家相似，與李邦彥輩遊宴其中，朋邪狎暱。」（《靖康遺錄》）住室都要模仿娼家而築，對嫖妓宿娼的迷戀可謂登峯造極了。

皇帝如此，權臣如此，其他大小官吏狎妓也十分普遍，在史書與其他古人著述中，這方面的逸事與醜聞真是連篇累牘。如韓之純「平日以浪子自名，喜嬉遊娼家，好爲淫媟之語，又刺淫戲於身膚，酒酣則示人。」（《三朝北盟會編》）當時官員又有「納妾求知」、「售妹入府」、「獻妻入閣」等等醜行，不一而足。（《宋史．華岳傳》）甚至談禪也和淫樂混在一起，例如張鎡說，如「於有差別境中能常入無差別定，則酒肆淫房，遍歷道場；鼓樂聲音，皆談般若」。（《居士傳》卷三十一）

文臣如此，一些武將更是肆無忌憚。如吳玠抗金屢立戰功，《宋史》記載他「晚節頗多嗜慾，使人漁色於成都。」抗金名將韓世忠也有類似情況，《中興遺史》說他「晚年好遊宴，常赴諸統制之請，莫不以妻妾勸酒，世忠必酣醉而後歸」。常以部下的妻妾勸酒，可見已經放縱到什麼程度。一般說來，文臣們在這方面還要顧忌一些「名聲」，而武將往往有恃無恐，而朝廷對武將們也比較優容，不以禮教繩之。

爲什麼宋代對官吏狎妓限制很嚴但此風更熾，這是十分值得研究的一個問題。對此，可以從作用力與反作用力的關係來理解；可以從人慾不可滅的角度來理解；可以從國家愈是衰微就會愈耽於苟且與淫樂來理解；也可以從封建禮教歷來是管下不管上來理解。

由於程朱理學從元代開始被奉爲官方的唯一哲學，所以到了元朝及明清時代，一般的官僚蓄妓已不如唐、宋普遍。但元代的大貴族、大官僚中仍擁有不少妓妾，他們不僅占有大量奴婢可以任意玩弄，而且常常强占良家婦女。最典型的例子當推阿合馬與燕帖木兒。阿合馬官至平章政事，因受元世祖寵愛而勢傾朝野，淫侈無度。「如果有他喜歡的漂亮的女人，決逃不出他的魔掌。如果她是未出嫁的閨女，他就强娶爲妾，至少也要將她姦污。他一聽説誰有漂亮的女兒，他手下的一幫爪牙，就到她父親那裡説：『你有個漂亮的女兒，嫁給我們的阿合馬吧！我們叫他讓你當三年的封疆大臣，或其他的高官顯爵，你以爲怎麼樣？』這個人也不敢不答應，於是只好忍痛捨棄自己的女兒。……這樣一來，所有美麗的女子，或因爲自己父母的野心，或是懾於他的淫威，一個一個地都成了他的妻妾和情婦。」（《馬可波羅遊記》第二十三章）

燕帖木兒秉國專權時，挾震主之威，肆意妄爲。他「取泰定帝後爲夫人，前後尚宗室之女四十人，或有交禮三日遽遣歸者，而後房充斥不能盡識。一日宴趙世延家，男女列坐，名鴛鴦會。見座隅一婦色甚麗，問曰：『此爲誰？』意欲與俱歸。左右曰：「此太師家人也。』」他還常常「擇美姬溫軟少骨者，枕藉而寢，謂之香肌席。脂紅粉白，羅列左右，隨其所取，以爲花嬉玉樂」。據記載，他由於荒淫日甚，體羸弱而死。

像元朝統治者的這種腐化淫樂與前朝的漢人統治者相比，在本質上當然都是相同的，但是，後者還帶有較多的文化氣息，富有詩酒留連、歌舞傳情的浪漫情調，而前者只是十分野蠻、粗暴、原始地滿足肉慾。這一種十分落後的性文化，如果說還有什麼內容的話，那麼，與宗教有一定的關係。

元代統治者崇信佛教和道教，許多宮廷生活都與宗教有關。（蘇若海：《皇宮五千年》）例如元順帝時以宮妓三聖奴、妙樂奴、文殊奴等十六人所表演的著名的《十六天魔舞》，（《元史·順帝紀》）表演的就是佛教（密宗一派）的思想內容。據《元史·哈麻傳》載，西蕃僧人伽璘真善演揲兒法（即房中術），禿魯帖木兒將伽璘真推荐給元順帝，帝習而喜之，「乃詔以西天僧爲司徒，西蕃僧爲大元國師。其徒皆取良家女，或四人，或三人奉之，謂之供養。於是帝日從事於其法，廣取女婦，唯淫戲是樂。又選采女爲十六天魔舞。八郎者，帝諸弟，與其所謂倚納者，皆在帝前，相與褻狎，甚至男女裸處，……君臣宣淫，而羣僧出入禁中，無所禁止，醜聲穢行，著聞於外」。（《元史·順帝紀》）可見，當時的宮妓，不僅要表演歌舞，待奉統治者，還要充作君臣和僧徒們施行房中術的工具。

元代還有一個怪現象是和尚公開地蓄妓納妾。如《元史．星吉傳》載：「有胡僧曰小住持者，服三品命，恃寵橫甚，數以事凌轢官府，星吉命掩捕之，得妻女樂十有八人。」又元世祖曾命楊璉真加爲江南釋教總統，他竟然「受人獻美女寶物無算」。（《元史．釋老傳》）更有甚者，當時的西番和尚竟敢公開入民宅姦污婦女，「泰定二年，西台御史李昌言：『曾經平涼府、靜、會、定西等州，見西番僧佩金字圓符，絡繹道途，馳騎累百，傳舍至不能容，則假館民舍，因迫逐男子，姦污女婦。』」（《元史．釋老傳》）這當然是元代統治者崇信宗教，縱容番僧的結果。

妓女的發展變化

宋代的妓女狀況，與唐代相比，有相同之處，也有不少不同之處。

北宋的宮廷樂舞制度多襲唐制。雖然其教坊的規模遠不能與開元天寶時期相比，但宮妓的數量仍相當可觀，宮妓表演的內容也有新的發展，她們主要表演「隊舞」，有多種形式，在一個節目中同場演出的女妓多達一五三人。宮廷的這種盛大的「隊舞」往往是在皇帝生日或其他喜慶日子，在宴會上與百戲、雜劇等伎藝連台演出。太宗、仁宗甚至還親自製曲，以賜教坊。

北宋皇帝除了擁有一定數量的教坊妓女以外，也像歷代皇帝一樣納有大量宮女供其娛樂，宋仁宗時僅前後外放的宮女就有五百人。哲宗剛成年，太皇太后就挑選世家女百餘人入宮，徽宗更是風流重色，僅他即位後外放出宮的宮女就達二四七六人。他甚至還讓臣僚貴族分享他的豔福，如正和二年（一一一二年）四月，他召蔡京入内苑賜宴，輔臣親王皆得與會，就曾命令四百名女樂表演歌舞，以致羣臣終宴盡醉。

南宋建炎初蠲省教坊，紹興十四年（一一四四年）復置，僅樂工就有四六〇人。到了紹興三十一年（一一六一年）高宗又下詔「教坊即日蠲罷，各令自便」。（《宋史．樂志》）此後南宋宮廷不設教坊，凡皇帝壽誕和其他喜慶日子以及接待外國使臣，要舉行樂舞活動，一律採取由外面雇請的辦法，把地方官妓或市妓集中起來排練一段時間，以便屆時從奉御前供應。這樣做的原因，一是經濟拮据，南宋向金稱臣，每年要進貢大量銀絹，宮中已無力供養龐大的樂團；二是南宋都市文化繁榮，臨安的民間樂舞藝術大有壓倒教坊之勢，所以統治者也樂於欣賞。

蒙古統治者建立元朝以後，宮廷樂舞制度也多仿效漢制，除設太常禮儀院（屬下没有女妓）以外，又置教坊、儀鳳二司，主要掌管樂工藝人，供奉宴享娛樂等事。元代教坊司女妓也主要表演「隊舞」等其他樂舞，其規模和形式與宋代相仿，但在内容上滲入了較濃的宗教色彩，在風格上則帶有蒙古民族的特徵。

到了宋代，各類妓女的比重和唐代已有所不同。唐人宮廷藝人多至數萬（開元、天寶間僅宮妓就有四萬），其盛況堪稱空前絕後；地方官妓（包括營妓）次之；市妓初興，規模又次之。而宋代數量與規模最大的卻是市妓，尤其是北宋的汴京和南宋的臨安，簡直成了市妓的世界；其次是地方官妓（包括營妓），但因宋代開始禁止職官宿娼，地方官妓的職能開始逐漸向市妓轉化，到了元代，地方官妓和市妓，基本上就合二爲一；再次才是宮廷藝人，而到了南宋，則索性把宮廷藝人取消了。

宮廷藝人的衰落，標誌著宋代統治者實力的衰落；而市妓的興繁茂盛則標誌著都市的繁榮，商品經濟日趨發達。元朝時有個義大利人馬可·波羅到中國，他住了十六年，回去以後寫了著名的《馬可·波羅遊記》，在這本書中，他描寫了南宋時杭州的富麗，娼妓的繁多：

京師（指杭州）城廣一百邁當，有石橋萬二千座，有浴室三千所，皆溫泉。婦人多嬌麗，望之若仙。國君待從的男女數以千計，皆盛妝豔服，窮極奢侈。城中有湖（即西湖），周圍皆崇台別館，貴族所居。臨岸多佛寺，湖心有二小渚，崇殿巍然，臨水望之如帝居，爲士大夫飲宴之所，杯盤几筵，極奢麗，有時客集多至百餘輩。青樓盛多，皆靚妝豔飾，蘭麝薰人，貯以華屋，侍女如雲，尤善諸藝，嫻習應對，見者傾倒，甚至醉生夢死，沉溺其中。故凡遊京師者，謂之登天堂，歸後尤夢京師。……

看了以上這段記載，當時南宋小朝廷紙醉金迷、妓業繁盛發達的情況躍然紙上，如在目前。「山外青山樓外樓，西湖歌舞幾時休。暖風薰得遊人醉，直把杭州作汴州」，真是一點不假。

宋代樂戶、妓女的來源及其戶籍管理基本上沿襲唐代，但在某些方面又稍異其制。首先，關於樂戶的世襲制，宋代和唐代一脈相承，樂戶、藝人一旦入籍，世代相襲，樂戶如果被放遣爲良民，樂籍女子如果被良人娶納爲妻妾，均須經過官府批准落籍免賤之後方可。其次，宋代也有罰良爲娼制度，《宋史·刑法志》云：「婦人應配，則以妻窰務或軍營致遠務卒之無家者，著爲法。」意即以罪犯之妻女，配給軍中之無妻者侍寢。「於是軍伍掠婦女，誣爲盜眷，官司錄罪孥及於良家婦之候理者，固有宋第一秕政，二聖北狩，始議革除」。但宋代以罪犯妻女配設爲掖庭女妓者，似較少見。再次，宋代賣良爲娼現象十分普遍，這是唐代所遠不及的。對於城市妓院買良爲娼，宋代統治者不僅不加禁止，而且大力推行「設法賣酒制度」，等於是提倡以售色輔助經商，這就導致民間女子大批自賣或被掠賣。南宋時還出現了專門買賣娼妓的「牙儈」。所以，買良爲娼實際上成了宋代市妓的主要來源，甚至地方官妓中也有買賣良家女子入籍者。

宋代樂戶、妓女的社會地位與唐代相同。據《宋刑統》卷二十八載：「諸丁夫雜匠在役，及工、樂、雜戶亡者，太常音聲人亦同，一日笞三十，十日加一等，罪止徒三年。」由此可知宋代樂戶、太常音聲人的社會身份仍與工戶、雜戶一樣，都屬於「賤民」階層，毫無人身自由，如果逃離職守，將被判處三年徒刑。關於樂戶，太常音聲人的婚姻權利，《宋刑統》一字不差地照抄《唐律疏議》。①但宋代妓女落籍從良，後嫁給官員、文人爲妾的現象比較常見，甚至還有嫁給士大夫爲妻最後被封爲命婦的，如《鶴林玉露》中說：「韓蘄王（韓世忠）之夫人，京口娼也。」韓世忠有四名妻妾分別被封爲白氏秦國夫人、梁氏楊國夫人、茅氏秦國夫人、周氏蘄國夫人。其中梁氏、茅氏和周氏都是妓女出身。另外，宋代已開始對樂工、妓女的服飾加以限制，以做爲卑賤身份的標誌。《宋史·輿服志》云：「端拱二年，詔……不繫官伶人，只許服皂、白衣，鐵、角帶，不得服紫。」

到了宋代，又出現了一種「評花榜」的現象。所謂花榜，就是品評妓女等次。花榜的主持者和品題者多爲經常出入妓院徵歌選勝的名士才子。最初，這些名士才子不過是一時興致所至，他們對自己所熟悉、賞識的妓女加以比較、品評或以名花名草比擬妓女，或以科舉功名桂冠分列妓女等次，並逐一題寫詩詞或評語來概括妓女的特徵，然後公之於衆，以爲風流快事。後來竟發展成爲一種評選和品題名妓的形式。

品花列榜之前，主持者首先要選好花場，立好章程，然後召集全市名妓赴會，一邊行令競飲，觴籌交錯；一邊品定高下，題寫評語，並當場唱名，公之於衆，圍觀者往往累萬。妓女「一經品題，聲價十倍，其不得列於榜首者，輒引以爲憾。」（《清稗類鈔》第十一冊）據葉申薌《本事詞》記載：

> 劉幾伯壽，素精音律。……熙寧中，以秘監致仕。《洛陽花品》曰：「狀元紅爲一時之冠。」樂工范日新能爲新聲，汴妓郜懿以色著。一日春暮，值牡丹盛開，伯壽攜范日新就郜懿賞花歡飲。因制《花發狀元紅慢》以紀之，云：「三春向暮，萬卉成蔭，有嘉豔方坼。嬌姿嫩質冠羣品，共賞傾城傾國。上苑晴晝暄，千素萬紅尤奇特。綺筵開會，詠歌才子，壓倒元白。別有芳幽苞小，步障華絲，綺軒油壁。與紫鴛鴦，素蛺蝶，自清旦，往往連夕。巧鶯喧脆管，嬌燕語雕樑，留客武陵人。念夢役意濃，堪遣情溺。」郜懿第六，當時人皆呼郜六，生女蔡奴，色藝尤著。

由此可見，北宋熙寧間汴京已開花榜，郜懿被品評爲狀元紅，稱一時之冠。又據《醉翁談錄》戊集載：「丘郎中守建安日，招置翁元廣於門館，凡有宴會，翁必預焉；其諸妓佐樽，翁得熟諳其姿貌妍醜，技藝高下，因各指一花以寓品藻之意，其詞輕重，各當其實，人競傳之。」

又如，馮夢龍在《賣油郎獨占花魁》中描寫了南宋杭州名妓莘瑤琴也曾被稱爲花魁娘子，可見宋代把最優秀的妓女評爲花魁在南北各城市都已開此風氣。這些花魁，官妓和私妓都有。

到了元代，樂籍藝人的規模雖比不上唐代，卻要大於宋代。據馬可波羅説，當時京師娼妓就有二萬五千餘人，這個數字並不包括宮内的樂工、女妓。從《元史·祭祀志》可以看到，僅在每年二月十五日舉行的祓除不祥、導迎福祉的宗教活動中，有一次教坊司和儀鳳司就曾出動一〇二四名樂工、妓女隨儀仗隊周遊皇城内外。除京師之外，其他各地方城鎮的樂人、妓女也要多於宋代。

元代的樂戶世襲制和買良爲娼都一如宋代，尤其是元初滅南宋後，許多官兵先掠娶江南良家女子，玩厭以後再賣入娼家，這種現象就和民族壓迫交織在一起了，直到至元十五年（一二七八年）才開始下令禁止。②罰良爲娼者也有，但不很多。挑選民女入宮的事例一直不斷，如忽必烈每隔兩年或不到兩年，就要派使臣到弘吉剌省挑選一百名或一百名以上的美貌妙齡女子入宮。（《馬可·波羅遊記》第八章）

元代實行民族歧視政策，漢人、南人的社會地位本來就低，而樂人、娼妓又多爲漢人、南人充當，因而她們倍受賤視。首先，她們的社會身份賤同奴婢，如至元五年智真殺死娼女海棠，刑部就是比照殺他人奴婢量刑。（《元典章》卷四十二）其次，元代更强調樂人、妓女當色爲婚，至元十五年（一二八七年），忽必烈曾下旨，規定了「樂人嫁女體例」，只許「樂人内匹聘」。（《元典章》卷十八）至大四年（一三一一年）八月，武宗又下旨：「今後樂人只教嫁樂人，咱每根底近行的人，並官人每，其餘的人每，若娶樂人做媳婦呵，要了罪進，聽離了者。」（《元典章》卷十八）當然，妓女如在落籍從良之後嫁人，則又當別論。但元代對這類女性也開始賤視，宋代官員娶從良妓女爲妻妾尚可受封，而元代則規定：「應封妻者，止封正妻一人。……或係再醮、倡優、婢妾，並不許申請。」（《元史・選舉志》）再次，元代在服飾上對樂人、妓女加以賤視已經制度化。《元工部律令》規定：「樂人每，娼妓每，賣酒的每，全面釵釧等物，不得穿著。」延祐元年（一三一四年），仁宗定服色等第：「娼家出入，止服皂褙子，不得乘車坐馬。」（《元史・輿服志》）至元五年（一三三九年），元順帝又下令：「禁倡優盛服，許男子裹青巾，婦女服紫衣，不許戴笠乘馬。」（《元史・順帝紀》、《元典章》卷二十九）

可見，隨著封建社會的發展，所謂「良賤」的等級區分越來越嚴格了。

妓女的愛和恨

宋代的妓女，其命運之悲慘，和前代的妓女相比，並無二致。

從達官貴人以及其他形形色色的嫖客看來，妓女並不是人，而只是物，只是一種供人們娛樂及發洩性慾的工具。既然是物、是工具，就可以任意使用、處置或丟棄，這似乎是「理所當然」的了。

妓女除供男子任意發洩性慾外，可以被當貨物一樣地轉賣，也可能被「以物易物」換取其他物品。以妓換馬的這種古老的交易，也一再出現。李玫《異聞實錄》載：

酒徒鮑生多聲妓，外弟韋生好乘駿馬。經行四方，各求甚好。一日相遇於途，宿於山寺，各出所有互易之，乃以女妓善四弦者換紫叱撥。

除此之外，家妓經常遭到虐待、拷打，甚至被摧殘致死，例如《夷堅志支乙》卷九載：

江東兵馬鈐轄王瑜，……婢妾稍不承意，輒褫其衣，縛於樹，削蝶梅枝條鞭之，從背至踵，動以數百；或施薄板，置兩頰而加訊杖；或專捶足指，皆滴血墮落；每坐之雞籠中壓以重石，暑則熾炭其旁，寒則汲水淋灌，無有不死，前後甚衆，悉埋之園中。

這種行爲，真令人慘不忍聞，而在封建社會，這幾乎是貴族、官僚、地主內部的普遍現象。然而，古代最爲殘忍的家主當推南宋楊政，他摧殘虐殺家妓的行爲令人髮指：

楊政在紹興間，爲秦中名將，威聲與二吳埒，官至太尉。然資性殘忍，嗜殺人。元日，招幕僚宴會，李叔永中席起更衣，虞兵持燭導往溷所，經歷曲折，殆如永巷。望兩壁間，隱隱若人形影，謂爲繪畫。近視之，不見筆跡，又無面目相貌，凡二三十軀。疑不曉，叩虞兵，兵旁睨前後無人，始低語曰：「相公姬妾數十人，皆有樂藝，但小不稱意，必杖殺之，而剝其皮，自首至足，釘於此壁上，直俟於硬，方舉而擲諸水，此其皮跡也。」叔永悚然而出。

楊最寵一姬，蒙專房之愛。晚年抱病，困臥不能興，於人事一切弗問，獨拳拳此姬，常使侍側。忽語之曰：「病勢洴漉如此，萬不望生，我心膽只傾吐汝身，今將奈何？」是時，氣息僅屬，語言大半不可曉。姬泣曰：「相公且強進藥餌，脫若不起，願相從泉下。」楊大喜，索酒與姬，各飲一杯。姬返室沉吟，自悔失言，陰謀伏竄。楊奄奄且絕，久不瞑目。所親大將誚之曰：「相公平生殺人如掐蚊虱，真大丈夫漢。今日運命將終，乃留連顧戀，一何無剛腸膽決也。」楊稱姬名曰：「只候先死，我便去。」大將解其意，使紿語姬云：「相公喚。」預呼一壯士持骨索伏於榻後。姬至，立套其頸，少時而殂。陳屍於地，楊即氣絕。

凡家妓小不稱意，楊政不僅杖而殺之，而且將她們的屍體剝皮，釘於壁上示眾，其數達二、三十人之多，真乃慘絕人寰。從今日性科學的觀點看來，這種人似有性心理嚴重變態，乃性虐殺狂。甚至他在臨死前，還命人勒殺寵妓殉主，由此可知這些家妓的命運是何等悲慘。

至於市妓，她們與狎客不是奴隸與家主的關係，一般不能被隨意虐殺。他們之間純粹是一種赤裸裸的商品買賣關係。妓女在妓院老闆管派之下，常年操皮肉生涯，以計時或計次來向狎客索取金錢，於是男女之間本來應該是美好浪漫的性生活，由於銅臭的薰染而日趨麻木，一切笑語歡顏都不過是逢場作戲，以至連性交也逐漸成爲一種機械運動而排除了感情的因素。但是，與家妓、宮妓相比，市妓、官妓多少有了一些人身自由。宋、元時已下令禁止職官宿娼，軍事行政長官原則上只能傳喚官妓以歌舞承應，而不能直接支派她們的性活動；鴇母只要求她們多掙錢，在狎客較多的前提下，留誰過夜，仍可由妓女決定。所以在一般情況下，她們在一定程度上可以按自己的意願有選擇地獻身，這就使她們與狎客之間的關係，既是一種商品買賣關係，又帶有一定的自願平等色彩。如據《癸辛雜識》記載：

南宋淳祐間吳妓徐蘭擅名一時，吳興烏墩鎮有沈承務者，家巨富，慕其名，遂駕大舟往遊焉。徐知其富，初則館之別室，開宴命樂，極其精腆。至此日，復以精縑製新衣一襲奉之。至於輿台，各有厚犒。如此兼旬日，未嘗略有需索。沈不能自已，以白金五百星兼縑彩百匹饋之。凡留連半年，靡金錢數百萬，於是徐蘭之聲播於浙右。

徐蘭和沈承務的關係當然是買賣關係，一個腰纏萬貫，重金買色；另一個看中對方有錢，索以巨款並提供高品質的性服務，雙方自願、「平等」。總的看來，這仍是人性的扭曲，但與完全失去人身自由的宮妓、家妓相比，則要合理得多。

由於市妓有一定的人身自由，因此有不少妓女和狎客之間的關係除了經濟的因素以外，還不同程度地含有才貌互賞、志趣相投的感情因素。例如北宋汴京名妓李師師就曾經先後與詞人晏幾道、秦觀、周邦彥互慕風流，共度良宵。晏幾道曾作《生查子》詞云：「幾時花裡閒，看得花枝足。醉後莫思家，借取師師宿。」秦觀也有《一叢花》詞曰：「年時今晚見師師，雙頰酒紅滋，疏簾半捲微燈外，露華上，煙裊涼颸，簪髻亂拋，偎人不起，彈淚唱新詞。」

在某種情況下，妓女和狎客的性關係可完全排除經濟因素，而成爲戀人、密友、知己，心心相印，不分你我，互相幫助。如柳永常在汴京角妓張師師家過夜，他當時窮困潦倒，張師師不僅不要他的錢，而且還倒貼錢支助柳永。（《醉翁談錄》丙集卷二）從下面這段敍述可以看到柳永與妓女們的這種關係。（《醉翁談錄》丙集卷二）

耆卿居京華，暇日遍遊妓館。所至，妓者愛其詞名，能移宮換羽，一經品題，聲價十倍。妓者多以金物資給之，惜其爲人出入所寓不常。耆卿一日經由豐樂樓前，是樓在城中繁華之地，設法賣酒，羣妓分番，忽聞樓上有呼「柳七官人」之聲，仰視之，乃角妓張師師。師師要峭而聰敏，酷喜塡詞和曲。與師師密。及柳登樓，師師責之曰：「數時何往？略不過奴行，君之費用，吾家恣君所需，妾之房臥，因君罄矣！豈意今日得見君面，不成惡人情去，且爲填一詞去！」柳曰：「往事休論。」師師乃令量酒，具花箋，供筆畢。柳方拭花箋，忽聞有人登樓聲。柳藏紙於懷，乃見劉香香至前，言曰：「柳官人，也有相見。爲丈夫豈得有此負心！當時費用，今忍復言。懷中所藏，吾知花箋矣。若爲詞，妾之賤名，幸收置其中。」柳笑出箋，方凝思間，又有人登樓之聲，柳視之，乃故人錢安安。安安敍別，顧問柳曰：「得非填詞？」柳曰：「正被你兩姊姊所苦，令我作詞。」安安笑曰：「幸不我棄。」柳乃舉筆，一揮乃至。三妓私喜：「仰官人有我，先書我名矣。」乃書就一句：「師師生得豔冶，」香香、安安皆不樂，欲掣其紙。柳再書云：「香香於我情多。」安安又嗔柳曰：「先我矣！」挼其紙，忿然而去。柳遂而復書云：「安安那更久比和，四個打成一個。幸自蒼皇未款，新詞寫處多磨，幾回扯了又重挼，姦字中心著我。」（曲名《西江月》）三妓乃同開宴款柳。

從以上這段記載看來，衆妓惜柳之才，而柳也確實不止得到過一個妓女的經濟資助。張師師對他說：「君之費用，吾家恣君所有，妾之房臥，因君罄矣！」劉香香也對他說：「當時費用，今忍復言。」都說明了這一點。這當然已不是通常意義上的妓女與狎客的關係了。

歷史上還有許多妓女殉情的記載，例如北宋衡陽官妓王幼玉和柳富一見鍾情，並且盟誓焚香，約以嫁娶，柳富別後，幼玉竟以相思臥病而絕，臨死前還剪去一縷頭髮和幾個手指甲，囑以留贈柳郎。（《王幼玉記》）「潁妓劉蘇哥與悅己者密約相從，而其母禁之至苦，不勝鬱悒，以盛春美景，邀同韻者聯騎出城，登高冢相對慟哭，遂卒。」（《堅瓠七集》卷二）南京行都角妓陶師兒與王生眷戀甚深，但苦於鴇母所間阻，不盡綢繆。一日遊西湖，王生與師兒相抱投入水中，舟人驚救不及而死。（《名妓傳》）散樂妓林小姐與傅九兩情甚洽，「約竊負而逃，林母防其女嚴緊，志不能遂，淳熙十六年九月，因夜宿，用幔帶兩條接連，共縊於室內。」（馮夢龍：《情史．情痴類》）

對於妓女來說，所期望的就是落籍從良，從而終身有靠。南宋紹興年間，全州司戶單符郎見官妓楊玉哭泣而問曰：「汝今鮮衣美食，時爲愛重，有何不足耶？」楊玉回答說：「妾爲女子願爲有家。若嫁一小民，布裙短衾，啜菽飲水，亦是良婦。今在此迎新送故，是何情緒！」（馮夢龍：《情史．情緣類》）希望像普通婦女那樣，有個安安穩穩的家，做賢妻良母，即使是粗茶淡飯、生活簡樸，也心甘情願，這是妓女的一種普遍心態。

從良的妓女，有些人是找到了幸福之途，但有的妓女所託非人，結果也十分悲慘。

楊學士孜，襄陽人。始來京師應舉，與一倡婦往還，情甚密。倡以所有以資之，共處逾歲。既登第，貧無以爲謝，遂紿以爲妻，同歸襄陽。去郡一驛，忽謂倡：「我有室家久矣，明日抵吾廬，若處其下，渠性悍戾，計當相困，我視若，亦何聊賴？數夕思之，欲相與咀椒而死，如何？」倡曰：「君能爲我死，我亦何惜？」即共痛飲。楊素具毒藥於囊，遂取而和酒，倡一舉而盡。楊執爵謂倡曰：「今倘皆死，家人須來藏我之屍，若之遺骸，必投諸溝壑以飼鴟鴉，曷若我葬若而後死，亦未晚。」倡即呼曰：「你誑誘我至此，而詭謀殺我！」乃大慟，頃之遂死。即燔瘞而歸。楊後終於祠曹員外郎，集賢校理。（《宋朝事實類苑》卷七十）

這個楊孜登第入仕以後，負心悖情尚且罷了，更爲狠毒的是，他爲了不背上負心之名以影響他的仕途，竟然有預謀地誘殺了真心愛他而且爲他做出了重大犧牲的妓女。可見官場是一個大染缸，一些封建文人一入仕途，大都心腸變黑，良心喪盡。有些有人生閱歷的妓女是看到這一點的，例如唐朝的魚玄機就發出了「易求無價寶，難得有情郎」的感慨。正因爲如此，古代也有妓女並不盲目迷信文人士子，而是通過比較識別，尋找真正的有情人，例如花魁女莘瑤琴最後竟看中了賣油郎。南京妓女張小三就和商人楊玉山相愛達二十年之久。（馮夢龍：《情史．情貞類》）

妓女是做賣笑生涯的，而在她們的歡顏笑語中，實在是掩蓋著不盡的血和淚。

男妓繼續發展

在理學盛行的宋代，性禁錮、性壓制和道學家的虛僞，都未能從根本上抑制住人們的性需求和性活動，也未能從根本上壓抑男風。查考史書，宋代的男風之事仍舊不少。《宋書．五行志》載：「自咸寧太康以後，男寵大興，甚於女色，士大夫莫不尚之，天下咸相仿效，或是至夫婦離絕，怨曠妒忌者。」這說明當時的男同性戀關係，天下仿效，連夫妻關係也受到影響，也不能算少了。據清代學者趙翼的《陔餘叢考》的記載，宋代浙江人不喜說「鴨」字，這是一種禁忌，因爲「鴨」字在那時是暗指同性戀和同性性行爲的。

宋代的男風在很多方面以男妓的形式表現出來，這方面有不少記載。

陶穀在《清異錄》中描述了北宋京師汴京男風充斥的情形：「四方指南海爲煙月作坊，以言風俗尚淫，今京所鬻色戶，將乃萬計。至於男子舉體自貸，進退怡然，遂成蜂窠，又不只風月作坊也。」

清代趙翼在《陔餘叢考》中也提到，當時京師有一班以賣淫爲生的男妓，由於男妓太多，以致宋徽宗政和年間對他們施以杖罰企圖停止其活動。除了汴京外，其他城市也存在男妓，直到皇室南遷以後仍有男妓。

宋代朱彧的《萍州可談》云：「書傳載彌子瑕以色媚世，至今京師與都邑無賴男子，用以圖衣食，蓋未嘗正名禁止。政和間始立法，告捕男子爲娼，杖一百，告者賞錢五十貫。」《癸辛雜識》也有類似的記載。

宋皇室南遷之後，金兵「士馬疲敝，糧儲未豐」，也不再渡江，使南宋能偏安江南，醉生夢死，社會出現了一時的繁榮景象，西湖畫舫，夜夜笙歌，商販往來如織，在這種情況下，男風更盛。周密的《癸辛雜識》云：「吳俗此風（即男娼）尤甚，新門外乃其巢穴，皆敷脂粉，盛裝飾，善針指，呼謂亦如婦人，比比求合，其爲首者，號『師巫』、『行頭』。凡官家有不男之訟，呼使驗之。」這些男娼穿女人的衣服，塗脂抹粉，互相稱呼如女子，這是一種十分畸形的社會現象。

第三節 婚姻制度的沿襲與變化

宋代程朱理學的出現和傳播，把女子的貞節推到至高無上的程度，對兩性關係的束縛進一步嚴格。但是，統治階級並不受制於程朱理學，照樣淫樂無度；同時，民間對這種觀念的接受也有一個過程。以上這些情況，必然反映到婚姻制度上來，使這一時期的婚姻狀況既有很大的繼承性、沿襲性，又開始產生了一些變化，其中存在不少矛盾，即言和行、理論和實際的脫節。

婚齡的規定

關於婚齡，宋朝在令文中雖然沿襲唐朝開元年間的規定，但司馬氏的《書儀》則規定男十六、女十四爲最低婚齡，《朱子家禮》也是這樣提出的，於是就成爲一種規範，不僅在當朝實行，而且成爲以後明、清兩代在這個問題上的一個依據。從一些歷史事實來看，宋太祖爲太宗選明德李皇后爲妃，時年十六；宋高宗於康王時選吳氏入宮，吳年十四，這都是合乎當時的規範的。

在遼、金方面，婚齡也不過低。《遼史·列女傳》共記載了五個人，其中明確提到婚齡的有四人，如耶律述妻十八而嫁，耶律中、耶律奴和邢簡之妻都是二十而嫁。《金史·后妃傳》記載，金始祖明懿皇后出嫁時已十六歲多；金顯宗昭聖皇后選入宮時，年二十三；又《列女傳》記載，「聶孝女年二十三，適進士張伯豪」。這都是金朝的一些例子。到了元朝，妃嬪有的在稚年就進宮入侍，但在民間，女子十六歲至二十一歲出嫁的較爲普遍。③

保持一夫一妻制

《唐律》對已婚男女的重婚，有較重的處罰規定，宋朝的《刑統》把它沿襲下來了。到了元朝，《元史·刑法志》載：「諸有妻妾，復娶妻妾者笞四十七，離之。」這種處比罰唐、宋爲輕，但是規定有妾娶妾者與重婚罪相同，這是與前代不同的地方。《元史·刑法志》又載，「諸有女納婿，復逐婿納他人爲婿者，杖六十七，後婿同其罪，女歸前夫，聘財入官。」這是對女方重婚罪的規定。

實際上，在階級社會中規定得似乎很嚴格的一夫一妻制是充滿了矛盾的，如第一章所述，這只是對女子不得嫁二夫的一種限制，而男子雖然只能有一妻，但可以以妾來滿足，從而實行事實上的一夫多妻制。娶妾可以娶多個，《元史·刑法志》規定的「有妾不得復娶妾」並沒有得到嚴格執行，最後不了了之。在宋代，娶妾之風是很盛的，有個叫張子野的人，年八十五還買妾，蘇軾作詩賀之曰：

錦里先生笑自狂，莫欺九尺鬢毛蒼。
詩人老去鶯鶯在，公子歸來燕燕忙。
柱下相君猶有齒，江東刺史已無腸。
平生謬作安昌客，略遣彭宣到後堂。（《雜事秘辛》）

如果說蘇軾的詩還讚譽這種事是風流雅事的話，那麼，下一個記載就有揶揄之意了，《墨客揮犀》載：

有一郎官年六十餘，置媵妾數人，鬚已斑白，令其妻妾互鑷之。妻忌其少，恐爲羣妾所悅，乃去其黑者；妾欲其少，乃去其白者，不逾月頤頷遂空。

婚姻途徑中的文化現象

在宋代，亦如前朝，提倡聘娶婚。唐、宋、明、清各律對於婚姻的締結，以是否設定婚書或接受聘財而定，而所謂聘財不拘多少，即使只接受絹帛一尺也是算數的，可見這種聘財並不意味著婚姻的買賣關係，從法律上看，是反對聘財婚的。

但是，當時在朝野之間，財婚之風仍然很盛，這恐怕是在商品經濟有了一定的發展的情況下所難以避免的一種現象。宋、元兩代一如唐代，對財婚作了許多禁止，但收效並不很大。例如在宋代，財婚在皇族之間也有發生，士庶可知，宋仁宗謀立富人陳氏女爲后，就是貪女家之富而與之締婚。有些人是貪夫家之富而妻之以女，有些宗室以女賣婚民間就是這個目的。④宋仁宗時，曾下令禁止社會地位不高的人恃富而冒充士族，從而娶宗室女，然而「宗女當嫁，皆富家大姓以貨取，不復事銓擇」，事情並沒有什麼改變。因此，宋神宗於熙寧十年又下詔，嫁女要令其婿召保，如果是妄冒成婚的，以違制論。⑤而《元史．刑法志》載，「諸男女婚姻，媒氏違例多索聘財及多取媒利者，諭衆決遣」。這都說明財婚是爲當時的法律所禁的。

但是，禁止的效果並不大，一方面是因爲有些做法並不符合社會發展規律，另一方面是因爲統治階級常常推行的是一套，而自己所做的是另一套。例如推行程朱理學，但統治階級本身並不這麼做，不僅不「滅」自己的「人慾」，而且還使人慾橫流。禁止財婚也有類似情況，禁止民間財婚而自己卻搞這一套，宋仁宗就是一個明顯的例子，有不少官吏也是這樣。

再進一步看，歷代禁止財婚、買賣婚也是有漏洞的。例如禁止賣休買休，這是指本夫直將其妻賣給買休人，是元律以及以後的明、清律嚴格禁止的。元代對於和姦同謀、以財買休卻娶爲妻者，各杖九十七，姦婦歸其夫。可是，《元史．刑法志》另有規定，即凡婦人姦私再犯者，男婦虛執翁姦未成已加翁拷掠而猶虛招者，男婦與姦夫謀誣翁欺姦買休出離者，妻故殺妾子者，以及妻魘魅其夫而會大赦者，皆從其夫價賣，這樣，有些人就可以公然備價買入婦女做爲妻妾了。婦女第一次犯姦不許賣，再犯就可以賣，這不是留下了很大的漏洞使人可以利用嗎？

宋、元之際的收繼婚值得注意。收繼婚，即父死而子納父妾，兄死而弟納其嫂等等，漢族自古以來，對此是加以反對的，當然，帝王、貴族中也有此例，但人們都認爲這是個人的特殊行爲，並以淫亂昏狂的眼光視之。但在少數民族中，實行收繼婚的很多，雖然下嫁這些少數民族的漢族公主及其他女子由於政治上的原因只能屈從此俗，但人們總認爲這是「夷風」、「蠻俗」而加以否定。可是，當蒙古入主中原以後，卻把收繼婚的風俗帶進了中原，皇室、貴族帶頭實行，例如元世祖女魯國大長公主兩次被夫方的子弟收繼爲婚，就是一個最明顯的例子。蒙古人、色目人中盛行收繼婚，漢人、南人中雖然依律禁止收繼，但是也逐漸隱然成習。這可以說是漢族性文化受外族文化的影響。而漢文化對外族文化的影響更大，蒙古人、色目人由於和漢文化的密切接觸，其初期無限制的收繼也逐漸有了一定的範圍和限制，所能收繼的只限於子有條件地收其庶母、弟收其嫂而已。而且，在漢族禮教的影響下，蒙古人、色目人中也有拒絕實行收繼婚的，如脫脫尼雍吉剌氏及中書平章闊闊歹的側室高麗氏都以死自誓，不許嫡子收繼。元英宗時，烏古孫良楨基於禮制上的理由，奏請廢除收繼婚制，[6]等等。從這些方面可以明顯地看出中國古代不同民族之間性文化的交流。

離婚和再嫁

宋代以後，由於程朱理學的推行、女子貞節觀念的强化，離婚和再嫁越來越受到社會的指責與否定。如本章「女子貞節觀的發展」節所述，程頤主張，「凡取以配身也，若取失節配身，是已失節也」，認爲寡婦不可娶。而且，在答「居孀貧窮無托者可再嫁否」之問時說：「只是後世怕寒餓死，故有是說。然餓死事極小，失節事極大。」於是朱熹與陳師中書，勸其妹守節，他說：「昔伊川先生嘗論此事，以爲餓死事小，失節事大，自世俗觀之，誠爲迂闊，然自知經識理之君子觀之，當有以知其不可易之。」自從程、朱鼓吹夫死不嫁後，世俗就逐漸地接受了以再嫁爲恥的觀念。

離婚，古代稱爲「出妻」、「絕婚」、「來歸」、「離婚」等等。大致從北宋開始，民間關於出妻之事，不曰「出」而曰「休」，將「出妻」稱爲「休妻」，將出妻的文件稱爲「休書」。《東軒筆錄》載汴京諺語云：「王太視生前嫁婦，侯工部死後休妻」即是一例。宋時，由於程、朱理學的影響，世俗逐漸認爲離婚是無行，是醜行，有些士大夫爲了保持名聲，不敢休妻。雖然當時司馬光說過「夫妻以義合，義絕則離」，程說過「妻不賢，出之何害」的話，這並不足以說明他們在這個問題上開明，而表現了他們的丈夫專權思想和對某些人離婚有顧慮的反對。到了元朝，脫脫修《遼史》時作〈公主表〉，凡是離婚改嫁的既不列入「下嫁」欄，又不列入「事」欄，而併入「罪」欄，貶義可見一斑。

當時，已出現了離婚要受陰譴的迷信。如李昌齡《樂善錄》載〈孫洪〉一條云：

侍郎孫公，初名洪。少時與一同舍生遊太學，相約毋得隱家訊。一日，同舍生得書，秘不以示。孫詰之，生曰：「非敢隱也，第爺書中語，於公進取似不便。」孫曰：「何害，某正欲知所避就。」生出書示之，書云：「昨夢至一官府，恍若閱登科籍，汝與孫洪皆列名籍中，內孫洪名下，有朱字，云於某年月日，不合寫某離婚書，爲上天所譴，不得過省。」孫閱書愕然。生曰：「豈公果有是事乎？」孫曰：「有之。向者東上，在某州，適見某翁媼相詬求離，某輕易爲寫離書，初無他意，不謂上天譴責乃爾。」生曰：「夢寐恍惚，亦何足信。如公，高才碩學，俯拾無疑。」孫終怏怏。及就試，生果高中，而孫下第，方信前夢爲不誣也。生曰：「某西歸，當爲合之，以契天心。」因問孫向所遇睽離人姓字，尋跡其處，得之，夫婦俱未有偶，生爲具道一段因緣，置酒合之如初。乃馳書報孫，孫不勝感悅。其後孫以太學內舍生免省。歷躋膴仕，屢典大郡，所至有離婚之事，未嘗不宛轉調護。晚持從橐，侍經闈，連舉二丈夫子，亦同舍生有以全之。

直至現代，有不少人仍認爲離婚總不是好事，所謂「離婚無好人，好人不離婚」，所謂「寧拆十座廟，不拆一對婚」，可能就肇源於宋代。

可是，以上所述只是問題的一個方面。如上一章所述，唐代的婚姻自由度較大，社會風氣比較開放；到了宋代，雖經程、朱之流大力提倡理學，但是一些社會觀念、社會風俗等文化現象的變遷往往有一種滯後性，需要一定的時間，宋代離婚再嫁觀念和風俗的變化也是這樣，雖然理學的影響日益擴大，人們逐漸反對離婚、歧視再嫁，但總的看來，宋代的離婚和再嫁尚屬不大困難，而程、朱理學和封建禮教對人性的壓迫和摧殘，到了明、清兩代才達到了頂峯。例如，如前所述，朱熹與陳師中書，勸其妹守節時說，對於「餓死事小，失節事大」的說法，「自世俗觀之，誠爲迂闊」，可見民間在一個相當長的時期內對此並不以爲然。

其實，連極力倡導理學的程頤，家中的侄媳也改嫁了，何況其他呢！楊萬里《誠齋集》記載了這麼一件事：

扶風馬元正妻尹氏，天水人也。元正早死，欲從者久之。其父勸之嫁，尹氏哭指鐵井欄曰：「此上生花，我則再醮。」三年而黃芝生於欄上，遂嫁爲李皓繼室。

從這段記載可以看出，父能勸女改嫁，而最後尹氏終究改嫁，這說明改嫁一事並不爲當時社會風氣所禁。不過，尹氏在一開始哭著不肯改嫁，這又說明當時程、朱理學已開始有了一定的影響，但還不大，尹氏以後畢竟找到一個「藉口」改嫁了，這個「藉口」是鐵井欄開花，其實，鐵井欄是決不會開花的，但因陳舊多年，苔蘚太深，菇蘚偶以寄生，就認爲是了不得的事情了。

當時封建統治者所定的一些規範，也並不禁止再嫁。《宋史·宗室傳》載，汝南王允讓曾奏：「宗婦年少喪夫，雖無子不許嫁，非人情，請除其例。」由此可見當時的人情。治平中，令宗室女再嫁者，祖父有二代任殿直，若州縣以上，即許爲婚姻。熙寧十年，詔宗婦非袒免以上親，與夫聽離再嫁者，委宗正司審核，其恩澤已追奪而乞與後夫者，降一等。未幾又詔宗女不得嫁曾娶人者，再適不用此法。

宋代，女真族經常入侵中原，他們對再婚再嫁是毫不在乎的，這對中原社會也略有影響。《軒渠錄》記載這麼一件事：

紹興辛巳冬，女真犯順，米忠信夜於淮南劫砦，得一箱篋，乃自燕山來者，有所附書十餘封，多是軍中妻寄軍中之夫。建康教授唐仲友，於樞密行府僚屬方圓仲處親見一紙，別無他語，止詩一篇云：「垂楊傳語山丹，你到江南艱難；你那裡討個南婆，我這裡嫁個契丹。」

宋朝還有個著名的離婚改嫁的愛情故事，這就是陸遊的《釵頭鳳》，這個故事淒婉動人，千古傳誦，可以與《孔雀東南飛》媲美。陸游字放翁，是南宋的大詩人，著名的愛國志士。他年輕時和唐琬結婚，感情極好，但是陸游母親不喜歡唐琬，逼他們離了婚。唐琬既出，陸游實在不忍心和她斷，另找了一個地方讓唐琬居住，常去探視。後來又被陸母發現了，事不得隱，最後不得不斷。以後，唐琬改嫁宋朝的宗室趙士程。有一次，陸游春日出遊禹跡寺南的沈園，遇到唐琬、趙士程在飲酒，唐琬叫人送一點酒菜給陸游，兩人雙目相看，欲言無聲，欲哭無淚。陸游悵然久之，賦一首《釵頭鳳》詞題於壁上，此首十分有名：

紅酥手，黃藤酒，滿城春色宮牆柳。東風惡，歡情薄，一懷愁緒，幾年離索，錯，錯，錯！春如舊，人空瘦，淚痕紅浥鮫綃透。桃花落，閒池閣，山盟雖在，錦書雖托，莫，莫，莫！

據傳，這次見面後，唐琬因悲傷過度，不久病死。歲月流逝，四十年過去了，陸游已成爲一個皤皤老翁，還一直思念唐琬不已，他那時居住在鑑湖之三山，每入城必登寺眺望，不能勝情，曾賦二絕：

夢斷香銷四十年，沈園柳老不飛綿。

此身行作稽山土，猶弔遺蹤一泫然。

城上斜陽畫角哀，沈園非復舊池台。

傷心橋下春波綠，曾是驚鴻照影來！

從這件事可以看出，當時唐琬被休，改嫁趙士程，趙還是個宗室，人們對此並不以爲怪。另一方面，陸游並不是等閒人物，他「壯歲從戎，曾是氣吞殘虜」，「當年萬里覓封侯，匹馬戍梁州」，真是豪氣凌雲，但是，也不得不屈從母命而休愛妻，由此也可見封建禮教壓迫之大。

第四節 有關性的文藝作品

宋、元二代的文學發展中，最有代表意義的是宋詞和元曲，在各種文學形式中，和性的關係最密切的也是宋詞和元曲。

有歷史代表性的宋詞

在宋代，詞發展到它的極盛時期。宋初的社會安定和城市繁榮，南宋的苟且偷安，都爲一些士大夫提供了享樂生活的條件。在這個時期，宋詩受了道學的影響，「言理而不言情」，（《古今詞話．詞品》卷上引陳子龍語）結果使抒發愛情和描寫色情變成了詞的專業。一方面，這是繼承了唐和五代詞言情的傳統；另一方面，士大夫們認爲詩與散文比較正統，而詞則是「小道」，近於民間文學，有些情事似乎在詩文中難以出口，有失尊嚴，但不妨在詞裡描述；另外，詞的體裁較活，更便於文人雅士們吟風弄月，便於妓女和情人淺斟低唱，可以說兩宋的大詞家幾乎無人不和歌姬舞女有密切的關係。

在這些詞人中，最有代表性的是柳永。柳永字耆卿，初名三變，福建崇安人。他出身於世代儒學官宦家庭，少年時在京城開封過的是一種「多遊狹邪」、「好爲淫冶謳歌之曲」的生活，青年時屢試不中，直到晚年才中進士，以後做過一些小官，在北宋的著名詞人中，他是官位最低的一個，但他卻以畢生精力從事詞的創作，是北宋第一個專業詞人。

由於富貴功名不就，柳永就轉而對此採取某種冷淡與狂傲的態度，並進一步地到女人堆去尋求安慰。在一首落第後所寫的《鶴沖天》中，就表現了這種思想：

黃金榜上，偶失龍頭望。明代暫遺賢，如何向？未遂風雲便，爭不恣遊狂蕩？何須論得喪，才子詞人，自是白衣卿相。煙花巷陌，依約丹青屏障。幸有意中人，堪尋訪，且恁偎紅倚翠，風流事，平生暢。青春都一餉，忍把浮名，換了淺斟低唱！

他訴說自己雖是「才子詞人」，卻是「白衣卿相」，懷才不遇。那麼怎麼辦呢？只能從「偎紅倚翠」去尋求安慰。「忍把浮名，換了淺斟低唱」，這正是他一生生活的寫照。

柳永一生在秦樓楚館中討生活，與歌妓們流連往返，儘量把他的才能發揮在詞上，以博得坊曲娼妓的青眼，並以此做爲自己的精神寄託。他的詞完全是爲女性作的，內容幾乎都是千篇一律的「羈旅悲怨之辭，閨帷淫媟之語」，情感大都發生於「偎紅倚翠」之時，取材多半是出自「煙花巷陌」，同時大半是在「淺斟低唱」中做成的。葉夢得的

《避暑錄話》說：「柳永爲舉子時，多遊狹斜，善爲歌詞，教坊樂工，每得新腔，必求永爲詞，始行於世。」《後山詩話》說：「柳三變遊京都南北兩巷，作新聲樂府，骩骳從俗，天下詠之。」宋翔鳳的《樂府餘論》說：「耆卿失意無俚　流連坊曲，遂盡收俚俗語言，編入詞中，以便妓人傳習，一時動聽散播四方。」這說明，柳永不但會做詞，而且精通音律，其詞很通俗，能以俚語編入詞中，所以很受人們的歡迎，以致有「有井水處皆能歌詞」、「十七八女郎執紅牙拍板，歌『楊柳岸曉風殘月』」之說。

柳永的一生潦倒雖然和妓女的悲慘生活有不同的內容，但由於長期地生活在一起，又有「同是天涯淪落人」的共同遭遇，所以柳永對妓女比較理解，從而在詞中表現出對妓女的同情，反映出她們的思想感情和對幸福的嚮往。如《迷仙引》中，他描寫了她們「萬里丹霄，何妨攜手同歸去。永棄卻、煙花伴侶。免教人見妾，朝雲暮雨」的痛切呼聲。《集賢賓》中，也要求「和鳴偕老，免教斂翠啼紅」的正常生活。柳詞中有不少懷念她們乃至悼亡之作，寫到偶在客地接到她們的「小詩長箋」而「寶若珠璣」，歡喜若狂；或對於自己飄泊無定而有負於「于飛比翼」的盟誓而深深內疚，企圖在她們中間找到知音，尋求安慰。他確實有不少「紅粉知己」。相傳柳永死後，還是由「羣妓合金葬之」並有「弔柳七」、「弔柳會」等遺聞逸事，雖不一定可靠，但是都反映出柳永與妓女關係的密切。然而，柳詞中也有不少關於妓女聲色的庸俗猥褻的描寫，這是應該加以剔除的糟粕。

在柳永前後的有關詞人還有晏殊、晏幾道和秦觀。

晏殊字同叔，撫州臨川人，他早年顯達，歷任要職，官至宰相，一生宦途得意，未遇什麼大的波折，就很自然地繼承了五代詞風的緒餘，把詞當作娛賓遣興的工具，或寫男歡女愛，輕歌曼舞，或寫一些空洞的祝頌之詞，表現出雍容典雅而又脫離社會的情趣。他的詞風閒雅清婉，有不少佳句，如「重頭歌韻響琤琮，入破舞腰紅亂旋」、（晏殊：《木蘭花》）「蕭娘勸我金卮，殷勤更唱新詞」（晏殊：《清平樂》）反映了高官們的酒色生活，而「春風不解禁楊花，濛濛亂撲行人面」（晏殊：《踏莎行》）和「無可奈何花落去，似曾相識燕歸來」（晏殊：《浣溪詞》）等，寫出了一種具有一定美感的意境。

晏幾道是晏殊的兒子。他雖出身於顯宦之家，但後來失去了富貴子弟的生活地位，窮困潦倒，因此晏幾道的詞就充滿了感傷、懷舊與落拓放浪氣。他追憶當年「舞低楊柳樓心月，歌盡桃花扇底風」（晏幾道：《鷓鴣天》）的豪華生活，而又不甘心自身社會地位的下降，重又陷入「夢魂慣得無拘檢，又踏楊花過謝橋」（晏幾道：《鷓鴣天》）的放浪境地。他的許多懷念歌妓的詞作，如「衣上酒痕詩裡字，點點行行，總是淒涼意。紅燭自憐無好計，夜寒空替人垂淚」（晏幾道：《蝶戀花》），如「淚彈不盡臨窗滴，就硯旋研墨。漸寫到別來，此情深處，紅箋爲無色」（晏幾道：《思遠人》）等，雖然這種離愁別恨沒有多大的社會意義，但卻比較自然清新，有一定的藝術價值。

秦觀是稍後於兩晏與柳永的一位詞人，他在黨爭中非常失意，宦途多舛，一生潦倒，所以也只能以酒色遣懷。他的詞筆從未接觸國計民生，只是抒發自己的「情」與「愁」，這是多少年來千百詞人所歌唱的主題，所以秦詞在思想性方面並沒有特別過人的地方，但是藝術性很高，他在作品中創造了許多優美的藝術形象，表現出真摯的感情，並發展了詞的技巧。他寫詞的主要傾向是歌唱愛情的真摯與純潔，例如那膾炙人口的《鵲橋仙》：

纖雲弄巧，飛星傳恨，銀漢迢迢暗渡。金風玉露一相逢，便勝卻人間無數。
柔情似水，佳期如夢，忍顧鵲橋歸路。兩情若是久長時，又豈在朝朝暮暮。

秦觀和歌妓舞女交往很多，他有許多詞都以此爲內容，創造了一些深於情、專於情的可愛的女性形象，例如《浣溪沙》：

漠漠輕寒上小樓，曉陰無賴似窮秋，淡煙流水畫屏幽。
自在飛花輕似夢，無邊絲雨細如愁，寶簾閒掛小銀鈎。

又如《鷓鴣天》，其中的「雨打梨花深閉門」爲千古傳誦的佳句：

枝上流鶯和淚聞，新啼痕間舊啼痕；一春魚鳥無消息，千里關山勞夢魂。
無一語，對芳尊，安排腸斷到黃昏；甫能炙得燈兒了，雨打梨花深閉門。

秦觀所交往和戀愛的異性，大多是以伎藝和色相供人玩弄享樂的歌妓舞女，正是在以男性爲中心的社會裡被損害、被賤視的女子。可是，在他的作品裡，這些女子的形象都具有真實的感情和個性，卻因爲得不到美滿的愛情，不能像正常人那樣生活的不幸者，而決不像一般輕薄詞人所描寫的那種水性楊花的人物。秦觀是以平等的、同情的態度去對待這些女子的，因而發現了她們靈魂中可貴的東西，這也是秦詞閃爍著一些光彩的根本原因，也是秦觀比一般詞人在思想境界高出一籌的地方。

這裡還應該提到歐陽修和蘇軾，他們都是宋代的大學問家、大政治家，被後人列入「唐宋八大家」之列。他們的文風也和過去的一些著名文人一樣，有些矛盾的地方。他們在當時都是以「正統」面目出現的大人物，可是正像白居易本來寫過一些反映婦女疾苦的詩，似乎是對女子深表同情的詩人，可是蓄妓竟如此的多，玩妓的興趣竟如此之濃；而歐陽修的政論文《朋黨論》、《五代史伶官傳論》是多麼鏗鏘有力，他的《食糟民》詩對農民是多麼同情，可是另一方面也寫出一些描寫女性的浮豔之詞，簡直判若兩人。蘇軾也是同樣，他的「大江東去，浪淘盡千古風流人物」以及「明月幾時有，把酒問青天」和反映嫖妓生活的浮豔之詞也真是判若兩人。這可能反映出一些封建士大夫的兩重人格和雙重道德標準。他們即使在某些方面比較開明一些，但在另一些方面最終還是脫離不了他們的階級局限。

歐陽修、蘇軾私生活的浪漫是出了名的：《避暑錄話》說：「歐陽文忠知揚州，建平山堂，壯麗爲淮南第一。每暑時，輒攜客往遊，遣人至邵伯取荷花千餘朵，以畫盆分插百許盆，與客相間，遇酒行即遣妓取一花傳客，以次摘質其葉盡處，則飲酒，往往侵夜，載月而歸。」《宋稗類鈔》云：「歐陽修間居汝陰時，二妓甚穎，而文公歌詞盡記之，筵上戲約他年當來作守。後數年公自維揚果移汝陰，其人已不復見。視事之明日，飲同官湖上，有詩留擷芳亭云：『柳絮已將春色去，海棠應恨我來遲。』」可見，他對妓女是多麼眷戀。

正是因爲有這種生活情趣與經歷，歐陽修寫過不少旖旎、纏綿、香豔的描寫男女之情的詩詞，其中也不乏佳作。例如他寫的《南歌子》描寫一對新婚夫妻甜美、熱烈的愛情：

> 鳳髻金泥帶，龍紋玉掌梳。去來窗下笑相扶，愛道：畫眉深淺入時無？
> 弄筆偎人久，描花試手初。等閒妨了繡工夫，笑問：雙鴛鴦字怎生書？

這首詞寫得非細常細膩、生動，可是，被指責爲「淺近」、「浮豔」，引起「羣小」的「曖昧之謗」。（王灼：《碧雞漫志》）更有人「爲尊者諱」，說身爲一代儒宗的歐陽修不會填這類詞，「當是仇人無名子所爲」，（《詞苑叢談》）而列在歐陽修的名下。

蘇軾在這方面也絲毫不亞於歐陽修。《揮塵錄》說：「姚舜明庭輝知杭州，有老姥自言故娼也，及事東坡先生，云：公春時每遇休暇，必約客湖上，早食於山水佳處。飯畢，每客一舟，令隊長一人，各領數妓任其所適。晡後鳴鑼以集，復會聖湖樓，或竹閣之類，極歡而罷。至一二鼓夜市猶未散，列燭以歸，城中士女雲集，夾道以觀千騎騎過，實一時盛事也。」

他們的不少旖旎豔麗的詩詞，都是在這種狎妓生活中寫出來的，例如《調謔篇》載：

> 大通禪師操行高潔，人非齋沐不敢登堂，東坡一日挾妙妓謁之，大通慍見於色。公乃作《南柯子令》妙妓歌，大通亦爲解頤。公曰：「今日參破老僧禪矣。」

又如《春渚記聞》記了有關蘇軾的這樣一則故事：

> 東坡在黃山日，每有燕集，醉墨淋漓，不惜與人。至於營妓供侍，扇書帶畫，亦時有之。有李琪者，小慧而能書札，坡亦顧之喜，終未嘗得賜。至公移汝郡，將祖行，酒酣奉觴再拜，取領巾乞書。公顧視之久，令琪磨硯，大書云：「東坡七歲黃州住，何事無言及李琪。」即擲筆袖手，與客談笑。坐客相謂，語似凡易又不終篇何也？至將撤具，琪復拜請，坡大笑曰：「幾忘出場。」繼書曰：「恰似西川杜工部，海棠雖好不留詩。」一座擊節，盡醉而散。

以上似乎都是文人雅士，蘇軾爲妓女作詞書字時倜儻、豪放之氣溢然，可是，隱藏在這背後的人際關係又是什麼呢?他們仍舊不過是把妓女做爲自己遣興、抒懷、發洩、娛樂的工具罷了，以下這件事是說明問題的實質的：

> 坡公（蘇軾）又有婢，名春娘。公謫黃州，臨行，有蔣運使者餞公。公命春娘勸酒，蔣問春娘去否?公曰：「欲還母家。」蔣曰：「我以白馬易春娘可乎？」公諾之。蔣爲詩曰：「不惜霜毛雨雪蹄，等閒分付贖蛾眉，雖無金勒嘶明月，卻有佳人捧玉卮。」公答詩曰：「春娘此去太匆匆，不敢啼嘆懊恨中。只爲山行多險阻，故將紅粉換追風。」春娘斂衽而前曰：「妾聞景公斬廄吏，而晏子諫之。夫子廄焚而不問馬，皆貴人賤畜也。學士以人換馬，則貴畜賤人矣！」遂口占一絕辭謝，曰：「爲人莫作婦人身，百般苦樂由他人，今時始知人賤畜，此生苟活怨誰嗔。」下階觸槐而死，公甚惜之。（**馮夢龍：《情史．情憾類》**）

這位春娘，無疑是一位頗有覺悟的女性，她以死對蘇軾等大人先生們不把女人當人的行爲作了强烈抗議，這也揭露出在這些封建士大夫風流倜儻、舞文弄墨、憐香惜玉等現象掩蓋著的階級本質。相比之下，對妓女比較能持平等同情態度的柳永、秦觀等詞人有人性得多。

北宋末年還有個周邦彥，字美成，號清真居士，因爲他精通音律，又善作詞，宋徽宗就任他爲大晟樂府的提舉官。他長期和歌妓舞女們交往，過那眠花宿柳的放浪生活，在職務上又不得不迎合並直接以文藝去侍奉皇帝和貴族，自然寫不出能反映社會現實生活而具有較高思想性的作品，只能寫些「玉豔珠鮮」和「柳欹花嚲」的豔詞，以娛樂當時的統治階級。他的《瑞龍吟》被認爲是代表了他的這種詞風：

章台路，還見褪粉梅梢，試花桃樹。愔愔坊陌人家，定巢燕子，歸來舊處。黯凝佇，因念個人痴小，乍窺門戶。侵晨淺約宮黃，障風映袖，盈盈笑語。　前度劉郎重到，訪鄰尋里，同時歌舞，唯有舊家秋娘，聲價如故。吟箋賦筆，猶記燕台句。知誰伴，名園露飲，東城閒步？事與孤鴻去。探春盡是，傷離意緒。官柳低金縷。歸騎晚，纖纖池塘飛雨。斷腸院落，一簾風絮。

此外，充滿了没落情緒「繁華夢斷酒醒來，掃地春空」的賀鑄，「自喜新詞韻最嬌，小紅低唱我吹簫」的姜夔，寫豔情麗句，在宋代的性愛文學上也占有一定地位。

到了元代，除了元曲以外，在包括詞在內的文學方面没有明顯的發展。有過一位詞人薩都刺，做過御史官，其父章雄健，詩詞流麗清婉，最長於情，在歷史上也是有名的，他寫過一首《燕姬曲》，兒女之情似可與前朝大詩詞家媲美：

燕京女兒十六七，顏如花紅眼如漆。
蘭香滿路馬塵飛，翠袖短鞭嬌滴滴。
春風澹蕩搖春心，錦箏銀燭高堂深。

繡衾不暖錦鴛夢，紫簾垂霧天沉沉。
芳年誰惜去如水，春困著人倦梳洗。
夜來小雨潤天街，滿院楊花飛不起。

妓女文學

宋代的詞和唐代的詩似有十分相似之處，從文人雅士到一般市井中人，幾乎人人能夠吟誦，這種文學在文人雅士與歌姬舞女中架起了一座橋樑，結成了一根紐帶。鄭振鐸說過：「詞在這個時候——北宋——已達到黃金時代了。作家一做好了詞，他便可以授之歌妓，當筵歌唱，十七八女郎執紅牙拍板歌楊柳岸曉風殘月，這個情景，豈不是每個文人學士所最羡喜的？凡能做詞的無論武士文夫，小官大臣，便無不喜做詞。像秦七，像柳三變，像周清真諸人，且以詞爲專習。柳三變更沉醉於妓寮歌院之中，以作詞給她們唱爲喜樂。所以我們可以說一句，在詞的黃金時代中，詞乃是文人學士的最喜用之文體，詞乃是與文人學士相依傍的歌妓舞女最愛唱的歌曲。」

在宋代的民間，要算妓女詞爲最盛，因爲當時的妓女常與一般詞人廝混，耳濡目染，同時妓女不能詞者也難以受到高層次人士的賞識，所以能詞者十有七八，載於《詞苑叢談》諸書的，更難計算。這又形成了宋代的妓女文學。唐代的妓女文學以詩爲主，宋代的妓女文學則以詞爲主。

對宋代的妓女來說，首先是唱詞。要唱詞必須對詞的意義及曲拍十分了解，才能即景生情，琅琅上口，悱惻動人。這方面的事例是很多的，例如：

黃山谷過瀘州，有官妓盼盼，帥嘗寵之。山谷戲以《浣溪沙》贈之……盼盼即筵前唱《憶春娥》詞侑酒。詞云：「年少看花雙鬢綠，走馬章台弦管逐。而今老友惜花深，終日看花花不足。書中美女顏如玉，爲我同歌金縷曲。」（《詞苑叢談》）

臨汝有歌者，甚慧，咸淳中嘗與吟朋夜醉其樓，對余唱《賀新郎』詞，至「劉郎與事當年少，天教賦與許多才調。」歐閒笠謂余曰：「古曲兒，今日恰好使得。」余因以此意作小調題壁。（《詞綜補遺》載劉木村《水雲村吟》）

陳東靖康間嘗飲於京師酒樓，有「娼打座」而歌者，東不願，乃去倚欄獨立。妓歌《望江南》詞，音調淸越，東不覺傾聽，視其衣服皆故敝者，時以手揭衣爬搔，肌膚綽約如雪，乃復呼使前，再歌之。……東問何人所製，曰：此上淸眞人詞也。歌罷，得錢下樓，再遣僕追之，已失矣。（《夷堅志》）

有時，妓女歌詞，還能起到溝通文人學士之間的交往的作用，例如：

蘇子瞻守杭州時，毛澤民爲法曹，公以常人遇之。而澤民與妓瓊芳者善，及秩滿辭去，作《惜分飛》詞以贈妓。子瞻一日宴客，聞妓歌此詞，問誰作，妓以澤民

對，子瞻歎曰：「郡有詞人而不知，某之罪也。」翌日折簡邀回，歡洽數月。（《**西湖遊覽志**》）

柳三變與孫相何爲布衣交，孫知杭，門禁甚嚴，三變欲見之不得，作《望海潮》詞往詣名妓楚楚曰：「欲見孫恨無門路，若因府會，願朱唇歌之。若問誰爲此詞，但說柳七。」值中秋夜會，楚楚宛轉歌之，孫即席約耆卿預坐。（《**詞苑叢談**》）

除唱詞外，有些妓女有相當的文學修養，能作詞，詞多清麗、宛楚、纏綿，楚楚動人，有的甚至能對客揮毫，倚馬可待。這樣，就出現不少歷史上的、文壇上的佳話，妓女文學也就這樣自然地形成與發展。

例如：

蜀娼類能文，蓋薛濤之遺風也。陸放翁客自蜀挾一妓歸，蓄之別室，率數日一往，偶以病稍疏，妓頗疑之，客作詞自解，妓即韻答之云：「說盟說誓，說情說意，動便春情滿紙。多應念得脫空經，是哪個先生教底。不茶不飯，不言不語，一味供他憔悴。相思已是不等閒，又那得功夫咒你。」（《**齊東野語**》）

營妓馬瓊之歸朱端朝。朱官南昌尉，瓊之以雪梅扇面，寫《減字木蘭花》詞寄之，詞云：「雪梅妒色，雪作梅花相抑勒，梅性溫柔，雪壓梅花怎起頭。芳心欲訴，全仗東君來作主。傳語東君，早與梅花作主人。」（**瞿祐**：《**寄梅記**》）

廣漢營妓，小名僧兒，秀外慧中，善填詞。有姓戴者，兩作漢守，寵之，既而得請玉局之祠以歸。僧兒作《滿庭芳》見意云：「園菊苞金，叢蘭減翠，畫成秋暮風煙。使君歸去，千里信潸然。雁水全，勝得陶侃當年。如何見一時盛世，都在送行篇。愁煩梳洗懶，尋思陪宴，把月湖邊。有多少風流往事縈牽。聞到霓旌羽駕，看看是玉局神仙。應相許衝煙破霧，一到洞中天。」（苕溪：《漁隱叢話》）

杭妓樂宛與施酒監善，施嘗貽之《卜算子》詞，樂宛答之云：「相思似海深，舊事如天遠，淚滴千千萬萬行，使我愁腸斷。要見無由見，見了終難制。若是前生未有緣，重結來生願。」（《詞苑叢談》）

從以上一些事例看來，這些妓女文才是很好的，不少妓女的作品情真意摯，爲後世所傳誦，在我國古代文化寶庫中閃現出奇特的光彩，並傳爲佳話。人們對妓女的要求是色藝俱佳，容貌是天生的，而在後天養成的素質中，文才尤爲重要，妓女有文才，身價似乎就高了，結交對象的檔次也高了，妓女本身也更容易得寵。例如：

成都官妓趙才卿性慧黠，能詞。值帥府作會，送都鈴帥命才卿作詞，才卿應命立賦《燕歸梁》云：「細柳營中有亞夫，華宴簇名姝。雅歌長許值投壺，無一日不歡娛。漢王拓境思名將，捧飛詔，欲登途。從前密約盡成塵，只剩紅淚如珠。」帥大賞，盡以飲器遺之。（《詞苑叢談》）

杭西湖有一倅聞唱少游《滿庭芳》，偶然誤舉一韻，「畫角聲斷斜陽」。妓琴操在側曰：「畫角聲斷樵門，非斜陽也。」倅因戲之曰：「爾可改韻否？」琴操即改作「陽」字韻云：「山抹微雲，天連衰草，畫角聲斷斜陽。暫停征轡，聊共飲離觴。多少蓬萊舊侶頻回首，煙霧茫茫。孤村里寒鴉萬點，流水繞紅牆。魂傷當此際，輕分羅帶，暗解香囊。贏得秦樓薄幸名狂。此去何時見也，襟袖上空餘香。傷心處，長城望斷，燈火已昏黃。」東坡聞而善之。（《能改齋漫錄》）

名妓聶勝瓊資性慧黠，李之問詣京師，見而悅之，遂與結好。及將行，勝瓊餞別於蓮花樓。別旬日，復作《鷓鴣天》詞寄之：「玉慘花愁出鳳城，蓮花樓下柳青青。青樽一曲陽關調，別調人人第五程。尋好夢，夢難成，有誰知我此時情？枕前淚共檐前雨，隔個窗兒滴到明。」李藏篋間，抵家爲其妻所得，問之，具以實告，妻愛其語句清俊，遂出妝奩資夫娶歸。（《青樓記》）

從以上事例可以看到，文才好的妓女是走紅的，例如趙才卿能詞，「帥大賞」；琴操改韻作詞，「東坡聞而善之」；那位名妓聶勝瓊就更有本事，竟以其詞戰勝了李之問妻本能的、自然的妒忌，使這位太太「出妝奩資夫娶歸」。至於她那首著名的《鷓鴣天》詞，「枕前淚共檐前雨，隔個窗兒滴到明」，歷來被認爲是千古絕唱。女子中真有人才，妓女中也真有人才，可惜她們在封建時代處於這樣一種屈辱的地位。

講唱文學與戲劇

在宋代，除了詞以外，話本在性文學中也占有相當重要的地位。話本——白話小說——在宋代的出現，是中國文學史上的一件大事。

話本比過去的文學作品更廣泛地反映了社會生活，特別是中下層人民的生活，反映出他們的思想感情、願望和要求。貧賤女子、販夫走卒都成了作品的主人翁。它揭露封建社會的黑暗和勞動人民的受壓迫，指責了昏官惡吏，讚揚與肯定了「市井小民」，抗議婚姻的不自由和性的壓抑，滿腔同情地歌頌貧賤女子以及其他「小人物」的美德，並對幸福生活充滿了憧憬和嚮往。話本運用了接近口語的話，十分通俗易懂，在藝術表現方面，如描寫人物、環境和對話也有新的發展。

話本在宋代出現，並不是偶然的。這時，中國封建社會發展到中期，都市有較大發展，市民大量出現，爲了適應他們的文化生活需要，必須選擇他們所熟悉的內容，寫出他們所喜聞樂見的作品。宋代話本數目，僅根據羅燁《醉翁談錄》的統計就有一五〇種之多，但由於封建士大夫的排斥、摧殘，以及年深日久，留傳現代的不過二、三十篇，散見於《京本通俗小說》、《清平山堂話本》、《喻世明言》、《警世通言》、《醒世恆言》諸書中。其中有幾篇還可能是元朝人的作品。

許多話本是以性愛爲主要題材的，它肯定了青年男女對於自由戀愛的渴望與追求，讚揚了他們在愛情上表現出來的勇敢與堅貞。當然，以前的文學作品中也有愛情故事，但宋代話本的特色是突出地表現了女性的真實感情和對愛情堅貞不渝的品德。如《碾玉觀音》中的璩秀秀大膽地衝破了封建禮教的樊籬，和意中人崔寧逃往潭州。他們的行爲觸犯了咸安郡王的尊嚴，秀秀終於遭到殺害，但死亡並没有阻止她追求幸福生活的强烈願望，她做了鬼還去找崔寧做夫妻。《鬧樊樓多情周勝仙》也寫得非常出色：周勝仙在金明池上遇見了范二郎，兩人互相愛慕，她主動而又大膽地表露了自己的愛情，而且愛得那麼堅決，父母不能阻止，死亡也不能妨礙。她爲范二郎死過兩次，做了鬼還請三天假來和范二郎相聚，設法把范二郎救出監獄。這兩個愛情故事的共同特點是浪漫主義色彩和强烈的反抗精神。璩秀秀和周勝仙的願望都是死後才實現的。通過她們的死，一方面揭露了封建勢力對她們的摧殘，同時也表現了青年婦女在愛情上的反抗精神。

但是，宋代話本有一些因果報應的説教，同時，以大篇神鬼故事來宣揚迷信思想也是一個缺點，如《西山一窟鬼》、《西湖三塔記》、《定州三怪》等。有些話本過多地應用巧合情節，削弱了故事的現實性，還有些淫穢的描寫，充分反映了小市民的低級趣味，這都是要加以分析的。

在與宋朝並存的金朝有個董解元（名朗，「解元」是當時人們對知識分子的通稱），他所著的《西廂記諸宮調》是我國古代講唱文學中的傑作之一，曾對元代雜劇產生過直接的影響。作者是個蔑視禮教、狂放不羈的落魄者。《西廂記諸宮調》是根據唐代元積的傳奇《鶯鶯傳》改編的，他不但把一篇不滿三千字的傳奇改爲五萬多字的講唱文學作品，而且根本改變了主題。《鶯鶯傳》寫張生和鶯鶯的戀愛故事，元積對鶯鶯的描寫雖有一些情致，但他所欣賞的不過是張生的風流韻事，所宣揚的不過是女色禍水的思想，這就掩蓋了這個社會悲劇的現實意義，成了作品的致命弱點。以後人們對此所作的一些改編，大都没有突破《鶯鶯傳》的窠臼，直到《西廂記諸宮調》出現，才在幾個重要的方面作了根本的改變。它通過藝術形象揭露了禮教的罪惡、包辦婚姻的不得人心，歌頌了青年要求婚姻自由的抗爭，突出了反封建的主題，這是董解元在作品的思想內容上的重大貢獻。

元朝的文學創作，一般說來，雜劇的成就最大。雜劇產生於金末元初的蒙古國時期（一二〇六～一二七一），是新興的文藝樣式，它發展到了至元、大德年間（一二六五～一三〇七）正像幼苗長成了大樹，枝葉茂盛了。雜劇的興起是和當時的異族壓迫，知識分子苦悶而接近下層人民，元朝統治階級對封建的倫理道德掌握得不大嚴格，以及戲曲本身的發展分不開的。當時，傳統的詩歌、散文更多地被社會地位高而具有正統思想的人所運用，就不能不影響到這種體裁所表達的內容；至於小說和戲劇卻表現出另一特點，那就是作者們一般都是「門第卑微，職位不振」的社會地位比較低的人，題材也偏重於廣大人民所熟悉的民間傳說和普通人民的社會生活，表現出來的也是接近於被壓迫被損害的下層人民的思想感情，其中性愛描寫是主要內容之一。

這方面的大師首先是關漢卿，他是一位多產的雜劇作家，根據《錄鬼簿》的記載，他一生共創作了六十三個劇本，可惜它們大多數已經散佚。在留傳下來的雜劇中，曲目俱全的有十二個，科白殘缺的有三個，只保存著單支曲詞的有兩個，而《感天動地竇娥 》則是關漢卿雜劇中最出色的代表作。

《竇娥 》描寫了一個叫竇娥的年輕女子，由於反抗流氓地痞的霸占而被誣以殺人，最後蒙 而死，真實地描繪了當時殘酷的社會生活，有力地抨擊了封建統治的黑暗，強烈地表現了長期遭受壓迫的人民羣衆的反抗情緒。

除了《竇娥 》以外，《救風塵》、《望江亭》、《調風月》、《拜月亭》等也都深刻地描寫了性愛生活的內容。

《救風塵》主要是寫趙盼兒搭救她的同伴宋引章，向玩弄女性的紈袴子弟周舍展開抗爭的故事。宋引章是個年輕不懂事的妓女，她急於跳出火坑，去追求理想的夫妻生活，但是，她不聽趙盼兒苦口婆心的勸阻，錯誤地選擇了周舍，過門以後，她果然受盡了種種的虐待。她的遭遇反映了妓女的辛酸和悲慘的命運。而趙盼兒聰明、機智、重義氣，她飽經風霜，對那些玩弄婦女的惡棍深惡痛絕，她用「即以其人之道，還治其人之身」的辦法，用她對周舍的欺騙回敬了周舍對宋引章的欺騙，懲罰了周舍。

《望江亭》第三折的情節和《救風塵》有些相似：女主角譚記兒裝扮成一個漁婦，利用楊衙内好色貪杯的性格，口齒伶俐、行動機警地騙取了勢劍、金牌和文書，使對方失去了迫害自己丈夫的憑藉，從而捍衛了自己的幸福生活。

《調風月》的女主角燕燕是一個貴族家庭的侍婢，她聰明、伶俐、多情，而個性倔强、潑辣，她愛上了前來探親的小千戶，小千戶也答應娶她，可是，以後經過了許多曲折才成婚。由戀愛到結婚，她經歷了一段風險而痛苦的途程，而這一切又都是由她卑微的社會地位決定的。

《調風月》寫的是婢女的愛情，《拜月亭》則寫的是小姐的愛情。王瑞蘭和蔣世隆在患難中邂逅，由結識而定婚，可是王的父親用暴力拆散了這對新婚三月的恩愛夫妻。王瑞蘭回家以後，不時地咒駡著狠心的父親，惦念著苦命的丈夫。但是，在人們的面前，心裡的話説不出口，她只有在黑夜時刻對天對月禱告，一願父親改變初衷，二願丈夫平安無事。

從以上這些雜劇的内容看來，也可見關漢卿作品進步意義之一斑了。

王實甫的五本二十一折的《崔鶯鶯待月西廂記》在元代雜劇中可以説是一個輝煌的成

就，它是以愛情爲題材的雜劇的高峯。賈仲明的《凌波仙》弔詞裡也說到「新雜劇，舊傳奇，《西廂記》，天下奪魁」。《西廂記》的故事最早的來源是唐代元稹所寫的《鶯鶯傳》，不過給它影響最大的是金代董解元的《西廂記諸宮調》。它和《西廂記諸宮調》在情節上大致相同，但在各個方面作了進一步的加工、發展和提高。作者堵塞了情節裡的漏洞，刪減了蔓生的枝幹，使人物性格的發展更爲合情合理，同時發揮了戲劇形式的長處，使衝突更爲劇烈，人物性格更爲鮮明，心理描寫更爲細緻。《西廂記》是一部大型的詩劇，它的文辭很優美，詩意很濃厚，這在中國古典戲曲中是罕有與之倫比的。由於王實甫天才的創造，《西廂記》便成爲我國古典戲曲中一顆光輝燦爛的明星。

還有一位白樸，也是元代雜劇作家中的重要人物，是歷來相傳的「元曲四大家」之一，他寫過十六個雜劇，大部分寫男女的愛情故事，其中《祝英台死嫁梁山伯》、《蘇小小月夜錢塘夢》等都已佚失，流傳下來的只有《裴少俊牆頭馬上》、《唐明皇秋夜梧桐雨》和《董秀英花月東牆記》。此外還保存《韓翠顰御水流紅葉》、《李克用箭射雙雕》兩個劇本的殘曲。

《牆頭馬上》是白樸最出色的作品，是元代雜劇中的四大愛情劇之一。[7]它通過一對青年男女的愛情故事，極力宣揚男女自由結合的合理性，表現了一種要求婚姻自主的民主的思想傾向。李千金愛上裴少俊後，來不及等待裴少俊得官後前來求娶，堅決地選擇了私奔的道路。兩人在裴家後花園同居了七年，被裴少俊的父親裴尚書拆散，最後夫妻又重新團圓。李千金的性格有十分獨特之處，在全部過程中，她一直光明磊落、毫不退縮地維護她同裴少俊的愛情和她自己行動的合理性，例如她和裴尚書的一段對話：

尚書云：……呸，你比無鹽敗壞風俗，做的個男遊九郡，女嫁三夫。

正旦云：我則是裴少俊一個。

尚書怒云：可不道「女慕貞潔，男效才良」；「聘則爲妻，奔則爲妾」。你還不歸家去！

正旦云：這姻緣也是天賜的。

可見，李千金寸步不讓，堅定而有理、有禮地和壓迫抗爭，這是一個十分光輝的女子形象。

馬致遠也是歷來所說的「元曲四大家」之一，從他的全部作品來看，他創作了在思想和藝術上很有光彩的《破幽夢孤雁漢宮秋》，但也撰寫了一些宣揚宗教迷信思想的「神仙道化」劇；他的大部分散曲的基調是消極、低沉的，但在藝術風格上又有非常顯著的特色。他的《青衫淚》描寫白居易和妓女裴興奴的愛情故事，在思想和藝術上都沒有什麼特色。

還有一位「元曲四大家」是鄭光祖，他創作了十八種雜劇，現存八種和《崔懷玉月夜聞箏》的殘曲，題材大部分是歷史故事，而優秀的卻是他的愛情劇，其代表作是《迷青瑣倩女離魂》，它描寫張倩女思戀王文舉因而魂離肉體與他結合的故事，基本上是根據唐代陳玄祐的傳奇小說《離魂記》改編的。劇本著重歌頌倩女對理想和愛情的追求，富有浪漫主義色彩，鄭光祖的再創作，不但進一步豐富和發展了原來的傳說故事，更主要的是他成功地創造了大膽反對封建禮教、熱烈追求自由幸福生活的倩女形象。

《倩女離魂》是神話劇，元代還有其他一些以神話爲題材的雜劇，其最擅長者爲尚仲賢和李好古。尚仲賢的代表作是《洞庭湖柳毅傳書》，是根據唐代傳奇改編的；李好古的代表作是《沙門島張生煮海》。前者描寫龍女三娘對柳毅的愛慕方面很有特色。後者描寫書生張羽和龍女瓊蓮一見鍾情，約在中秋節重會，張羽等不及這個日子，就去海邊尋找情人，在毛女仙姑幫助之下，把海水煮得滾沸，迫使東海龍王送出女兒，答允親事。全劇以龍女聽琴和張羽煮海兩個場面寫得最吸引人。

在這一時期，石君寶的《魯大夫秋胡戲妻》也很膾炙人口。貧困的秋胡離家十年，妻子羅梅英忠貞地等著丈夫，堅決拒絕了父母迫她改嫁，和他人倚財欺辱等無賴行爲作抗爭。十年後，秋胡回家了，夫妻二人在桑園見面不相識，秋胡居然調戲她，她憤怒地痛罵：「這廝睜著眼覷我，罵那死尸；腆著臉看我，咒他上祖。」後來知道調戲她的「沐猴冠冕，牛馬襟裾」原來就是秋胡，她和秋胡大鬧了一場，要他寫出休書，只是因爲婆的說情，她才罷休。她對婆很孝順，對愛情很忠貞，同時，自尊心很强，很有主見，不論是誰，只要侵犯她、欺負她，她都予以堅決的回擊。這一切都決定了羅梅英形象的鮮明性和獨特性。《秋胡戲妻》正是描繪出這個人物形象而顯示了它的獨特的成就。

第五節　韜光養晦的房中理論

在宋朝，由於程朱理學逐漸居於統治地位，影響極大，所以這一時期的房中理論也受到了較大束縛，没有多大發展，前幾章談到，從《漢書》至《唐書》，歷代的史志目錄中都記載了房中著作，然而自《五代史》、《宋史》以下，諸史志的目錄幾乎都不載錄房中著作，各種目錄也很少見到有關記載，其原因不外乎是迫於社會壓力，作這方面研究的人少了，編著的人少了，將這方面的著作收進目錄的人也少了。

但是，做爲社會文化重要組成部分的性文化是禁錮不了的。它正像一江春水，此處堵住了，它就往他處流。往他處流的途徑主要有二；一是民間大力發展它，如宋、元時期的不少話本、戲曲及小說，如《西廂記》、《水滸傳》等，就涉及性文化。二是宋、元時期雖無房中專著流傳，但是在某些綜合性醫著或道藏著作中，都有對房室生活的論述。結合醫學作一些房中論述，是比較易於被統治者和人民大衆所接受的，因爲病總是要治的：所以，性學研究總是從醫學開始，即使在後世最保守、最封閉的時期，醫學也往往成爲性學的避風港和韜光養晦之地。

在宋、元時期，值得注意的有關著作主要有以下幾種：

《元笈七籤》

這是北宋張君房編輯的一部道家類書，凡一二二卷。此書是集宋以前《道藏》之大成者，是研究道家學說的重要文獻。在這部書的第十一、十二兩卷裡，有一些內容涉及房室生活，主要是大量引用前人的論說，闡述固精、節慾等問題，大多引自《黃庭經》等書。

關於固精的論述，如卷十一《呼吸章》引《黃庭經》說：「結精育胞化生身，留胎止精可長生」，並引上清真人口訣解釋道：「夫學仙之人安心養神，服食治病，使腦宮填滿，玄精不傾，然後可以存神服氣，呼吸三景。若數行交接，漏泄施瀉者，則氣移神亡，精靈枯竭。」

這部書引用了許多道家的理論，承認房室生活對人體健康有一定的補益作用，但是更重視節慾。它多處引用《黃庭經》等書的內容，指出，如果縱性慾，濫施泄瀉，就可能導致髓腦枯竭，傷精失明。即使注重服藥和養生，而不慎房室也是枉然。不過，書中對縱慾的危害也有一些誇大危言聳聽之處，是需要加以分析的。

《醫説》

《醫説》爲南宋張杲所著，是一部綜合性的大型醫學專著。該書卷九專論養生，和房事有關的只有「真人養生銘」、「孫真人養生銘」和「攝養」等幾篇。其中有「少欲終無累，神靜自常安」等説法：還有「薄滋味，省思慮，節嗜欲，戒喜怒，惜元氣，簡言語，輕得失，破憂沮，除妄想，遠好惡，順視聽，勤内顧」等養生訣竅，其中心思想也是勸導人們清心寡慾、節制性生活，這些内容大多是從孫思邈的有關論述中繼承來的。

《婦人良方》

這是南宋陳自明所撰編。陳自明字良甫，臨川（今江西撫州）人，世代從醫，他精於婦科和外科，官建府醫學教授，著作還有《外科精要》等。而成就最高、對後世影響最大的則是《婦人良方》。

這部書共二十四卷，作者廣泛搜集並編輯整理了宋代以前有關婦產科的著作，可説是集宋代以前婦產科之大成。它分爲調經、衆疾、求嗣、胎教、妊娠、坐月、產難及產後等八門，其中「求嗣」和「胎教」等門與性生活有密切關聯。

作者在書中指出：「夫婚姻養育者，人倫之本，王化之基，聖人設教，每論厥旨，後生莫能精曉；臨事之日，昏爾若愚，是則徒願賢己而疾不及人之謬也。」這是說夫妻性生活是十分正常的事，但必須有一定的知識指導，否則，在「臨事之日，昏爾若愚」，那是非常不利的。

卷九的「求嗣」門載錄了《陳無擇求子論》、《褚尚書求男論》、《婦人無子論》和《千金翼方求子論》等幾篇。《婦人無子論》談到了婦人無子有一個原因是夫妻有疾病，「然婦人挾疾無子，皆由勞傷氣血生病；或月經閉澀，或崩漏帶下，致陰陽之氣不和，經血之行乖候，故無子也。」其中所謂勞傷，實質上包括了房勞損傷。

可貴的是，他並不認爲無子都是女子之過而首先要從男女雙方的體質找原因：

> 竊謂婦人之不孕，亦有因六淫七情之邪，有傷沖任；或宿疾淹留，傳遺臟腑；或子宮虛冷，或氣旺血衰，或血中伏熱，又有脾胃虛，不能營養沖任。審此更當察其男子之形質虛實何如：有腎虛精弱，不能融育成胎者；有稟賦元弱，氣血虛損者；有嗜欲無度，陰精衰憊者——各當求其原而治之。

他反對早婚早交，在「褚尚書求男論第二」中援引《褚氏遺書．問子》中「建平王求子」的事說明早交不孕的道理。同時，書中提出了「交會禁忌」主要是歸納了一些前人所論：

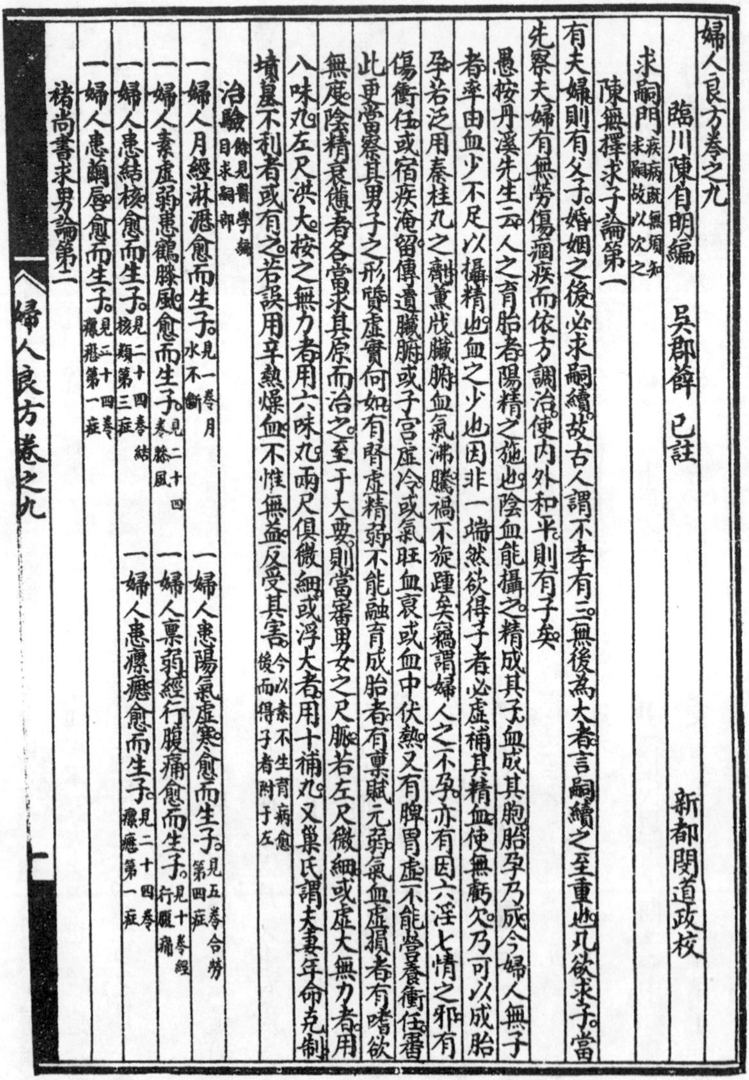

婦人良方卷之九

臨川陳自明編　吳郡薛己註　新都閔道政校

求嗣門（疾病既無須知求嗣故以次之）

陳無擇求子論第一

有夫婦則有父子。婚姻之後必求嗣續。故古人謂不孝有三。無後為大者。言嗣續之至重也。凡欲求子。當先察夫婦有無劳傷痼疾而依方調治。使內外和平。則有子矣。

愚按丹溪先生云。人之育胎者。陽精之施也。陰血能攝之。精成其子。血成其胞。胎孕乃成。今婦人無子者。率由血少不足以攝精也。血之少也因非一端。然欲得子者必須補其精血。使無虧欠。乃可以成胎孕。若泛用秦桂丸之類。熏戕臟腑。血氣沸騰。禍不旋踵矣。竊謂婦人之不孕。亦有因六淫七情之邪。有傷衝任。或宿疾淹留。傳遺臟腑。或子宮虛冷。或氣旺血衰。或血中伏熱。又有脾胃虛。不能營養衝任。審此更當察其男子之形質虛實何如。有腎虛精弱。不能融育成胎者。有稟賦元弱。氣血虛損者。有嗜欲無度。陰精衰憊者。各當求其原而治之。至于大要。則當審男女之尺脈。若左尺微細或虛大無力者。用八味丸。左尺洪大。按之無力者。用六味丸。兩尺俱微細或浮大者。用十補丸。又巢氏謂夫妻年命克制墳墓不利者或有之。若誤用辛熱燥血。不惟無益。反受其害。（今以秦不生育病愈後而得子者附于左）

治驗（餘見醫學綱目求嗣部）

一婦人月經淋漓愈而生子。（見一卷月水不斷）　一婦人患陽氣虛寒。愈而生子。（見五卷合勞第四症）

一婦人素虛弱患鶴膝風。愈而生子。（見二十四卷膝風）　一婦人稟弱經行腹痛。愈而生子。（見十卷經行腹痛）

一婦人患結核。愈而生子。（見二十四卷結核類第三症）　一婦人患瘰癧。愈而生子。（見二十四卷瘰癧第一症）

一婦人患繭唇。愈而生子。（見二十四卷繭唇第一症）

褚尚書求男論第二

婦人良方卷之九

插圖 6–2　陳自明《婦人良方》

> 凡求子，宜吉良日交會，當避丙丁及弦望晦朔、大風雨霧、寒暑、雷電、霹靂、天地昏冥、日月無光、虹霓地動、日月薄蝕，及日月火光、星辰神廟，井灶圊厠、冢墓尸柩之物，若交會受胎，多損父母，生子殘疾，夭札愚頑不孝。若交會如法，則生子福德智慧，驗如影響，可不慎哉！

書中還相當具體地提出了「男子受胎時日法」，認爲按此法去做則易於得子：

> 凡男女受胎，皆以婦人經絕一日、三日、五日爲男，仍遇月宿在貴宿日；若以經絕後二日、四日、六日瀉精者皆女；過六日皆不成胎。又遇旺相日尤吉，夜半入房生子者，賢明貴壽，餘時皆凶。

此書的不少房中內容大多引自《千金要方》，同時作者也有一些發揮。其中某些說法與前人相似，有不少科學道理，有些內容也帶有一些迷信色彩，例如說交會得法，則有福德大善人降托胎中；而交會不得法，則有薄福痴愚惡人降托胎中等。這些說法雖不足爲信，但只要除去其迷信外衣，卻包含著這樣一層道理，即科學的性生活有利於優生，從這個意義上講，這些內容還是值得重視與研究的。

《格致餘論》

這是元代名醫朱震亨的代表作。朱震亨字彥修，婺州義烏（今浙江義烏）人，被稱爲金元四大醫學家之一。他年少時穎悟過人，又好學不倦，但因父早亡而家道中落，成年後在仕途上又屢遭失敗，中年才轉而學醫。他拜當時的名醫羅知悌爲師，羅初拒之，朱日日侍立於羅的門外，凡三個月，羅感其誠，才收下這個弟子。朱苦學不倦，得岐黃精髓之術，對古代醫家的一些做法融會貫通，逐步做到了「遇病施治，不膠於古方，而所療則中，然於諸家方論則靡所不通，他人靳靳守古，翁（指朱震亨）則操縱取舍，而卒於古合。」（戴良：《丹溪翁傳》）

朱震亨在醫學理論上提倡人身「相火」和「氣常有餘，血常不足」的學術思想，也就是所謂「陽常有餘，陰常不足」。在養生方面，他主張節制食慾、色慾，以保養陰分；在臨床方面，他主張滋陰降火，善用滋陰降火之藥，後世稱之爲養陰派或滋陰派。《格致餘論》共收醫論四十一篇，其中涉及房室生活的有三篇，即《飲食色欲箴序》、《色欲箴》和《房中補益論》。

朱震亨的房中理論，主要論點是節慾。例如，他在《飲食色欲箴序》中說：

> 傳曰：飲食男女，人之大欲存焉。予每思之，男女之欲所關甚大，飲食之欲於身尤切，世之淪胥陷溺於其中者，蓋不少矣。苟志於道，必先於此究心焉，因作飲食、色欲二箴，以示弟侄，並告諸同志云。

這裡的所謂「箴」，就是告誡、規勸之言，勸告人們要妥善處理房室生活，決不可縱慾，這實在是「開宗明義」了，這方面的許多節慾論點，在《色欲箴》裡都有論述。《格致餘論》中還有篇《房中補益論》，題目是「補益」，實際上其核心論點仍是節慾。該篇寫道：

或問《千金方》有房中補益法，可用否？予應之曰：傳曰，吉凶悔吝生乎動，故人之病亦生於動，其動之極也，病而死矣。人之有生，心爲火，居上，腎爲水，居下。水能升而火能降，一升一降，無有窮已，故生意存焉。水之體靜，火之體動，動易而靜難，聖人於此嘗妄言也。儒者立教曰：正心、收心、養心，皆所以防此火之動於妄也。醫者立教，恬淡虛無，精神內守，亦所以遏此火之動於妄也。蓋相火藏於肝腎陰分，君火不妄動，相火唯有禀命守位而已，焉有燔灼之虐飛走之狂勢也哉！

若少年貪縱者水之體，非向日之靜也，故著房中之法爲補益之助。此可用於質壯心靜、遇敵不動之人也。苟無聖賢之心，神仙之骨，未易爲也。女法水，留法火，水能制火，一樂於與，一樂於取，此自然之理也。若以房中爲補，殺人多矣。況中古以下，風俗日偷，資禀日薄，說夢問痴，難矣哉！

以上論述的中心大意，一是說人的身體陽常有餘，陰常不足，心火容易妄動，所以，治病多宜滋陰降火，而房事最易耗散陰精，決不可忽視，如果行房次數太多，就等於火上加油，戕害生機。二是說，雖然性生活是「自然之理」，是人們所必需的，但必須適度，適度則無損，不過適度不是很容易做到的，如果沒有「聖賢之心，神仙之骨，未易爲也。」三是反對片面强調性生活的補益作用，認爲如果一味縱慾，狂施濫瀉，逞快於一時，還認爲是「以房中爲補」，這是很危險的。

朱氏以上這些論述是有一定科學道理的，但是，也有一些論點值得分析，例如他說「人之病亦在於動」，對「動」不加具體分析，似乎不動就不會生病，這是不對的。

《養生類纂》

南宋的周守忠撰有《養生類纂》二卷。周守忠的里籍、生平已不可考。他精通醫道，博覽羣書，從一百三十餘種古籍中，將我國古代有關養生保健的理論和方法彙集起來，內容全面，資料豐富，歸類編次條理清晰，頗便實用。

《養生類纂》二卷共分養生、天文、地理、人事、毛獸、鱗介、米穀、果實、菜蔬、草木、服餌十一部。在「人事部」中有「交合」一節，主要彙集了《千金要方》等書中的一些觀點。

1.男女交合對後代影響很大

認爲父母的性交狀況，不僅影響後代的健康和智愚，還影響後代的尊、卑、貴、賤。其中有不少科學道理，但把人後天的一切發展都歸於先天，顯然也有許多誇大和牽強附會。例如：

老子曰：凡人生多疾病者，是風日之子生，而早死者，是晦日之子在胎；而傷者，是朔日之子生；而母子俱死者，是雷霆霹靂日之子；能行步有知而死者，是下旬之子；兵血死者，是月水盡之子，又是月蝕之子；能胎不成者，是弦望之子；命不長者，是大醉之子；不痴必狂者，是大勞之子；生而不成者，是平曉之子；意多恐悸者，是日出之子；好爲盜賊貪欲者，是禺中之子；性行不良者，是日中之子；命能不全者，是日映之子；好詐反妄者，是晡時之子；不盲必聾者，是人定之子。天地閉氣不通，其子死。夜半合陰陽，生子上壽，賢明；夜半後合會，生子中壽，聰明智慧；雞鳴合會，生子下壽，克父母，此乃天地之常理也。（集自《千金要方》）

天老曰：人稟五常形貌，而尊、卑、貴、賤不等，皆由父母合會，稟氣壽也。得合八星陰陽，各得其時者，上也，即富貴之極。得合八星陰陽，不得其時者，中也。得中宮，不合八星陰陽，得其時者，下也。得下宮，不合此宿，不得其時者，則爲凡人矣。合宿交會者，非唯生子富貴，亦利身大吉。八星：室、參、井、鬼、柳、張、房、心。一云：凡宿也，是月宿，所在星可以合陰陽。（集自《千金要

方》）

2.要注意婦人之相

以女方的外形來判斷和她性交有何益損，除了可能在一定程度上反映出女方的健康狀況外，似有較多的唯心主義成分，並反映出封建社會以男子爲中心的思想：

婦人不必顏色妍麗，但得少年未經生，乳多肥肉，益也。若細髮，目精黑白分明，體柔骨軟，肌膚細滑，言語聲音和調，四肢骨節皆欲足肉而骨不大，亦益也。（集自《千金要方》）

婦人蓬頭蠅面，槌項結喉，雄聲大口，高鼻露齒，目精混濁，口頷有毛，骨節高大，髮黃少肉，與之交會，皆賊命損壽也。（集自《千金要方》）

3.提出了許多房事忌諱

這方面的忌諱很多，讀之似乎有些使人難以措手足之感，主要是：

凡夏至後丙丁日，冬至後庚辛日，皆不可合陰陽，大凶。（《千金要方》）

凡大月十七日、小月十六日，此名毀敗日，不可交合，犯之傷血脈。（《千金要方》）

大喜大悲，男女熱病未差，女子月血新差者，不可合陰陽。熱疾新差，交者死。（《千金要方》）

醉飽交接，小者面，咳嗽；大者傷絕藏脈，損命。（《千金要方》）

多食生葫行房，傷肝氣，令人面無色。（《千金要方》）

患赤目須忌房事，不然令人患內障。（《千金要方》）

交會者當避丙丁日，及弦望、晦朔、大風、大雨、大霧、大寒、大暑、雷電霹靂、天地晦冥、日月薄蝕、虹霓地動，若御女者則損人神，不吉，損男百倍，令女得病，有子必癲痴頑愚，喑瘂聾聵，攣跛盲眇，多病短壽，不孝不仁。又避日月星辰，火光之下，神廟佛寺之中，井灶圊廁之側，冢墓尸柩之旁，皆悉不可。夫交合如法，則有福德大智善人降托胎中，仍令性行調順，所作和合，家道日隆，祥瑞競集；若不如法，則有薄福愚痴惡人來托胎中，仍令父母性行凶險，所作不成，家道日否，殃咎屢至。夫禍福之應，有如影響。此乃必然之理，可不再思之。（《千金要方》）

房事忌五月五日、六日、七日、十五日、十六日、十七日、二十五日、二十六日、二十七日，當九毒日，犯之者不過三年。（《瑣碎錄》）

房事忌庚申、甲子。本命生日犯之者，各減二年之壽，朔日減一，紀望日減十年，二元日減五年，四立、二分、二至、社日各減四年，三伏與晦日各減一年。又切忌當此日辰，不可構婚姻之禮。（《瑣碎錄》）

新沐浴及醉飽，遠行歸還，大疲倦，並不可行房室之事。生病切慎之。（《雲笈七籤》）

夫妻晝合，不祥。（《雲笈七籤》）

終身之忌，臥幕燃燭行房。（《雲笈七籤》）

歷節疼痛，因醉犯房而得之。（《華佗中藏經》）

人有所怒，血氣未定，因以交合，令人發癰疽。（《黃帝雜禁忌法》）

不可忍小便交合，令人淋，莖中痛，面失血色。（《黃帝雜禁忌法》）

遠行疲乏來入房，爲五勞虛損。（《黃帝雜禁忌法》）

婦人月事未絕，而與交合，令人成病，得白駁。（《黃帝雜禁忌法》）

凡甲子、庚甲之日，是尸鬼競亂、精神躁穢之日也，不可與夫妻同席，及言語面會，當清齋不寢，警備其日，遺諸可欲。（《真誥》）

醉而交接，或致惡瘡。（《巢氏病源》）

醉飽莫行房，五臟皆反覆。（《玄女中房經》）

雷電交合之子，必病癲狂。故曰：有不戒其容止者，生子不備也。（《孫真人枕中歌》）

每月二十八日，人神在陰，切忌欲事甚於甲子、庚申，十五日，人神在遍身，

尤當戒之。(《千金要方》)

當然，認爲適合於過夫妻性生活的日子也有，例如：

凡月二、三日、五日、九日、二十日，此生日也，交會令人無疾病。(《千金翼方》)

4.强調房事要有節制

慾不可縱，這是古代房中理論的一貫觀點，《養生類纂》也引文云：

善攝生者，凡覺陽事轉盛，必謹而抑之，不可縱心竭意以自賊也。若一度制得，則一度火滅，一度增油。若不能制，縱情施瀉，即是膏火將滅，更去其油，可不深自防？(《千金要方》)

5.性交要和氣功與閉精守關相結合

這也是古代房中理論的一貫思想。《養生類纂》引用了以下論述：

人年二十者，四日一洩；三十者，八日一洩；四十者，十六日一洩；五十者，二十日一洩；六十者閉精勿洩，若體力猶壯者，一月一洩。凡人氣力自有强盛過人者，亦不可强忍，久而不洩，致生癰疽。若年過六十而有數旬不得交合，意中平平者，自可閉固也。(《千金要方》)

凡人習交合之時，常以鼻多內氣，口微吐氣，自然益矣。交會畢烝熱，是得氣

也。以菖蒲末三分、白粱粉傅摩令燥，既使强盛，又濕瘡不生也。（《千金要方》）

凡欲施瀉者，當閉口，張目，閉氣，握固，兩手左右上下，縮鼻取氣，又縮下部，及吸腹小偃脊膂，急以左手中兩指抑屏翳穴，長吐氣，並琢齒千遍，則精上補腦，使人長生。若精妄出則損神也。（《千金要方》）

夫學生之夫，必夷心養神，服食活病，使腦宮填滿，玄精不傾，然後可以存神，服霞呼吸二景耳。若數行交接，漏洩施瀉者，則氣穢身亡，精靈枯竭，雖復玄挻玉籙金書太極者，將亦不可解於非生乎！在昔先師常誡於斯事云：學生之人，一接則傾一年藥勢，二接則傾二年藥勢，過三年以往則所傾之藥都亡於身矣。是以真仙之士，常慎於此，以爲生生之大忌。（《真誥》）

總之，周守忠對前人的房中著作有所彙集，有所取捨，起到了總結和集大成的作用。

《三元延壽參贊書》

《三元延壽參贊書》由元代李鵬飛編撰。李鵬飛，池州（今安徽貴池縣）人，幼時，生母不爲嫡母所容，乃改嫁朱氏。李鵬飛及長，感人生之痛苦，誓學醫以濟人。後來他行醫幾年，到處奔波，訪尋生母，在這過程中，搜集了不少醫學資料，編撰成書，《三元延壽參贊書》是他的傳世之作。

《三元延壽參贊書》本是一部養生著作，全書五卷，卷一爲「天元之壽」，卷二爲「地元之壽」，卷三爲「人元之壽」，卷四爲「神仙救世卻老還童真訣」，卷五爲「神仙警世陰陽延壽論」。

此書之所以名爲「三元」有一個來歷：李鵬飛曾經兩次遇到一個道人，道人向他提出「三元之說」，道士說：「人之壽，天元六十，地元六十，人元六十，共一百八十歲，不知戒慎，則日加損焉。精氣不固，則天元之壽減焉；謀爲過當，則地元之壽減焉；飲食不節，則人元之壽減矣。」道人之說與黃帝、岐伯、老莊、孔孟無異，且贈以二圖，李鵬飛歸採諸書集而成編，至元辛卯（一二九一年）錄梓作序，時年七十。

《三元延壽參贊書》第一卷較系統地論述了房室生活，包括行房的原則、方法和禁忌等。這本書輯錄了元代以前的房中著作，第一卷共收醫論九篇，除其中一篇「嬰兒所忌」屬兒科外，其他八篇都是房中養生專論。這八篇的重點是：

1.「欲不可絕」

這一篇主要論述夫妻性生活的重要性：

> 黃帝曰：一陰一陽之謂道，偏陰偏陽之謂疾。又曰：兩者不和，若春無秋，若冬無夏，因而和之，是謂聖度。聖人不絕和合之道，但貴於閉密以守天真也。

以上論述的大意是說，陰陽相合是自然界的普遍規律，如果兩者不和諧、不平衡，就會生病。如果兩者不和諧、不平衡，就好像有春無秋、有冬無夏一樣。保持房室生活的和諧、適度，就能保持人體的陰陽平衡和健康。

2.「欲不可早」

主要論述性交過早的害處，如說：「書云，男破陽太早則傷其精氣，女破陰太早則傷其血脈。」又說：「書云：精未通而御女以通其精，則五體有不滿之處，異日有難狀之疾。」

3.「欲不可縱」

本篇詳細地陳述了縱慾的危害。它引用了彭祖的話說：「上士異床，中士異被，服藥千裹，不如獨臥」，提倡男女分床、分被而臥，不要終日纏綿。又引彭祖的話說：「美色妖麗，嬌妾盈房，以致虛損之禍，知此可以長生。」還引《陰符經》說：「淫聲美色，破骨之斧鋸也。世之人若不能秉燭以照幽情，持慧劍以割愛欲，則流浪生死之海，害生於恩也。」

本篇還引述了歷代有關文獻，詳盡具體地闡述了縱慾的危害，諸如真元耗散，髓腦枯竭，腎虛陽痿，耳聾目盲，肌肉消瘦，齒髮搖落等，其嚴重後果是「疾病隨生，死亡隨至」。

4.「欲不可强」

本篇著重指出不可强力入房，即不顧體質條件而勉强行房，不自量力，有害無益；强服壯陽藥以助力，對身體也有危害。該篇寫道：

《素問》曰：因而强力，腎氣乃傷，高骨乃壞。注云：强力入房也。强力入房則精耗，精耗則腎傷，腎傷則髓氣內枯，腰痛不能俯仰……書云：陽痿不能快欲，强服丹石以助陽，腎水枯竭，心火如焚，五臟乾燥，消渴立至。近訥曰：少水不能滅盛火，或爲瘡癰。

5.「欲有所忌」

本篇詳細地論述了在哪些情況下應禁忌房事，如在飽食、醉酒與强忍大小便之時，在惱怒、驚嚇等情緒不穩定之時，疲倦的情況下，女子月經未盡，疾病未癒時，等等。如果忽視這些房事禁忌，輕則影響身體健康，重則危及生命。該篇引《三國志》所載的一件事說：「子獻病已瘥，華陀視脈曰：尚虛，未復，勿爲勞事，色復即死，當舌出數寸。其妻從百里外省之，止宿交接，三日病發，一如陀言。可畏哉！」這就是一個疾病未癒就行房而送命的例子。

6.「欲有所避」

本篇主要從外界氣候、地理環境方面談房事禁忌，例如：

孫真人曰：天寒與大熱，且莫貪色欲。書云：凡大風、大雨、大霧、雷電霹靂……皆所不可……若此時受胎，非止百倍損於父母，生子不仁不孝，多疾不壽。

這些論述和歷代這方面的房中理論觀點是一致的。

7.「嗣續有方」

本篇論述了男女性交而不懷孕的原因，是著重從體質條件上分析的。它認爲男子「勞傷過度」、「精氣傷敗」是造成不孕的一個重要原因，這在往往把不孕的責任歸於女子的封建社會裡是難能可貴的：

書云：丈夫勞傷過度，腎經不暖，精清如水，精冷如冰，精洩聚而不時，皆令無子。近訥曰：此精氣傷敗。

本篇又認爲婦女過於勞損，傷了氣血，或有些婦科疾病沒有治癒，也會影響受孕：

書云：女人勞傷氣血，或月候愆期，或赤白帶下，到陰陽之氣不和，又將理失宜，飲食不節，承風取冷，風冷之氣乘其經血，結於子藏，皆令無子。

8.「妊娠所忌」

本篇對懷胎、胎教和妊娠期間應如何節制房事等作了論述。例如講在妊娠期間要節制性慾，否則對胎兒不利：

演山翁云：成胎後父母不能禁欲，已爲不可，又有臨產行淫，致其子頭戴白被而出，病夭之端也。

又如在講到胎教時說：

太公胎教云：母常居靜室，多聽美言，講論詩書，陳說禮樂，不聽惡言，不視惡事，不起邪念，令生男女福壽敦厚，忠孝兩全。

這些論述有一定的科學性，但什麼「忠孝兩全」等等，則帶有封建的糟粕了。

蘇軾的節慾思想

蘇軾，字子瞻，號東坡居士，四川眉山人，詩、詞、文、書法都佳，爲北宋時代的文壇魁首。他不但在文學上有很高的造詣，而且對醫學和養生也頗有研究。後人所輯《蘇沈良方》和《東坡養生集》反映了他在這些方面的成就。

他在杭州通判任上時寫過一篇《記張公規論去欲》，文曰：

太守楊君素、通判張公規邀余遊安國寺。座中論調氣養生之事。余曰：「皆不足道，難在去欲。」張云：「蘇子卿嚙雪啖氈，蹈背出血，無一語少屈，可謂了死生之際矣。然不免爲胡婦生子，窮居海上，而況洞房綺疏之下乎！乃知此事不易消除。」衆客皆大笑。余愛其語有理，故爲錄之。

上文說，蘇武在北海牧羊十八年，嚙雪吞氈，艱苦已極，還是與胡婦生子，說明他還是有性生活，可見性是人的一種本能。

他在《記故人病》中，指出了縱慾對人體健康的嚴重危害，他曾以此勸告一個少年，但這少年卻說，自己是好色而不怕死的。蘇東坡對此十分感慨，認爲「今世之爲高者，皆少年之徒也」，就是說那些縱情淫樂的達官貴人都和這個少年一樣。

元豐六年十月十二日夜，一鼓後，故人有得風疾者，急往視之，已不能言矣。死生陰陽之爭，其苦有甚於刀鋸木索者。余知其不可救，嘿爲祈死而已。嗚呼哀哉，此復何罪乎！酒色之娛而已。古人云：「甘嗜毒，樂戲猛獸之爪牙。」豈虛言哉！明日見一少年，以此戒之。少年笑曰：「甚矣，子之言陋也。色固吾之所好，而死生疾痛非吾之所怖也。」余曰：「有行乞於道偃而號曰：『遺我一盂飯。』吾今以千斛之粟報子，則市人皆掩口笑之。有千斛之粟，而無一盂之飯，不可以欺小兒，怖生於愛，子能不怖死，生而猶好色，其可以欺我哉！」今世之爲高者，皆少年之徒也。戒生定，定生惠，此不刊之語也。如有不從戒、定生者，皆妄也，如惠而實痴也，如覺而實夢也。悲夫！

還有一篇《書四戒》，是蘇東坡將枚乘《七發》中戒慾之語題爲座右銘：

出輿入輦，命曰「蹶痿之機」；洞房清宮，命曰「寒熱之媒」；皓齒蛾眉，命曰「伐性之斧」；甘脆肥濃，命曰：「腐腸之藥」。此三十二字，吾當書之門窗、几席、縉紳、盤盂，使坐起見之，寢食念之。元豐三年十一月，雪堂書。

蘇軾是說到做到的，他從研究養生之事發現色慾之害，就立即將姬妾遣散，只留下一個十二歲的朝雲做爲侍妾。前面說過的蘇東坡以侍妾春娘換馬，體現出他封建士大夫的本質；因節慾、養生而遣散姬妾，雖然也僅是從一己的養生、延壽出發，但還是符合科學道理的。他的觀點和金、元時期的朱震亨是一致的，如前所述，朱反對納妾，他在其《房中補益論》中，則以人體「陰常不足，陽常有餘」的理論，分析御女衆多之害，指出納妾不但傷身體，並且不利於家庭關係的和諧，也不利於養生。

第六節　宗教與性

宗教文化是社會文化的一個重要方面，千百年來，對人類生活有很大的影響，涉及人類生活的方方面面，也在一定程度上影響人們的性生活，無論是禁慾和縱慾，都能找到一定的宗教淵源。

宗教禁慾主義

禁慾主義是宗教生活中的一種十分普遍而且重要的現象。古今中外的各種宗教，除了極少數宗教具有縱慾主義特徵以外，幾乎都有禁慾主義傾向，一些極端的宗教和教派甚至在教義規定上奉行極其嚴厲的苦行主義。

宗教禁慾主義主要表現為性的宗教禁忌，即由於宗教原因，在許多情況下，不允許男子接觸女子並進行性交。如本書第二章「原始性禁忌」一節所述，性的禁忌有許多原因，有的是在當時的社會條件下保證生產、戰爭或其他集體活動的順利進行，而有的則是由於某種信仰和崇拜。當人們把支配自己生活的異己力量幻想為超自然、超人間的神秘力量或神聖事物，就會對此產生一種敬畏、愛戴或恐懼的宗教感情，不願也不敢有絲毫玷污的表現。父權制氏族社會是人類進入文明之前的原始時代，這時，歧視婦女的觀念已經產生，那時，人們認為婦女和性關係在某些特殊的時間和場合出現，意味著不潔淨以至淫穢，是為神靈所厭惡的，因此，是不允許的。這樣，就把性禁忌和宗教聯繫在一起，從而形成了性的宗教禁忌、宗教禁慾主義。

我國學者呂大吉指出，（呂大吉：《概說宗教禁慾主義》）宗教禁忌可分為語言禁忌、作業禁忌、食物禁忌與性禁忌等許多形式，其中食物禁忌與性禁忌所禁制的對象是「飲食」、「男女」這兩項「人之大慾」，所以這兩大禁忌具有禁慾主義性質，是原始宗教禁忌發展到一定階段出現於世的。食物禁忌後來演變為各種宗教中的「齋戒制度」，性禁忌則演變為各種宗教中的「潔身儀式」。當然，由於不同的宗教體系有不同的教義、信條和神學理論，它們對齋戒、潔身之類的禁忌規定的性質和意義有不同的説明。

任何一個正常的社會和正常的人都會主張去惡從善，宗教當然不例外，而且，宗教還以其特有的神聖權威來强化社會對罪惡的反對態度。問題在於如何認識這罪惡的表現、性質和根源，以及如何清除它。一般説來，較大的宗教或教派多是用精神—物質、靈魂—肉體的二元論來解釋個人在道德上之所以善或惡的原因，一般都認爲靈魂本來是純淨的，物質和肉體才是不潔的、污穢的，道德罪惡是由於肉體的物質的欲求對靈魂的污染，所以物質追求和肉體情慾乃是萬惡之源，只有否定物質生活並禁絕情慾，才是靈魂得救之道。同時，許多宗教都把婦女看成是誘發人的肉體情慾、造成道德犯罪的重要原因，因此制定出歧視婦女的教義和性禁忌方面的禁律規定，反對男女性生活，並進而反對婚姻和家庭。

在中國的歷史上，佛教是第一大宗教，佛教的基本出發點是認爲諸行無常，人生極苦。它認爲，只要是生命，其整個生活歷程總是苦的，即使今世大富大貴，也難免生老病死之苦。因此，佛教要求其信仰者放棄一切塵世生活，把解脫的希望寄託在那超自然的「極樂淨土」，從而享受一種「涅槃之樂」。佛教對現世幸福是根本否定的，認爲衆生只能放棄任何享受現世幸福的欲求，在禁制情慾的宗教修行生活中度過苦難的人生。

在形形色色的宗教禁忌中，佛教對人的性本能更是嚴格地予以禁制，這是因爲，性本能引起的衝動和慾望，最能引致佛徒們感情上的騷動和煩惱，所以規定其弟子最好拋妻別子，出家修行，修習禪定。佛教認爲，凡修習禪定達到阿羅果位者，應已斷盡一切煩惱，禁絕性方面的生理慾望，不僅要斷絕男女性生活，甚至連夢中遺精、性幻想之類的事情也不許出現。

從根本上說，宗教禁慾主義是消極的，因爲它扼殺了人性。宗教學家呂大吉說：

人性乃是人類社會生命力的內在基礎，創造性的內在源泉。禁制人性欲求，勢必萎縮人類社會的生命力和創造性，不利於文明的創造和社會的進步。宗教禁慾主義用神的名義禁制人的自然情慾，把人對現實幸福的追求視爲道德上的惡，把人的注意中心從人引向神，從現實社會引向虛無縹緲的來世，其社會效果顯然是消極的。在各民族歷史上，宗教禁慾主義愈是盛行，人性情慾被禁制得愈是嚴苛，那個民族便愈是愚昧無知，那個社會便喪失生機，陷於停滯、落後、僵化、直至死亡。要想使那個民族恢復其生命力和創造性，便必須重新奪回喪失了的人性，使之重新回歸到人的自身，而這就需要有否定宗教禁慾主義的啟蒙思潮。

僧、尼、冠的禁慾和縱慾

既然宗教從本質上看是禁慾主義的，那麼一般說來，僧、尼、冠等人一般都要捨棄情慾，否則就是玷污佛門，有辱教規。可是，性是每一個正常人的自然需要，是很難徹底消除的，這些人常常處於性壓抑的矛盾與痛苦之中。中國古代流傳這樣一個故事：有個老和尚撿了一個棄嬰，在深山古寺中長大，從未下過山，不了解塵世是什麼模樣。到十五歲，師父帶他下山，他看到一切事情都感到新鮮，問師父這是什麼，那是什麼。迎面走過來一個姑娘，小和尚從未見過女人，就問師父：「這是什麼？」師父怕他動了凡心，就說：「這是吃人的老虎！」回山以後，師父問他下山後看到那麼多東西，對什麼最喜歡？小和尚不假思索地說，對「吃人的老虎」最喜歡。過去有僧人詠貓叫春的詩：「春叫貓兒貓叫春，聽牠越叫越精神；老僧亦有貓兒意，不敢人前叫一聲」，也典型地反映出其性壓抑心理。

薄迦丘的《十日談》中也有一個類似的故事。可見性的自然屬性是不可磨滅的，對性的嚮往與追求是人們的自然需要，一般人是如此，皈依佛門、道門的人也難例外，可以說這是人類的一個普遍規律。

在古今中外的一些文藝作品中，常常描繪和尚、尼姑、教徒、神父這方面的矛盾情況，例如至今還保存的嘉峪關城樓内戲台上的明代壁畫「老僧窺女」就反映出這種情況。一個老和尚經常從徒弟手持的銅鏡中偷看對樓的少婦，有個小和尚也要偷看，卻被老和尚按著頭制止了。而對樓的那個少婦由於長期被老和尚窺視，竟生了一個怪胎——生怪胎固然是神話，而和尚動春心卻不是個別的。

這方面的記述與描繪在明朝以前已有很多。再以壁畫而言，在敦煌莫高窟第二五七窟南後部中層，有一幅《小沙彌守戒自殺因緣》的北魏壁畫，内容是：有一長者，篤信佛教，送其子到一高僧門下爲沙彌。有一居士，每日供養寺廟高僧。有一天，居士外出赴宴，留其女在家看守門戶，忘了給寺廟僧人送食物。高僧派小沙彌到居士家取食，少女一見沙彌，心生愛慕之情，求與沙彌婚配。可是沙彌守戒志堅，不捨佛法，當即反鎖門戶，自殺殉戒。少女破門而入，見沙彌身亡，悲呼哀泣。居士回家後問明原因，呈報國王，依法繳納罰金贖過。國王爲了表彰沙彌守戒的高行，以香木火化其屍，起塔供養。這個小沙彌似乎是堅守佛戒的典型，但是，如果他不爲少女所動，堅決拒絕、掉頭離去就可以了，何必自殺呢?自殺，正是難熬的慾火和難違的佛規在内心劇烈鬥爭而又無法解脫所產生的後果。

同時，國王對這個自殺的沙彌如此大肆表彰，正説明了僧徒守戒之不易，如果普遍不爲女色所動，那麼突出地表彰也無必要了。

實際情況是，在歷史上有不少僧、尼、冠仍舊在不同程度地享受性的歡樂，甚至縱慾，這說明了人的情慾是很難被清規戒律所壓抑以至消滅的。當然，對此要做具體分析，人的素質不同，皈依佛門、道門的目的和動機不同，對情慾的態度也有所不同。有些人爲僧或爲尼、爲冠是爲了誠摯的信仰，他們遵守教規一般就比較自覺。但多數人是爲各種境遇所迫或飽經世態炎涼而進入寺觀尋求歸宿的，例如有人是寄身寺觀尋口飯吃；有些妓女年老色衰以後出家；宮人、宮妓入道也占了不小的比例，她們年老出宮後無依無靠，大多以寺觀爲最後安身之地，如唐代長安政平坊安國觀中的女道士大多是上陽宮人。（《唐語林》卷七）詩人曾有「蕭蕭白髮出宮門，羽服星冠道意存」，「君看白首誦經者，半是宮中歌舞人。」⑧之嘆。敦煌莫高窟唐四四五窟壁畫《彌勒經變》中所描繪的王室伎妃剃度圖，就反映了早期妓女出家爲尼的歷史真實。畫上有一大羣伎妃被圈在帳中等待剃度，有二伎正在剃髮，另有二伎已經剃完正跪在地上向佛禮拜。

至於有些懷著特殊目的而入教門的就更難說了，有些貴族婦女正是爲了尋求一塊自由、開放的土地而入道的。最著名的唐玄宗的胞妹玉真公主和同時出家的金仙公主就是這樣，她們當了女道士不失公主的一切榮華富貴，朝廷照例供給她們資財，然而生活卻比做公主更自由，更不受約束。也正因爲女道士生活更自由一些，所以公主們多半不入佛寺而入道觀。至於楊貴妃之作女道士，不過是唐玄宗爲將兒媳變爲妃子而玩弄的把戲，以此掩天下人的耳目罷了。

在相當長的一個歷史時期內，不少女道士似乎是風流人物的代名詞。那位入道的玉真公主在唐玄宗時代是有名的「交際花」，她常常出入宮廷，和哥哥唐玄宗以及達官貴幸們一起遊玩，唐詩中有當時近臣們專寫與玉真公主同遊的唱和之作。當時的女冠、女尼們常四處遊歷名山大川，李白曾送他的朋友女道士褚三清出遊南嶽，賦詩贈別說：「吳江女道士，頭戴蓮花巾……足下遠遊履，凌波生素塵。」（李白：《江上送女道士褚三清遊南嶽》）看來這些女道士是很自由浪漫的。女道士有時在道觀中公開講經，惹得一些紈袴子弟前來爭相觀看：「華山女兒家奉道……洗妝試面著冠帔，白咽紅頰長眉青，遂來升座講真經。……觀中人滿坐觀外，後至無地無由聽。豪家少年豈知道，來繞百迎腳不停。……仙梯難攀俗緣垂，浪憑青鳥通丁寧。」（韓愈：《華山女》）韓愈的這首詩把女道士的容貌風姿，以及招蜂引蝶的情況描述得很清楚了。

這些女道士的交遊很廣，行跡放誕風流，她們廣交達官名士，與他們詩詞酬酢，吟風弄月，彈琴對弈，同席共飲，聯袂出遊，談笑戲謔，可謂無所不至。當時有名的才女道士魚玄機、李季蘭等都可謂是「社交名星」。「風流之士，爭修飾以求狎，或載酒詣之者，必鳴琴賦詩，間以謔浪」。（《三水小牘》）李季蘭在開元寺與諸文士聚會，席上她巧妙地借「山氣日夕佳」的詩句譏誚劉長卿的疝氣病，惹得舉座大笑。（《唐才子

插圖 6-3　王室伎妃剃度圖

傳》）女道士竟和男子開這種玩笑，其自由、開放可見一斑。

在這些男女交往活動中，她們當然不會那麼清心寡慾，而是無拘無束地追求著愛情。魚玄機和溫庭筠、李郢等名士都有愛情關係；李季蘭與文士閻伯均、朱放等相戀至深；女道士華陽三姊妹與李商隱也有繾綣之情。這樣的風流韻事在歷史上尤其是在唐代爲數不少。有一次唐宣宗微服私訪，見到女道士們一個個濃妝豔抹，十分惱怒，命令把她們全部趕出道觀。（《東觀奏記》上）

在唐詩中，詩人與女冠、女尼們贈答的情詩或戲謔調笑的詩比比皆是。劉言史《贈童尼》云：「舊時豔質如明玉，今日空心是冷灰，料得襄王悵惘極，更無雲雨到陽台。」這樣的豔詩竟是送給尼姑的。駱賓王代女道士王靈妃贈道士李榮的詩中有「此時空床難獨守，此日別離卿可久」之句，男女道士竟成了雙棲鴛鴦。還有一些女冠、女尼與男子產生愛情，因而還俗成家，締結姻緣。如周寶的妻子崔氏本來是個女道士，後來被周寶越牆偷走，做了夫妻。（《北夢瑣言》卷四）

在唐代，宗教與性的聯繫決不止於民間和女道士。當時，宮廷修佛釋道場，縱容僧道跋扈。佛寺壁畫所繪的金碧裸女佛像，誘惑世人以彼岸樂土的夢幻世界，並非宋人以後托缽苦行尊者的形象。唐時的僧尼不僅娶親食肉，而且有不少人縱慾淫樂。武則天執政時期，河內老尼晝食一麻一米，夜則烹宰宴樂，蓄弟子百餘人，淫穢無所不爲。由於武后荒淫放縱，耽內習，至宜都內人有「陰事主天」之論，而武后的男寵薛懷義在宮中建明堂，夾佇大像，作無遮大會，都是以佛門做爲享樂的殿堂。

以上這些情況，從今日的宗教觀點來看，實在是玷污教門，違反教規。但是從性學的觀點來看，以上某些情況是人性自然的流露，某些情況是做爲對性壓抑的反動而出現的性放縱。而且，這和當時的社會風氣是分不開的，當時社會上普遍流行耽溺於美和感官的享受，一般人的宗教信仰，絲毫没有顧慮死後世界的不安，而只有追求現世的物慾，他們把追求物慾、情慾的滿足和熾熱的宗教熱忱結合在一起，這往往是後人所很難理解的。

這種情況，當然不僅唐代這麼廣泛和嚴重，就如北魏宣武帝永平三年（五一〇年），爾朱龍攻入洛陽，當時就有數十名英武的騎兵進入瑤光寺，和尼姑姦宿。此後有人譏諷此事云：「洛陽男兒急作髻，瑤光寺尼奪作婿」，（《洛陽伽藍記》卷一）北魏王文同曾在巡察河北諸郡時對寺院進行檢查，「裸僧尼驗有淫狀，非童男女者數千人」。（《北史．酷吏傳》）蕭梁時郭祖深也曾上書說：「都下佛寺五百多所，僧尼十餘萬，道人又有白徒，尼則皆蓄養女，僧尼多非法，養女服羅紈。」（《南史．循吏傳》）

以上某些情況，直至明、清之際，也未完全斷絕。清朝是中國歷史上的性禁錮的一個高峯，但仍有女道士與名士們的交遊以至發生曖昧關係。龔佺《耕餘瑣聞》云：

（王）韻香住東門內雙修庵，亦已削髮，自號清微道人，貌不甚美，而舉止大方，吐屬閒雅，小楷仿靈飛經，兼善畫蘭。其所居三面玻璃窗，陳設精潔，凡往來達官貴人路過必相訪，籍爲遊息燕飲之所。倘留酒飯，只旁坐不共席，最爲顧某所眷，題畫詩每爲代作。因爲顧子屢次借錢，用過千串，又借兩金釧，諸徒嘖有煩言，遂致氣憤自縊死，時年四十九，正在料理開正做壽諸事，禮物已收不少，乃一旦遽輕其生。林少穆制軍曾贈以素心書屋匾額。

從以上敍述看來，這似乎是一家高級妓院，「凡達官貴人路過必相訪」，「倘留酒飯，只旁坐不共席，最爲顧某所眷」，也可見其交遊之廣，並和某些名士有特殊關係。到了清代，還有這樣「交際花」式的女道士，也是一件奇怪的事情。

佛教密宗與「歡喜天」

宗教從本質上看是禁慾的，但是並非每一種宗教都是如此，並非同一種宗教每個時期都是如此，也非同一種宗教的各個教派都是如此。如前所述，在唐代，宗教並不那麼禁慾；在各種宗教中，道家主張採補之術，研究房中養生，在性方面相對地是最開放的；而佛教在這方面就要保守得多。但是我國的佛教又分天台、華嚴、唯識、禪宗、淨土、密宗等許多教派，其中佛教密宗在性方面最爲開放，在經典、佛教的繪畫和雕刻中有大量的性內容，其中最突出的就是「歡喜天」。

「歡喜天」大多是佛教密宗中作男女裸身相抱交媾的佛像，即密宗佛像，俗稱歡喜佛，由於天神省稱爲「天」，所以也稱「歡喜天」，又稱「大聖歡喜天」。佛教本來戒淫，但《大日經》云：「菩提心爲因，大悲爲根本，方便爲究竟」。這「究竟」可理解爲徹底和極盡，是目的之所在；而「方便」可理解爲便通和善巧，是手段的運用，也就是說，爲了達到成佛的目的，在特殊情況下可以不受某些佛教戒律的約束。如佛教密宗則可以利用女性作修法的伴侶（通稱「明妃」）。「歡喜天」的形象多變，常見的有金剛、明王、觀世音菩薩等，大都擁抱「明妃」作交歡狀。

「歡喜天」有單身、雙身兩種。除了表示大憤怒、大勝利、大歡喜之外，單體、雙體都是裸體，象徵脫離塵垢界。雙體擁抱，男天代表方法，女天代表智慧，即所謂方法與智慧雙成之意。還有一種含意，說「歡喜天」是佛教中的「欲天」、「愛神」，雙體擁抱是男女通過性交以「合煉」、「雙修」。

有人認爲「歡喜天」有鼓勵生殖的含意。如徐珂《清稗類鈔．宗教類》云：

> 「歡喜天」相傳出自蒙古。某喇嘛因佛教盛行男人多持獨身主義，而不欲結婚，於是人種日衰，一部落僅數人，見而大悲，恐人類之滅絕也，遂幻其說，謂交媾本佛所有事，制爲各種雄雌交媾狀，名之曰歡喜佛，獨身之俗漸消。

插圖 6−4　密宗佛像：愛染明王
（莫高窟第 465 窟）

但是，一部分佛教徒把「歡喜天」的男像當作佛的化身，把女像做爲妖魔與俘虜的化身。另一部分佛教徒則不承認這種解釋，他們説女像是佛的化身，男像原先是異教的魔王，後來投降佛教，充當了佛教的「護法金剛」——這種説法不僅爲西密和台密中的一部分佛教徒所堅持，更在東密的日本所流傳。

對此，經典上也有記述，《四部毗那夜迦法》中説：

> 觀世音菩薩大悲熏心，以慈善根力化爲毗那夜迦身，往歡喜王所，於時彼王見此婦女，欲心熾盛，欲觸毗那夜迦女，而抱其身。於是，障女形不肯受之，彼那王即憂作敬，於是彼女言，我雖似障女，自昔以來，能憂佛教，得袈裟，汝若實欲觸我身者，可隨我教，即如我至盡未來世，能爲護法不？可從我護諸行人，莫作障礙不？又依我已後莫作毒心不耶？汝受如如敬者，爲我親友。時毗那夜王（即歡喜王）言，我依緣今值汝等，從今已後，隨汝等語，守護法。於是毗那夜迦女含笑，而相抱時彼作歡喜言，善哉，善哉，我等今者依汝敕語，至於未來護持佛法，不作障礙而已。乃可知女，觀自在菩薩也。是則如經所説，應以婦女身得度者，即現婦女身而爲説法。

以上也是佛教密宗的「歡喜天」來歷的附會之説。

西密和台密的傳説是：本尊（即指那個凶惡的男佛像）爲大自在天神，即有權勢的婆羅門教徒，久惱害教（危害佛教），殺業重重，衆生多苦。佛（指釋迦牟尼）派十一面觀世音收服，遂列入佛教護法天神之一爲佛教捍衛。

上述傳說還比較隱諱，而東密（日本密宗）的傳說則更爲明顯地包含了性成分。他們認爲雙體「歡喜天」中那個男像名叫「毗那夜迦」，是崇信婆羅門教的國王，手下兵多勢大，常常殘害佛教徒，釋迦牟尼派觀世音化成美女，去和毗那夜迦結爲夫妻，後來這個毗那夜迦因醉於女色而投降佛教，充當了佛壇（即曼荼羅）上衆金剛中的主尊（領袖）。後世主持男女戀愛之神，就是這個毗那夜迦。當然，也有不少佛教徒不同意這種說法，因爲施用「美人計」，實在太違反佛教的教規，太荒唐了。

在我國，佛教密宗古已有之。密宗在唐朝盛行時，密宗佛像較多地供奉於中國各地的寺廟之內。日本傳入這種佛像，就是始自中國的唐朝。可是唐末大亂，密宗教門遭受破壞，密宗佛像也幾乎被摧毁無遺。

到了元朝，喇嘛教興起。喇嘛教是佛教的一支，主要傳播於我國的藏族、蒙古族等地區。喇嘛是藏語「上師」的意思。七世紀，吐蕃贊普松贊干布在他的兩個妻子尼泊爾公主墀尊和唐文成公主的影響下，信奉了佛教。八世紀時，天竺僧人寂護、蓮華生等到吐蕃來傳播顯、密兩系佛教。可是到了九世紀，贊普朗達瑪卻禁止佛教流傳。到了十世紀後期，在吐蕃新興封建領主階級的扶植下，佛教以喇嘛教的形式得到復興。到了十三世紀中期，元太祖（成吉思汗）鐵木真和元世祖忽必烈先後兩次出征西藏，大力提倡佛教密宗，密宗佛像也就隨之而傳入蒙古。忽必烈入主中原後，佛教密宗又隨之傳入華北各地，以山西五台山爲佛教密宗總禪林。明、清兩朝，全都利用喇嘛以懷柔蒙、藏，於是密宗佛像也就普遍地供奉於許多喇嘛寺廟之中。目前我國還保存著的「歡喜天」大都是元代及元代以後的遺留。如甘肅敦煌莫高窟第四六五窟所保存的許多「歡喜天」壁畫都是元代遺留下來的。

「歡喜天」在清朝的前期，有過一個較大的發展，最著名的例子是改建雍和宮。雍和宮修建於康熙三十三年，原是雍正帝胤禎即位前的府邸。雍正即位後將此邸一半改爲黃喇嘛的上院，一半改爲行宮，在黃喇嘛的上院裡，放置了許多「歡喜天」。

民國初年，燕北老人在《滿清十三朝宮闈秘史》一書裡，提到了「雍和宮之誨淫」。作者描述道：「北京的雍和宮，以雍正帝皈依喇嘛教賜名，奉有歡喜佛。或婦人裸體與鰥魚交媾，或作惡鬼狀裸體屹立擁抱美婦人，或形似牛，其上有露出陽根之菩薩騎之，或婦人裸體自背割開，注以馬尾，如是之佛像七、八體。又鬼神殿中奉有惡魔，長丈三尺餘，人身狗面有角，與美貌女神作淫狀；又有惡鬼手持凶器，閃閃有光，足下踏有裸體男女。是等不可思議之佛像，屬喇嘛教，究其旨趣，淫殺二字而已，然內廷供奉，喊聲不絕」。

乾隆時，宮中曾鑄造了兩套銅佛，一存熱河宮，一存北京故宮，每套都有八千尊，差不多包括了喇嘛教的一切佛像。這八千尊銅佛每尊高不足一尺，鏤製工細，座上刻有佛名。民國初年時，熱河的一套銅佛已流散民間。

「歡喜天」的雕像與壁畫，在我國許多地方都可以見到，如著名的有拉薩的布達拉宮、北京的雍和宮、承德的外八廟、甘肅的敦煌和拉卜楞寺、四川甘孜的一些藏族寺廟等。

「歡喜天」除銅鑄外還有牙雕。清人劉獻廷的《廣陽雜記》卷二曾提到一種奇特的「歡喜天」：「（彭）躬庵於燕都曾見一篋，中藏烏思藏（西藏）歡喜佛像二軀，作男女交媾狀，非金非石非木，儼然血肉也，鬚髮皆真，不知其爲何物。」這種情況詭譎神秘，但目前很難考證了。

一些封建帝王之所以設置「歡喜王」，一則是由於宗教信仰，但與性生活也有密切關係。《雍乾異人傳》裡有一段記載，把清朝宮廷中設置歡喜佛，皇帝藉歡喜佛爲媒與妃嬪交歡，宮中喇嘛僧推波助瀾，以房術固寵並分一杯羹的情形都作了生動的描述。至於元代宮廷的「演揲兒法」等等，就更明顯了。

佛教和性的關係當然不僅是「歡喜天」。在一些佛教經典中，有時也有性交文字，相對地說，密宗經典中更多一些。例如在《佛說秘密相經》中，有這樣一段：

作是觀想時，即同一體性自身金剛杵，住於蓮華上而作敬愛事。作是敬愛時，得成無上佛菩提果，或成剛手等，或蓮華部大菩薩，或餘一切逾始多衆。當作和合相應法時，此菩薩悉離一切罪垢染著。如是，當知彼金剛部大菩薩入蓮華部時，要如來部而作敬愛。如是諸大菩薩等，作是法時得妙快，樂無滅無盡。然於所作法中無所欲想，何以故？金剛手菩薩摩訶薩：以金剛杵被諸欲故。是故獲得一切逾始多無上秘密蓮花成就。

在《佛說秘密相經》中還說：

爾時世尊大毘盧遮那如來，鑽金剛手菩薩摩訶薩言：善哉，善哉！金剛手，汝今當知金剛杵在蓮華上者，爲欲利樂廣大饒益，施作諸佛最勝事業。是故於彼清淨蓮花之中，而金剛杵住於其上，乃入彼中，發起金剛真實持誦，然後金剛及彼蓮華二事相擊，成就二種清淨乳相。一謂金剛乳相，二謂蓮華乳相。於二相中出生一大菩薩妙善之相，復次出生一大菩薩猛惡之相。菩薩所觀二種相者，但爲調伏利益一切衆生，由此出一切賢聖，成就出一切殊勝事業。

以上這兩段佛經乎很晦澀，讀起來也拗口，但是，經文中的「金剛杵」是指男根，「蓮華」、「蓮花」即指女陰，這樣一解釋，經文的意思就很明白了，原來這兩段經文都是在論性交。「同一體性自身金剛杵，住於蓮華上而作敬愛事」，原來是指性交。性交是十分快樂的，「作是法時得妙快，樂無滅無盡」。性交又是十分神聖的，「汝今當知彼金剛杵在蓮華上者，爲欲利樂廣大饒益，施作諸佛最勝事業。」性交的作用是十分重大的，它能「調伏一切衆生，由此出一切賢聖，成就一切殊勝事業。」真是善哉，善哉！

看來，以大慈大悲、救苦救難的佛經，並不搞性禁錮、性壓迫那一套，而是道出了事情的真相，符合人性的發展需要。性交本來就是高尚的、必要的、快樂的、自然的事情，只是後人把它說得污穢與下流了。

---

①《宋刑統》卷十四〔議曰〕：「其工樂雜戶、官戶，依令當色爲婚。若異色相娶者，律無罪名，並當違令，既乖本色，亦合正之。太常音聲人，依令婚同百姓，其有雜作婚姻者，並准良人。」

②《元史・世祖紀》：至元十五年春，「禁官吏軍民賣所娶江南良家子女爲娼者，賣、買兩罪之，官設其直，人復爲良。」

③見《新元史・后妃傳》，並參照《元史・列女傳》。

④參照《宋史》〈宋綬傳〉、〈察蔡齊傳〉、〈彭汝礪傳〉。

⑤參照《宋史》〈仁宗紀〉、〈燕王德昭傳〉及〈禮志〉。

⑥參照《元史・列女傳》、陶宗儀《輟耕錄》及《元史・烏古孫良楨傳》。

⑦元代雜劇中的四大愛情劇是關漢卿的《拜月亭》、王實甫的《西廂記》、白樸的《牆頭馬上》和鄭光祖的《倩女離魂》。

⑧戴叔倫：《送宮人入道》、盧綸：《過玉眞公主影殿》。

新雨出版社　出版目錄

〈兒童叢書〉

說不完的故事　兒童工作室編著　全套六冊660元
生命的成長　島田耕志著　謝瀛華審訂　定價120元
童心童語　朱錫林著　定價120元

〈藝術叢書〉

朱銘木雕集　王谷編　定價500元

〈現代新書〉

2 **缺點就是優點**　多湖輝著　黃天清譯　定價150元
5 **優勢強打**　多湖輝著　徐旻譯　徐旻譯　定價120元
7 **真實與虛偽**　安西篤子著　洪圓譯　定價120元
8 **父母效能訓練**　湯瑪斯・高登著　張珍麗、張海琳合譯　定價190元
9 **看清看破賺大錢**　多湖輝著　陳明芳譯　定價120元
10 **生命的贏家**　村崎光邦著　楊翠微譯　定價120元
11 **創意讀書法**　多湖輝著　陳東昇譯　定價150元
12 **尊貴的起點**　塩月彌榮子著　劉宜霖譯　定價120元
13 **獨創英語自修法**　黑川康正著　許文中譯　定價150元
14 **鎖定陷阱**　多湖輝著　吳正和譯　定價120元
15 **智慧賺錢法**　福富太郎著　林秋康譯　定價150元
16 **從零出發**　尾關定園著　石荒譯　定價130元
17 **股市安打**　疋田昭、堀邊晃合著　鍾日盛譯　定價130元
18 **高格調插花法**　池坊専永著　趙小曼譯　定價130元
19 **女性心理掌握法**　島田一男著　林星野譯　定價130元
20 **活用血型特質**　能見正比古著　蔡明耀譯　定價150元
21 **心理盲點的突破**　多湖輝著　王曉清譯　定價150元
22 **勤快的人有好運**　福富太郎著　王昌明譯　定價130元
24 **獨特風格的愛**　曾野綾子著　林雅情譯　定價130元
25 **一茶匙的幸福**　落合惠子著　李旅洋譯　定價130元
26 **弱點讀法**　多湖輝著　顏正樹譯　定價130元

27 **自我主張的理想女性** 藤本義一著 謝品嘉譯 定價130元
28 **嫉妒的心理學** 詫摩武俊著 孫萬智譯 定價130元
29 **突破記憶法** 多湖輝著 程進東譯 定價130元
30 **掌握商運的契機** 福富太郎著 林本源譯 定價130元
31 **女性生涯時間表** 秋山里子著 黃明秀譯 定價130元
32 **放任主義** 羽仁進著 舒展譯 定價130元
33 **自由的心靈** 本莊可宗著 吳平譯 定價130元
34 **人性深層心理** 多湖輝著 紀文正譯 定價150元
36 **信念的魔力** 謝世輝著 王功譯 定價130元
37 **尊崇別人就是致富之道** 福富太郎著 林秋康譯 定價140元
38 **膽識過人** 櫻木健古著 王大可譯 定價140元
39 **毀滅男人的女人** 福富太郎著 林秋康譯 定價130元
40 **血型愛情學** 能見正比古著 蔡明耀譯 定價150元
42 **保護孩子的安全** 蜜雪爾・伊莉特著 張珍麗譯 定價140元
43 **吃虧就是佔便宜** 福富太郎著 朱門譯 定價150元
44 **如何使孩子更聰明** 多湖輝著 周宜新譯 定價150元
45 **優雅的魅力** 塩月彌榮子著 陳春美譯 定價150元
46 **怎樣激發孩子的學習能力** 川合章著 侯貴娥譯 定價150元
47 **如何集中注意力** 多湖輝著 田正明譯 定價140元
48 **斯巴達教育** 石原愼太郎著 李怡譯 定價140元
49 **高效率讀書法** 加藤周一著 楊國強譯 定價150元
50 **如何責備孩子** 多湖輝著 方美惠譯 定價140元
51 **三分鐘征服聽眾** 諸星龍著 江行海譯 定價140元
52 **衝勁十足** 中里至正著 李明珍譯 定價140元
53 **低頭致富法** 福富太郎著 黃明峯譯 定價140元
54 **頭腦不好也能成功** 德田虎雄著 陳靜欣譯 定價140元
55 **帶給男人好運和奪走男人好運的女人** 福富太郎著 溫平洋譯 定價150元
56 **血型人際關係學** 鈴本芳正著 謝天明譯 定價150元
57 **強者・弱者** 加藤諦三著 陳康健譯 定價 150 元
58 **擁抱親子情** 吳炳銅著 定價150元

61 **工作效率術** 黑川康正著 劉行山譯 定價140元

62 **平常心** 尾關宗園著 林真吾譯 定價150元

63 **做個一流人物** 山崎武也著 梁良譯 定價150元

64 **如何瞭解孩子** 多湖輝著 林觀譯 定價150元

65 **開啟女人運的方法** 福富太郎著 藍玉麗譯 定價150元

66 **15歲考上司法官** 三好義光著 盧自立譯 定價150元

67 **慈父嚴母的時代** 多湖輝著 張新生譯 定價150元

68 **高質量讀書法** 黑川康正著 蘇正勤譯 定價150元

69 **樂在功課** 多湖輝著 林向前譯 定價160元

70 **感性的訴求** 增山英太郎著 孫情譯 定價150元

71 **怎樣使孩子健康** 石田一宏等著 蔡孝彰譯 定價150元

72 **英雄本色** 日向野春總著 羅通天譯 定價150元

73 **三冠王的人脈術** 黑川康正著 陳其美譯 定價150元

74 **怎樣讓孩子喜歡唸書** 多湖輝著 何晴譯 定價150元

75 **1～2歲幼兒生活習慣的教養**
品川孝子、品川不二郎著 柯育惠譯 定價1

76 **3～4歲幼兒生活習慣的教養**
品川孝子、品川不二郎著 柯育惠譯 定價

77 **明天要更好** 松下幸之助著 林映照譯 定價 170 元

78 **什麼樣的人會賺錢** 倉原忠夫著 葉英毅譯 定價 150 元

79 **如何管教孩子** 多湖輝著 林懷恩譯 定價 150 元

80 **自修成功法** 黑川康正著 劉正興譯 定價 150 元

81 **青出於藍** 福富太郎著 徐定生譯 定價 150 元

82 **人生是一連串的說服** 福田健著 鄒美華譯 定價 160 元

83 **賺錢 99 秘法** 吉本晴彥著 李怡譯 定價170元

84 **心中秘密大發現** 澁谷昌三著 黃其昌譯 定價 160 元

85 **教師效能訓練** 湯瑪斯・高登著 歐申談譯 定價 280 元

86 **成敗一念間** 前嶋孝著 金立煌譯 定價 160 元

87 **責備與接受責備的方法** 齋藤茂太著 鄒美華譯 定價 17(

88 **怎樣做個真正成功的人** 呂書平著 定價 250 元

89 **正確的性觀念** 平井信義著 呂玲玲譯 定價150元

90 **做個不罵孩子的媽媽** 「接觸」編輯部編　王英杰譯　定價150元
91 **好母親教出好女兒**　川上源太郎著　陳靜欣譯　定價150元
92 **人生汗淚情**　淺尾法燈著　江芬蘭譯　定價150元
93 **如願以償**　王明慧編著　定價 150 元

〈心術叢書〉

1 **詭辯術**　華玉洪、姜成林著　定價 170 元
2 **智勝術**　張福貴等編著　定價 180 元
3 **學習術**　吳白著　定價 150 元
4 **運籌術**　宋錦綉、張雅琴著　定價160元
5 **幽默術**　元大非著　定價180元
6 **推銷術**　胡岳岷主編　定價180元
7 **公關術**　胡岳岷、劉萬革著　定價160元
8 **心理調節術**　未艾編著　定價180元
9 **暗示術**　朴吉春著　定價170元
10 **競爭術**　宋錦綉、張雅琴著　定價190元
11 **教子術**　趙忠文著　定價280元
12 **自控術**　史憲文、叢大川著　定價180元
13 **預測術**　王　斌著　定價170元
14 **心力術**　宋錦綉、張雅琴主編　定價190元
15 **健身術**　李振璽著　定價160元
16 **應變術**　朱少華編著　定價200元
17 **游說術**　周正舒、呂銀鳳編著　定價 240 元
18 **統御術**　劉源瀝、曲波編著　定價 170 元
19 **欺騙術**　周正舒、宋錦華編著　定價 180 元

〈實用女性學〉

1 **改變女人心情的方法** 島田一男著 李揚譯 定價150元

「女人心海底針」，要改變變幻莫測的女人心談何容易。但若能誠心地好好了解她們，設身處地考慮她們的立場，則逐漸地改變她們就非難事了。

2 **只差一步就抓住她的心** 島田一男著 石柔譯 定價150元

現代女性在本質上的變化，的確令男性咋舌，因此常為了如何與異性融洽相處而困擾。在與女性交往中，須了解其心理變化，才能進一步培育出愛情之花。

3 **如何識破女人的謊言** 島田一男著 施慧譯 定價 150 元

一般人都認為只有男人才會以甜言蜜語欺騙女人，事實上女人才是最擅長說謊的。如何分辨女人所說的是否真心話，又如何防備呢？本書提供您最佳妙方。

4 **女人的心情・男人的心情** 島田一男著 吳敏聰譯 定價 150 元

男女交往之時，常千方百計地為對方設想，卻因双方的心理有著相當大的差異，以致彼此都感到受了傷害。為使男女相處圓滿，了解異性心理是為首途。

5 **打開女人的「黑盒子」** 島田一男著 陳雪花譯 定價150元

人類的心理猶如「黑盒子」般，不仔細研究推敲實難了解。本書從女性的動作、癖性、談話、嗜好、態度進行分析，以幫助男性了解女性心中的一切。

6 **捉住最難捉住的女人心** 島田一男著 林玉清譯 定價150元

現今不論是在思考方式、行動模式或價值體系上，都變成新舊交融的多重性結構，如何與具有這種多重性結構思想的女性相處，即本書重點所在。

7 **男人的另一張臉** 島田一男著 王鑑真譯 定價150元

男人除了外面的臉外，還有一張裏面的臉，女人必須張大眼仔細地看。本書為妳解讀男人的撒嬌、說謊、沈默、嫉妬……，並告訴妳如何跟他們交往。

8 **愛妳的理由很難說** 島田一男著 陳霞譯 定價150元

深受社會理念束縛的男性，對於女人一些不經意的小動作，常存著強烈的反感，甚至不渝的愛情都為之褪色。男人喜歡、討厭什麼樣的女人？本書告訴你。

9 **只要她喜歡有什麼不可以** 島田一男著 王秀智譯 定價150元

近年來女性在社會上愈來愈活躍，這是極可喜的現象，但男性卻認為女人心愈來愈難捉摸。其實只要了解女人本質，就不需再搖頭大嘆「真不懂女人」了！

10 **看清楚再選擇** 島田一男著 夏凡譯 定價150元

女性往往容易陷入盲目的愛情，婚後才後悔不迭，看清男人的真面目遂成為獲得美滿婚姻的先決條件，本書為女性開啟認識男性的一扇大門。

11 **女性深層心理** 島田一男著 陳中玉譯 定價150元

女性不論是被男性追求或受上司責備，都不會說出真心話。她們所以不想讓人了解，是出自於無意識的表面自我防衛，而男人正是要打破這道防衛。

12 愛要讓她知道　富田隆著　何芳譯　定價 150 元

對男性而言，女性是永遠的謎，因此想把自己的愛慕之情傳達給對方，並不是件簡單的事，唯有記牢並實行能掌握女性心理的戀愛法則，才能成為勝利者。

13 約會心理學　富田隆著　陳秋雲譯　定價 150 元

想要和愛慕的女性成為情人關係，有數項必須突破的關鍵，其中最重要的便是第一次的約會。依照本書所介紹的約會技巧，能讓你更確實地貼近她的心。

14 很想了解妳　齊藤勇著　王小麗譯　定價150元

當你很想了解對方的心理狀態，可是卻又難以直接開口詢問時，閱讀這本最受歡迎的心理遊戲，一定可以順利克服，讓你在戀愛旅程上一帆風順。

15 戀愛深層心理　富田隆著　蔡美真譯　定價 150 元

天使般的少女優明小姐曾吟詠過許多有關愛情的歌，其中蘊藏著許多能引起我們共鳴的「某種東西」，作者為其加上心理學的分析，供戀愛中的男女參考。

16 我的眼睛會說謊嗎？　大島清著　侯海藍譯　定價 150 元

女人極擅說謊，常以「看看我的眼睛，像是在說謊嗎？」巧妙地矇騙住男人。男人欲了解女人的真心，唯有從了解女人的腦袋構造著手，才不致迷失其中。

17 你喜不喜歡我　齊藤勇著　趙曼譯　定價 150 元

一個人喜歡或討厭對方，都自有其原因存在，本書即針對決定好惡的原因一一列舉。了解人與人之間的好惡，不論在人際關係或工作上，都是重要的關鍵。

18 追求與被追求的心理　富田隆著　何雅譯　定價 150 元

對於一心仰慕的異性，男性希望能一追到手，女性則希望吸引他追求自己，欲達成此目的，需要的是笑臉、勇氣及追求的技巧，打開本書可迎刃而解。

19 打動她的心並不難　櫻井秀勳著　周雅倩譯　定價 150 元

欲打動女性的心，僅以表面功夫的技巧是行不通的，在表現技巧的同時，男人必須確實了解女性的本性，本書即以此為著眼點，為你逐一剖析女性。

20 追求女性 200 招　櫻井秀勳著　吳敏聰譯　定價 170 元

本書作者櫻井秀勳在日本被稱為「女性學之神」，此書乃其畢生鑽研之代表作，介紹追求女性時，如何達成相識的契合及營造良好印象的祕訣。

21 男人受歡迎的條件　富田隆著　林玉清譯　定價 150 元

很多男性交不到女朋友是因為，不清楚女性對男性的訴求點在哪裡，如果了解，那些曾被厭惡的缺點，都有可能轉換成交友的利器，而成為受歡迎的男子。

22 請妳猜猜我的心　齊藤勇著　吳美惠譯　定價 150 元

心理遊戲的樂趣，在於每個人都可以成為話題的中心人物，因此它並不是猜測一個人心理的工具，而是藉此打開人與人之間的心扉，建立更親密的關係。

23 男人中的男人　松浪健四郎著　趙祥譯　定價 150 元

男人之所以不受女人歡迎，是因為沒有拚命追求女人，唯有會追求女人才是真正成功的男人，培養行動力和挑戰精神，到任何場所，都能嶄露頭角。

24 **戀愛心理小百科** 中嶋真澄著 陳雪花譯 定價 150 元

人為什麼會相愛？這是千古的謎題，文學和藝術雖迭以戀愛為主題，但也只是表現人是如何相愛；唯有透過心理學的解析，才能尋得正確答案。

25 **男人的履歷表** 安藤昇著 陳中松譯 定價 160 元

本書所述為「受女性歡迎的方法」，作者累積其數十年的經驗，闡述身為男性該有的各項磨鍊，受過磨鍊的男性，必定可以受到女性的青睞。

26 **不要錯過他** 島田一男著 何芳譯 定價 160 元

女性，尤其是年輕女性，常易以外在的言行舉止去評斷男性，而忽略了男性真正的內涵。為了女性一生的幸福，本書告訴妳，何種男人才是真正的好男人。

27 **結婚的心理** 富田隆著 楊玉菁譯 定價 160 元

「結婚」在男女雙方的認知上是有差距的，女性沉醉於快樂的婚姻生活，男性認為結婚是責任的背負；唯有超越彼此的衝突，才能營造更美滿的婚姻生活。

28 **戀愛心理的秘密** 澁谷昌三著 高犖譯 定價150元

29 **請選擇這樣的女性** 圓山雅也著 陳翔譯 定價160元

30 **一個女大學生的赤裸告白**

志賀貢、木村佳子著 林羽生譯 定價 150 元

31 **愛的選擇** 田中澄江著 李安桂譯 定價 150 元

愛就像孕育草木的太陽，是生活中不可或缺的東西。但是，有的人因愛而生恨，有的人為愛而死，作者在書中真摯地呼籲，真正的愛應是疼惜與珍重對方。

32 **一個天真女孩的慾海浮沉** 薩仁著 陳觀月譯 定價170元

這是一本赤裸裸描述兩性關係的經典作品，我們不能以「色情」的眼光來看待這本小說，而書中所透露的「詩意」，則要靠聰明的讀者親自去體會了。

〈情愛男女〉

1 瘋狂的教化
王文斌著　定價 270 元

貞節觀念的形成，使婦女套上了束縛自己的精神枷鎖，婦女的性愛自由都被埋葬了，她們只有忠於一夫的義務，而沒有與第二個男人同居的權利。

2 性愛與感官的歡愉
露絲．韋斯特曼、路易士．李博曼合著　定價 200 元

性歡愉是人類與生俱來的權利，無論在心理和生理上，你都有權利維持自身的最佳狀態，能更投入的感受與回應，享受性行為中最極致的愉悅。

3 妳比自己想像中的好
伊莉莎白．馬凱佛伊、蘇珊．伊雷森合著　定價 350 元

患有「愛之病」的人，對自己完全沒有信心，且非常憎恨自己，她們雖然努力追求愛情，但常陷入自我毀滅的愛情關係，最終遭到被遺棄的命運。

4 赤裸的吶喊
王文斌著　定價300元

性愛是人類生活與審美的永恆主題，本書從審美的角度探討性愛問題，考察性愛崇拜的詳情，並闡述性愛關係的崇拜化問題，是對人性的崇高吶喊。

5 愛情美學
劉鴻模著　定價200元

本書從美學的視點，探討愛情的本質與價值，將愛情置於審美的框架中來加以認識。此種探討有助於進一步揭示愛情的奧秘。

6 女性性障礙
A .M. 斯雅德什著　孟繼賢譯　定價 200 元

本書系統地闡述了有關女性性功能障礙的心理生理學知識、臨床表現和治療方法，理論聯繫實際，列舉了 50 多個臨床病例，是難得一見的女性醫學佳作。

7 發現與驚奇
希奧多．芮克著　陳蒼多譯　定價 200 元

本書作者以其心理醫生的敏銳觀察和卓越學養，非常坦白地分析了最少為人所討論的一些愛的層面，對男人與女人來說都是相當重要的一本書。

8 性關係心理學
希奧多．芮克著　陳蒼多譯　定價 250 元

在演奏生命這闕交響曲時，「性驅力」扮演第一小提琴手的角色，但是首席小提琴手卻是「自我」。他的美妙樂音一直到終了都聽得到。

9 成長秘史
邁可．雷希斯著　陳蒼多譯　定價 180 元

本書是作者的自傳作品中最負盛名的一部，敘述其手淫、性無能、醜陋、懦弱等負面的成長史，是相當難得的自白作品。

10 中國古代性文化（上冊）
劉達臨編著　定價380元

環顧今日社會存在的形形色色的性問題，無不能從歷史中找到源頭，上冊包括原始社會、夏商周及春秋戰國、秦漢及魏晉南北朝宮闈及一般民眾的性生活。

11 中國古代性文化（中冊）
劉達臨編著　定價300元

形形色色的性觀念的衝突，令人刻骨銘心的兩情繾綣，令人髮指的罪與惡……。中冊包括隋唐、五代、宋、元，是我國性開放走向性禁錮的關鍵時刻。

12 中國古代性文化（下冊）
劉達臨編著　定價300元

本冊包括封建社會沒落期——明、清兩代。此時統治階層的生活極為腐朽，卻對女子的壓迫、人民的控制達到前所未有的最高峰，封建王朝走向崩潰之路。

國立中央圖書館出版品預行編目資料

中國古代性文化 / 劉達臨編著. -- 初版. -- [臺北縣]三重市 : 新雨, 民84-
冊 ; 公分. -- (情愛男女 ; 10-)
參考書目:面
ISBN 957-733-169-6(上冊 : 平裝). -- ISBN 957-733-170-X(中冊 : 平裝)

1. 性

544.7 84007306

中國古代性文化（中冊）

編者◉劉達臨
發 行 人／王永福
出 版 者／新雨出版社
三重市重安街 102 號 8 樓
(02)9789528・9789529 傳真 9789518
郵撥帳號：11954996 新雨出版社
出版登記／行政院新聞局局版臺業字第 4063 號
印 刷 者／共同文化事業股份有限公司
出 版／84 年 8 月初版
定價◉ 300 元

ISBN 957-733-170-X